JEAN-CLAUDE CORBEIL
ARIANE ARCHAMBAULT

DICTIONNAIRE VISUEL

JUNIOR

FRANÇAIS▪ANGLAIS

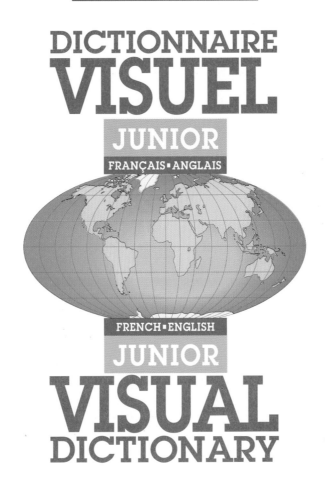

FRENCH▪ENGLISH

JUNIOR

VISUAL DICTIONARY

Direction infographique - Director of Computer Graphics:
François Fortin

Directeur artistique - Art Director:
Jean Louis Martin

Infographistes - Computer Graphic Artists:
**Jacques Perrault,
Benoît Bourdeau,
Anne Tremblay**

Vérification des données - Computer Copy Editing:
Anik Lapointe

ÉDITIONS QUÉBEC/AMÉRIQUE

425, rue Saint-Jean-Baptiste, Montréal, Québec H2Y 2Z7 (514) 393-1450

Données de catalogage avant publication (Canada)
Vedette principale au titre
  Dictionnaire visuel junior français-anglais =
  French-english junior visual dictionary

    ISBN: 2-89037-516-1

    1. Dictionnaires illustrés pour la jeunesse français.
2. Dictionnaires illustrés pour la jeunesse anglais.
3. Français (Langue) - Dictionnaires pour la jeunesse -
Anglais. I. Corbeil, Jean-Claude. II. Archambault,
Ariane. III. Titre: French-english junior visual
dictionary

PC2640.C67 1990   j443.21   C90-096541-XF

Main entry under title
  Dictionnaire visuel junior français-anglais =
  French-english junior visual dictionary

    ISBN: 2-89037-516-1

    1. Picture dictionaries, French - Juvenile literature.
2. Picture dictionaries, English - Juvenile literature.
3. French language - Dictionaries, Juvenile - English.
I. Corbeil, Jean-Claude. II. Archambault, Ariane. III.
Title: French-english junior visual dictionary

PC2640.C67 1990   j443.21   C90-096541-XE

Édition originale en langue française :
Copyright © 1989 Éditions Québec/Amérique inc.
Original edition in English :
Copyright © 1989 by Éditions Québec/Amérique inc.

Imprimé et relié au Canada
Printed and bound in Canada

Ce livre a été entièrement réalisé sur ordinateur Macintosh de Apple Computer Inc.
This book was produced on a Macintosh computer from Apple Computer Inc.

SOMMAIRE · CONTENTS

COMMENT TROUVER CE QUE TU CHERCHES	**4-5**	
	6-7	HOW TO FIND WHAT YOU ARE LOOKING FOR
CIEL	**9**	SKY
TERRE	**12**	EARTH
RÈGNE VÉGÉTAL	**16**	VEGETABLE KINGDOM
RÈGNE ANIMAL	**20**	ANIMAL KINGDOM
CORPS HUMAIN	**31**	HUMAN BODY
NOURRITURE	**37**	FOOD
FERME	**49**	FARM
JARDINAGE	**51**	GARDENING
ARCHITECTURE	**54**	ARCHITECTURE
MAISON	**56**	HOUSE
ÉCOLE	**71**	SCHOOL
BRICOLAGE	**75**	DO-IT-YOURSELF
VÊTEMENTS	**78**	CLOTHING
COMMUNICATIONS	**85**	COMMUNICATIONS
TRANSPORTS	**90**	TRANSPORTS
ARMES	**108**	WEAPONS
MUSIQUE	**112**	MUSIC
SPORTS	**118**	SPORTS
APPAREILS DE MESURE	**141**	MEASURING DEVICES
APPAREILS DE VISION	**144**	OPTICAL INSTRUMENTS
ENGINS ET MACHINES	**146**	HEAVY MACHINERY
SYMBOLES	**152**	SYMBOLS
INDEX FRANÇAIS	**155**	
	163	ENGLISH INDEX
THÈMES ET SUJETS	**172**	
	174	THEMES AND SUBJECTS

THÈMES ET SUJETS

...SURE

.....................141
e.................142
...rature...........143
...eur.................143
...ce................143

...SION

.................144
...laire..............144
...ue..................145
...................145

...elles.............54

CIEL

Les planètes du système solaire............9
Les phases de la Lune......................10
Le Soleil..................................10
La comète...................................11
Les étoiles.................................11

COMMUNICATIONS

Le téléphone...............................85
Le baladeur................................86
La radiocassette...........................86
L'appareil photographique..................87
Le projecteur de diapositives..............87
Le magnétoscope............................88
Le téléviseur..............................89
La
La

CO

ENGINS ET MA...

Les véhicules d'i...
La manutention..
Le bouteur...
La chargeuse-pe...
Le camion-benne...
La pelle hydrauliq...

FERME

La ferme...........
Les animaux de l...

JARDINAGE

Le téléphone...................85
Le baladeur...............86
La radiocassette.............86

1

À PARTIR DE LA LISTE DES THÈMES ET SUJETS

La liste des thèmes et sujets (voir pages 172 et 173) énumère tous les centres d'intérêt du dictionnaire, avec la mention des pages où tu trouveras les images correspondantes.

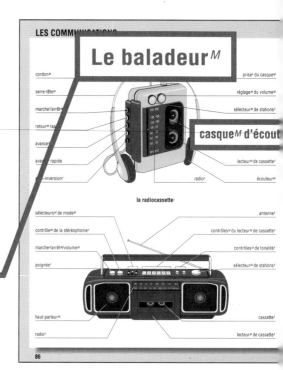

LES COMMUNICATIONS

Le baladeur M

cordon M
serre-tête M
marche M/arrêt M
retour M rap...
avance...
avance M rapide
...-inversion F

prise F du casque M
réglage M du volume M
sélecteur M de stations F

casque M **d'écout...**

lecteur M de cassette F
radio F
écouteur M

la radiocassette

sélecteurs M de mode M
contrôle F de la stéréophonie F
marche F/arrêt M/volume M
poignée F

antenne F
contrôles M du lecteur M de cassette F
contrôles M de tonalité F
sélecteur M de stations F

haut-parleur M
radio F

cassette F
lecteur M de cassette F

86

2

PARTIR DE L'IMAGE

es images en couleurs (de la page 9 à 152)
ontrent le monde, la nature, le corps humain,
s objets familiers, et précisent les mots
our nommer chaque chose et ses parties.
s lettres ^{M} et ^{F} indiquent le genre.

3

À PARTIR DU MOT

Dans l'index (de la page
155 à 162), tu retrouveras
tous les mots du diction-
naire, avec l'indication
de l'image où ils figurent,
ce qui permet de vérifier
leur usage.

casque(m) 121, 127.
casque(m) d'écoute(f) 86.
casque(m) de frappeur(m) 123.

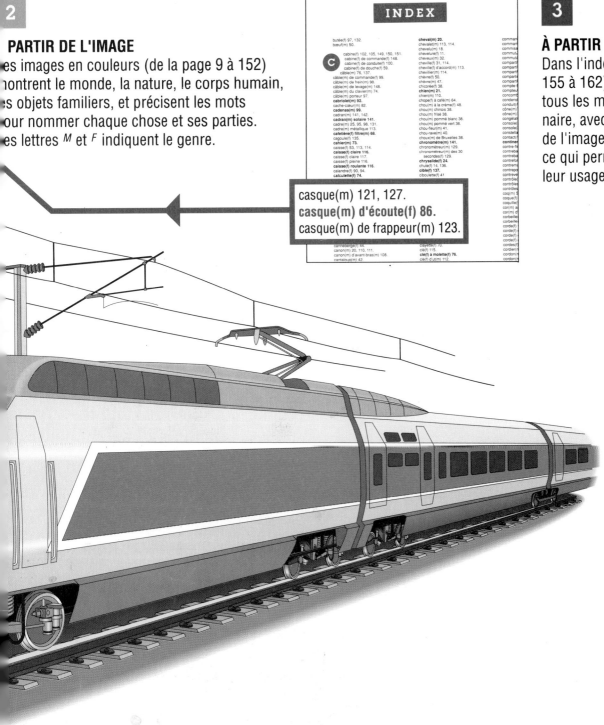

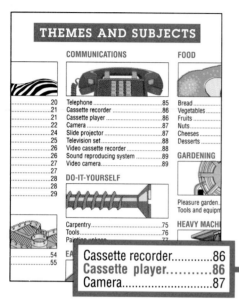

THEMES AND SUBJECTS

COMMUNICATIONS

DO-IT-YOURSELF

FOOD

GARDENING

HEAVY MACHI

1

STARTING FROM THE LIST OF THEMES AND SUBJECTS

The list of themes and subjects (pages 174 and 175) lists every topic of interest in the dictionary and specifies the page where you will find the corresponding picture.

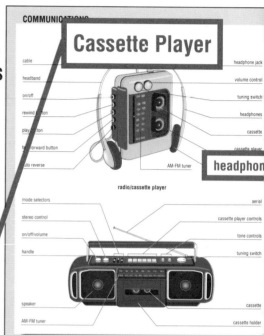

COMMUNICATIONS

Cassette Player

cable — headphone jack

headband — volume control

on/off — tuning switch

rewind button — headphones

play button — cassette

fast forward button — cassette player

auto reverse — AM-FM tuner — **headphon**

radio/cassette player

mode selectors — aerial

stereo control — cassette player controls

on/off/volume — tone controls

handle — tuning switch

speaker — cassette

AM-FM tuner — cassette holder

86

2

STARTING FROM THE PICTURE

The colour pictures (pages 9 to 152) illustrate the world, nature, the human body, familiar objects, and specify the words that describe each thing and its parts.

3

STARTING FROM THE WORD

In the index (pages 163 to 170), you will find every word included in the dictionary, and the page reference of the picture where the word appears, allowing you to check its use.

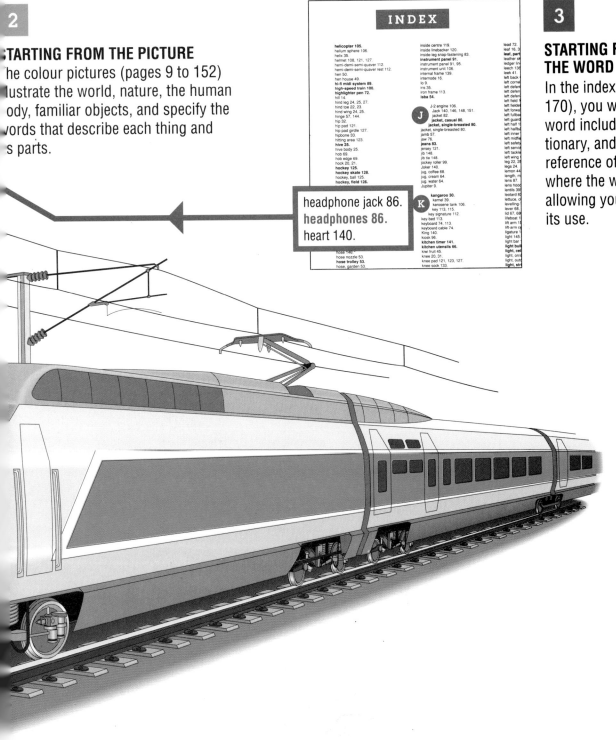

INDEX

helicopter 105.
helium sphere 106.
helix 35.
helmet 108, 121, 127.
hemi-demi-semi-quaver 112.
hemi-demi-semi-quaver rest 112.
hen 50.
hen house 49.
hi-fi midi system 89.
high-speed train 100.
highlighter pen 72.
hill 14.
hind leg 24, 25, 27.
hind toe 22, 23.
hind wing 24, 25.
hinge 57, 144.
hip 32.
hip pad 121.
hip pad girdle 127.
hipbone 33.
hitting area 123.
hive 25.
hive body 25.
hob 69.
hob edge 69.
hock 20, 21.
hockey 125.
hockey skate 128.
hockey, ball 125.
hockey, field 125.

headphone jack 86.
headphones 86.
heart 140.

hose 146.
hose nozzle 53.
hose trolley 53.
hose, garden 53.

inside centre 119.
inside linebacker 120.
inside-leg snap-fastening 83.
instrument panel 91.
instrument panel 91, 95.
instrument unit 106.
internal frame 139.
internode 16.
Io 9.
iris 35.
iron frame 113.
isba 54.

J J-2 engine 106.
Jack 140, 146, 148, 151.
jacket 82.
jacket, casual 80.
jacket, single-breasted 80.
jacket, single-breasted 80.
jamb 57.
jaw 76.
jeans 83.
jersey 121.
jib 148.
jib tie 148.
jockey roller 99.
Joker 140.
jug, coffee 68.
jug, cream 64.
jug, water 64.
Jupiter 9.

K kangaroo 30.
kernel 39.
kerosene tank 106.
key 113, 115.
key signature 112.
key-bed 113.
keyboard 74, 113.
keyboard cable 74.
King 140.
kiosk 96.
kitchen timer 141.
kitchen utensils 66.
kiwi fruit 45.
knee 20, 31.
knee pad 121, 123, 127.
knee sock 133.

lead 72.
leaf 16, 3
leaf, part
leather s
ledger lin
leech 136
leek 41.
left back
left corne
left defen
left defen
left defen
left field
left fielde
left forwa
left fullba
left guard
left half 1
left halfba
left inner
left midfie
left safety
left servic
left tackle
left wing
leg 22, 28
legs 24.
lemon 44
length, m
lens 87.
lens hood
lentils 39
leotard 8
lettuce, c
levelling-
lever 68.
lid 67, 68
lifeboat 1
lift arm 1
lift-arm c
ligature 1
light 145
light bar
light bul
light, ce
light, on/
light, out
light, str

le système*M* solaire
solar system

Europe
Europa

Io
Io

Titan
Titan

Saturne
Saturn

Ganymède
Ganymede

Callisto
Callisto

Jupiter
Jupiter

Soleil*M*
Sun

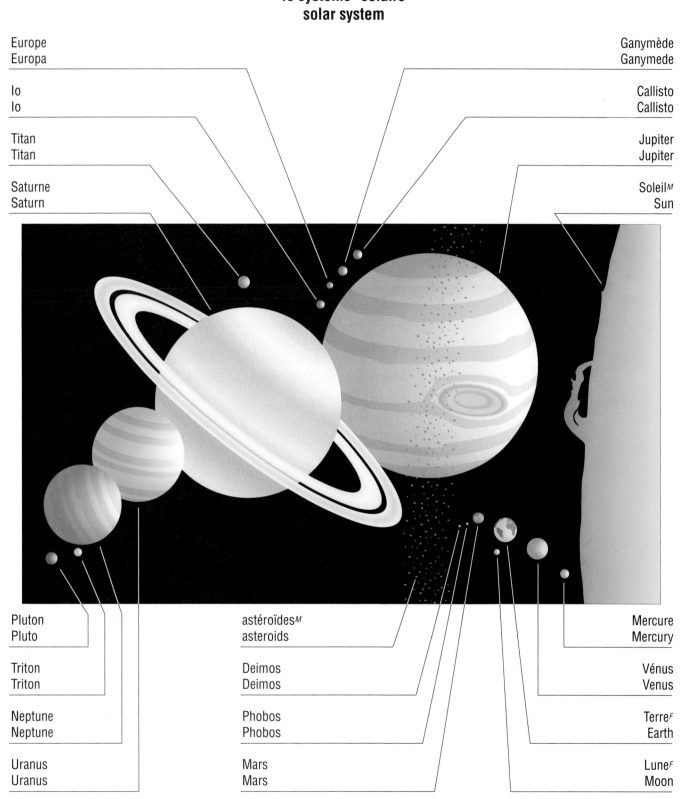

Pluton
Pluto

Triton
Triton

Neptune
Neptune

Uranus
Uranus

astéroïdes*M*
asteroids

Deimos
Deimos

Phobos
Phobos

Mars
Mars

Mercure
Mercury

Vénus
Venus

Terre*F*
Earth

Lune*F*
Moon

le Soleil^M
Sun

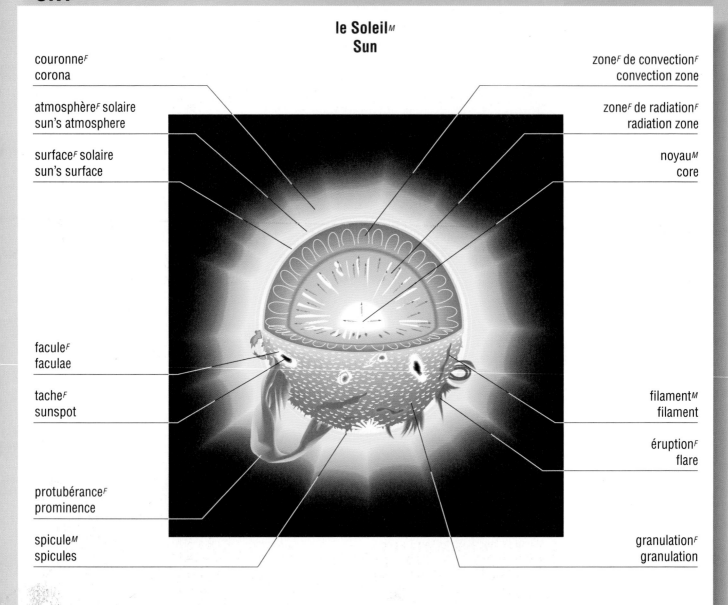

couronne^F
corona

atmosphère^F solaire
sun's atmosphere

surface^F solaire
sun's surface

facule^F
faculae

tache^F
sunspot

protubérance^F
prominence

spicule^M
spicules

zone^F de convection^F
convection zone

zone^F de radiation^F
radiation zone

noyau^M
core

filament^M
filament

éruption^F
flare

granulation^F
granulation

les phases^F de la Lune^F
phases of the Moon

premier croissant^M
new crescent

lune^F gibbeuse
gibbous moon

lune^F gibbeuse
gibbous moon

dernier croissant^M
old crescent

nouvelle lune^F
new moon

premier quartier^M
first quarter

pleine lune^F
full moon

dernier quartier^M
last quarter

nouvelle lune^F
new moon

la comète^F
comet

queue^F de gaz^M
gas tail

noyau^M
nucleus

chevelure^F
coma

tête^F
head

queue^F de poussières^F
dust tail

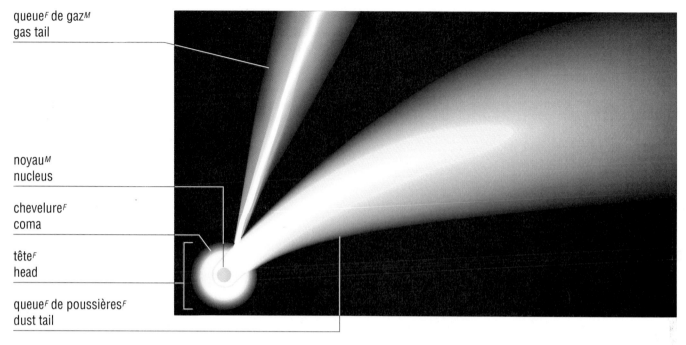

les étoiles^F
stars

Voie^F lactée
Milky Way

étoile^F Polaire
North Star

galaxie^F
galaxy

étoile^F filante
shooting star

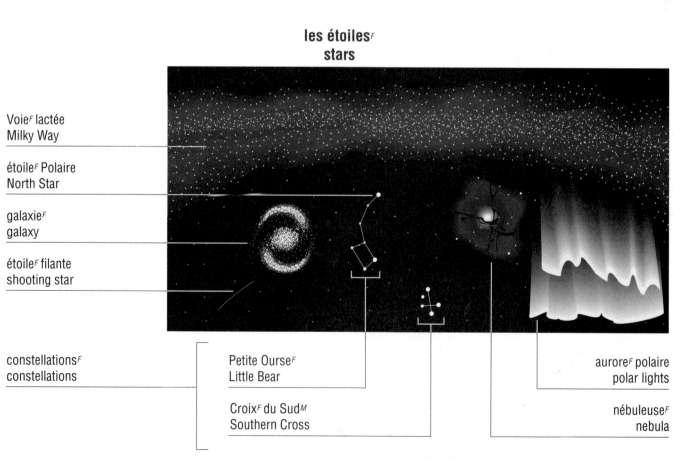

constellations^F
constellations

Petite Ourse^F
Little Bear

Croix^F du Sud^M
Southern Cross

aurore^F polaire
polar lights

nébuleuse^F
nebula

LA TERRE
EARTH

les continents^M
continents

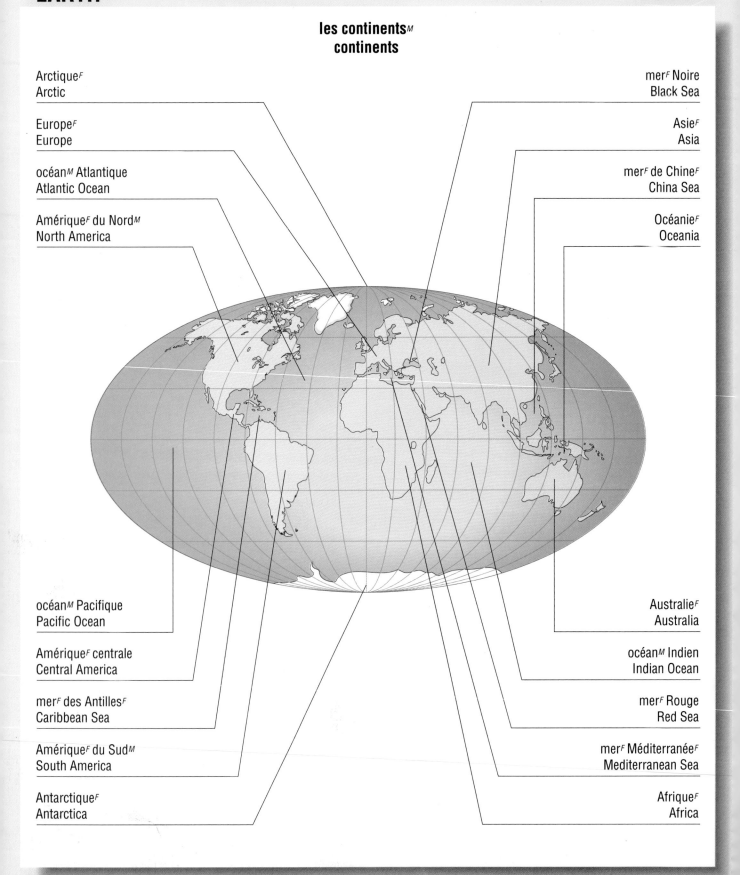

Arctique^F
Arctic

Europe^F
Europe

océan^M Atlantique
Atlantic Ocean

Amérique^F du Nord^M
North America

mer^F Noire
Black Sea

Asie^F
Asia

mer^F de Chine^F
China Sea

Océanie^F
Oceania

océan^M Pacifique
Pacific Ocean

Amérique^F centrale
Central America

mer^F des Antilles^F
Caribbean Sea

Amérique^F du Sud^M
South America

Antarctique^F
Antarctica

Australie^F
Australia

océan^M Indien
Indian Ocean

mer^F Rouge
Red Sea

mer^F Méditerranée^F
Mediterranean Sea

Afrique^F
Africa

le volcan^M
volcano

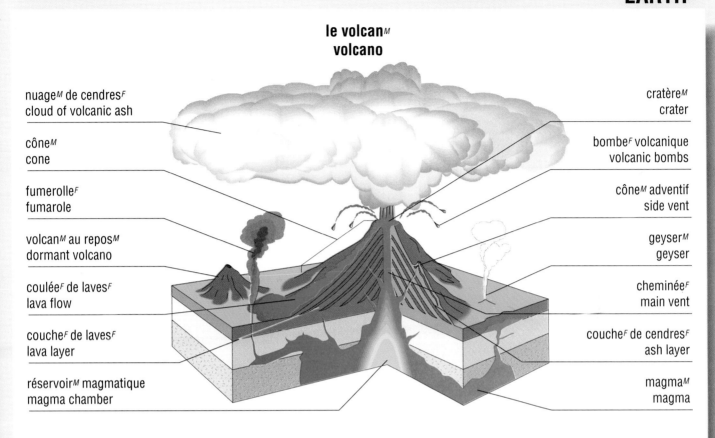

nuage^M de cendres^F
cloud of volcanic ash

cône^M
cone

fumerolle^F
fumarole

volcan^M au repos^M
dormant volcano

coulée^F de laves^F
lava flow

couche^F de laves^F
lava layer

réservoir^M magmatique
magma chamber

cratère^M
crater

bombe^F volcanique
volcanic bombs

cône^M adventif
side vent

geyser^M
geyser

cheminée^F
main vent

couche^F de cendres^F
ash layer

magma^M
magma

le littoral^M
coastal features

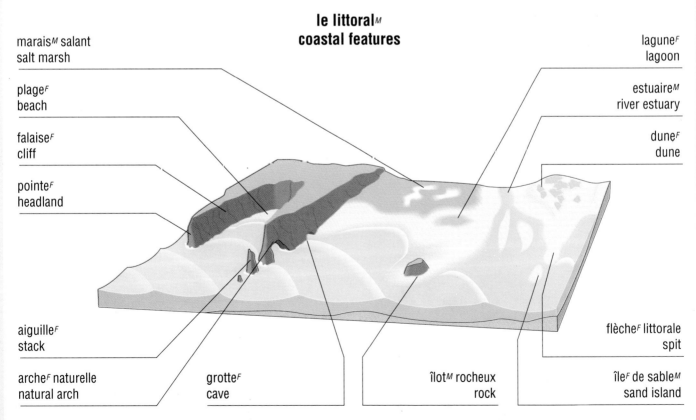

marais^M salant
salt marsh

plage^F
beach

falaise^F
cliff

pointe^F
headland

aiguille^F
stack

arche^F naturelle
natural arch

grotte^F
cave

îlot^M rocheux
rock

lagune^F
lagoon

estuaire^M
river estuary

dune^F
dune

flèche^F littorale
spit

île^F de sable^M
sand island

LA TERRE
EARTH

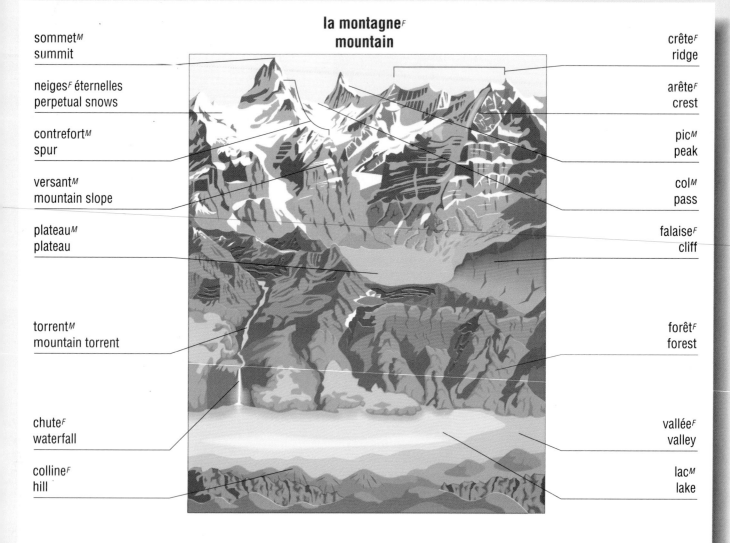

la montagneF
mountain

sommetM
summit

neigesF éternelles
perpetual snows

contrefortM
spur

versantM
mountain slope

plateauM
plateau

torrentM
mountain torrent

chuteF
waterfall

collineF
hill

crêteF
ridge

arêteF
crest

picM
peak

colM
pass

falaiseF
cliff

forêtF
forest

valléeF
valley

lacM
lake

la grotteF
cave

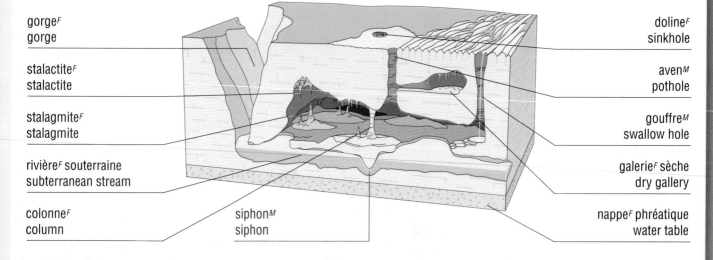

gorgeF
gorge

stalactiteF
stalactite

stalagmiteF
stalagmite

rivièreF souterraine
subterranean stream

colonneF
column

siphonM
siphon

dolineF
sinkhole

avenM
pothole

gouffreM
swallow hole

galerieF sèche
dry gallery

nappeF phréatique
water table

le temps_M_
weather

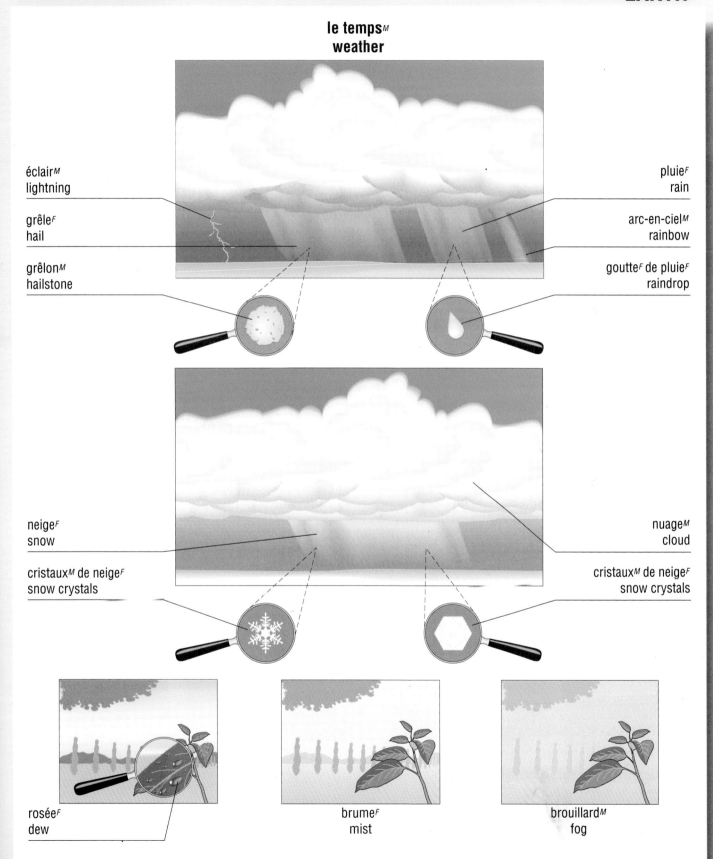

éclair_M_
lightning

grêle_F_
hail

grêlon_M_
hailstone

pluie_F_
rain

arc-en-ciel_M_
rainbow

goutte_F_ de pluie_F_
raindrop

neige_F_
snow

cristaux_M_ de neige_F_
snow crystals

nuage_M_
cloud

cristaux_M_ de neige_F_
snow crystals

rosée_F_
dew

brume_F_
mist

brouillard_M_
fog

LE RÈGNE VÉGÉTAL
VEGETABLE KINGDOM

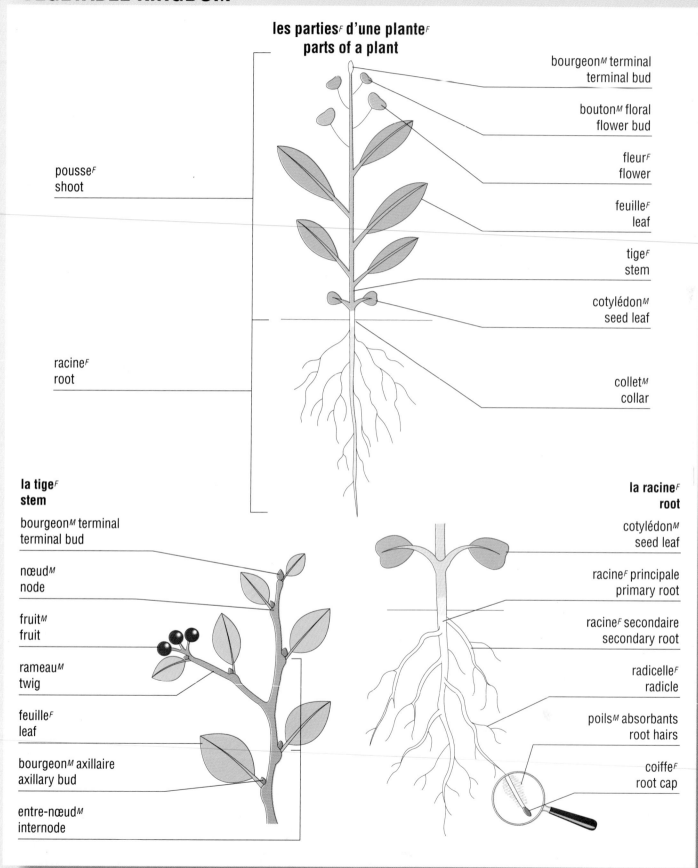

les parties^F d'une plante^F
parts of a plant

bourgeon^M terminal
terminal bud

bouton^M floral
flower bud

fleur^F
flower

feuille^F
leaf

tige^F
stem

cotylédon^M
seed leaf

collet^M
collar

pousse^F
shoot

racine^F
root

la tige^F
stem

bourgeon^M terminal
terminal bud

nœud^M
node

fruit^M
fruit

rameau^M
twig

feuille^F
leaf

bourgeon^M axillaire
axillary bud

entre-nœud^M
internode

la racine^F
root

cotylédon^M
seed leaf

racine^F principale
primary root

racine^F secondaire
secondary root

radicelle^F
radicle

poils^M absorbants
root hairs

coiffe^F
root cap

les parties^F d'une feuille^F
parts of a leaf

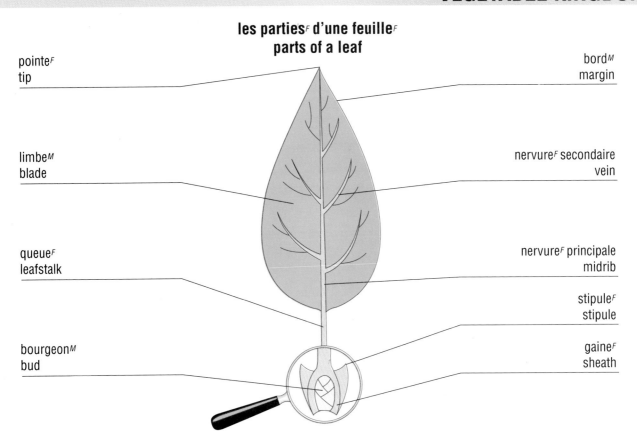

pointe^F
tip

bord^M
margin

limbe^M
blade

nervure^F secondaire
vein

queue^F
leafstalk

nervure^F principale
midrib

stipule^F
stipule

bourgeon^M
bud

gaine^F
sheath

les parties^F d'une fleur^F
parts of a flower

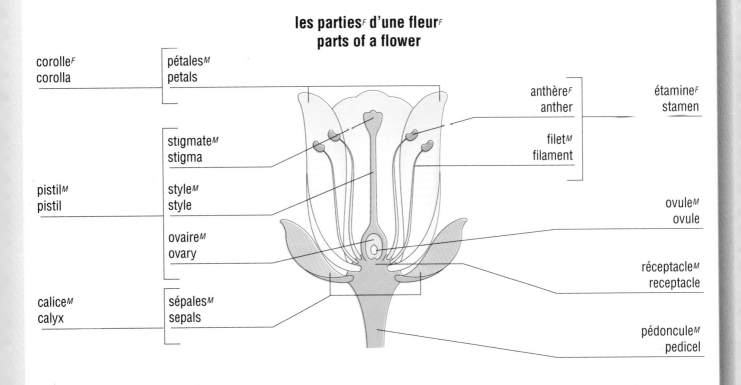

corolle^F
corolla

pétales^M
petals

anthère^F
anther

étamine^F
stamen

stigmate^M
stigma

filet^M
filament

pistil^M
pistil

style^M
style

ovule^M
ovule

ovaire^M
ovary

réceptacle^M
receptacle

calice^M
calyx

sépales^M
sepals

pédoncule^M
pedicel

LE RÈGNE VÉGÉTAL
VEGETABLE KINGDOM

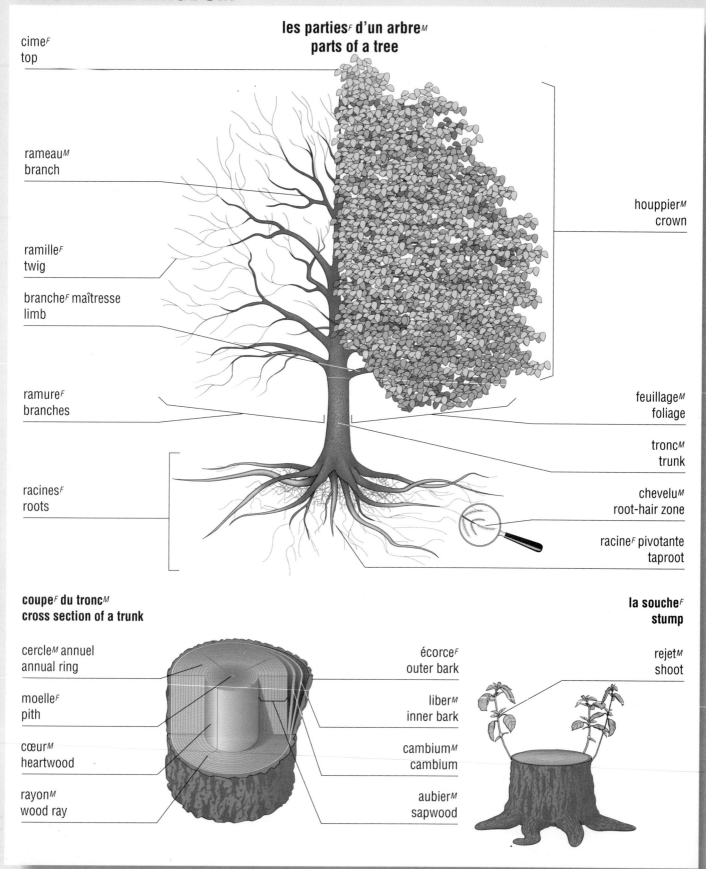

les parties^F d'un arbre^M
parts of a tree

cime^F
top

rameau^M
branch

ramille^F
twig

branche^F maîtresse
limb

ramure^F
branches

racines^F
roots

houppier^M
crown

feuillage^M
foliage

tronc^M
trunk

chevelu^M
root-hair zone

racine^F pivotante
taproot

coupe^F du tronc^M
cross section of a trunk

la souche^F
stump

cercle^M annuel
annual ring

moelle^F
pith

cœur^M
heartwood

rayon^M
wood ray

écorce^F
outer bark

liber^M
inner bark

cambium^M
cambium

aubier^M
sapwood

rejet^M
shoot

les parties^F d'un champignon^M
parts of a mushroom

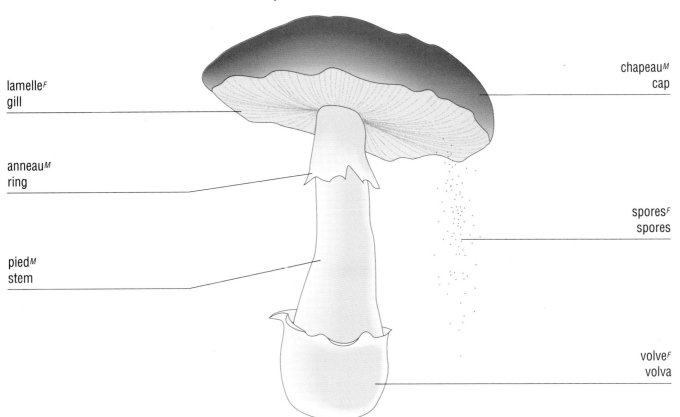

lamelle^F
gill

anneau^M
ring

pied^M
stem

chapeau^M
cap

spores^F
spores

volve^F
volva

champignon^M comestible
edible mushroom

morille^F
morel

champignon^M vénéneux
poisonous mushroom

amanite^F tue-mouches
fly agaric

champignon^M mortel
deadly poisonous mushroom

amanite^F vireuse
destroying angel

LE RÈGNE ANIMAL
ANIMAL KINGDOM

le chevalM
horse

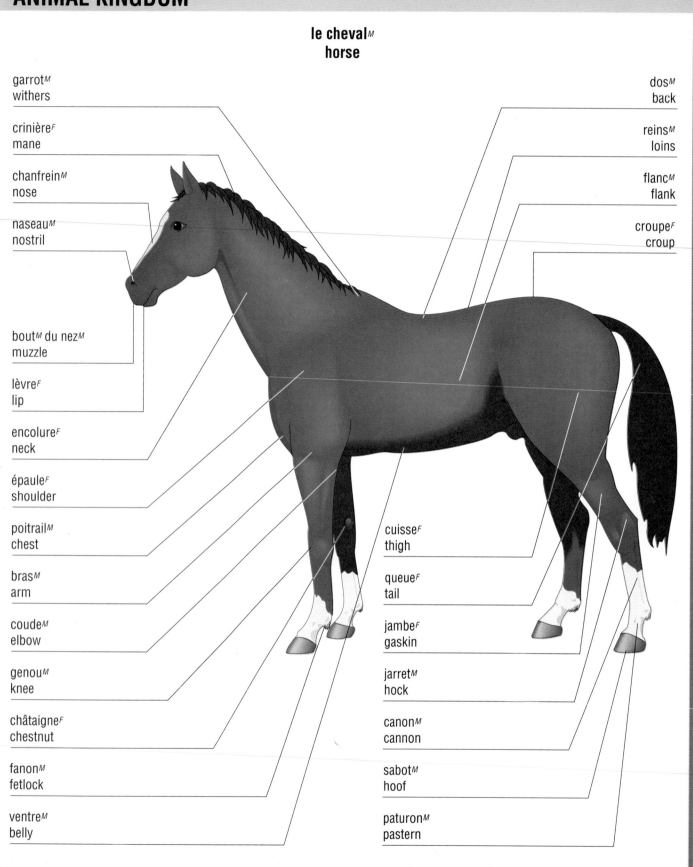

garrot*M*
withers

crinière*F*
mane

chanfrein*M*
nose

naseau*M*
nostril

bout*M* du nez*M*
muzzle

lèvre*F*
lip

encolure*F*
neck

épaule*F*
shoulder

poitrail*M*
chest

bras*M*
arm

coude*M*
elbow

genou*M*
knee

châtaigne*F*
chestnut

fanon*M*
fetlock

ventre*M*
belly

dos*M*
back

reins*M*
loins

flanc*M*
flank

croupe*F*
croup

cuisse*F*
thigh

queue*F*
tail

jambe*F*
gaskin

jarret*M*
hock

canon*M*
cannon

sabot*M*
hoof

paturon*M*
pastern

le chien^M
dog

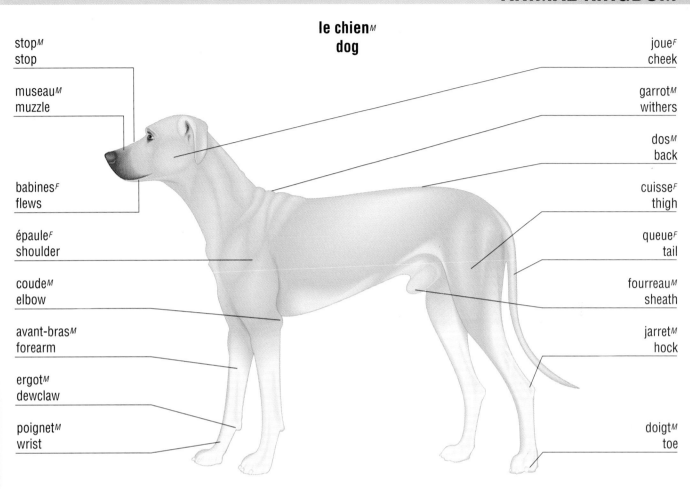

stop^M
stop

museau^M
muzzle

babines^F
flews

épaule^F
shoulder

coude^M
elbow

avant-bras^M
forearm

ergot^M
dewclaw

poignet^M
wrist

joue^F
cheek

garrot^M
withers

dos^M
back

cuisse^F
thigh

queue^F
tail

fourreau^M
sheath

jarret^M
hock

doigt^M
toe

le chat^M
cat

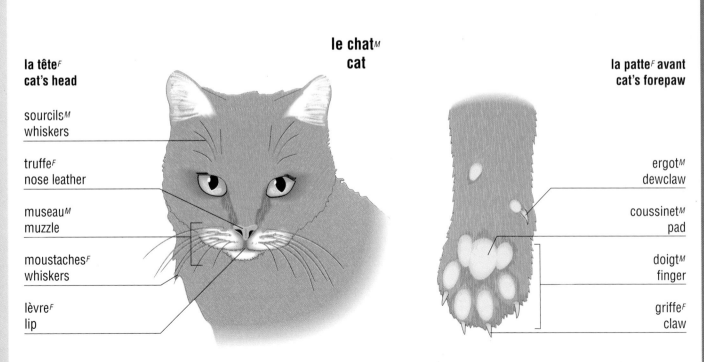

la tête^F
cat's head

sourcils^M
whiskers

truffe^F
nose leather

museau^M
muzzle

moustaches^F
whiskers

lèvre^F
lip

la patte^F avant
cat's forepaw

ergot^M
dewclaw

coussinet^M
pad

doigt^M
finger

griffe^F
claw

l'oiseau_M_
bird

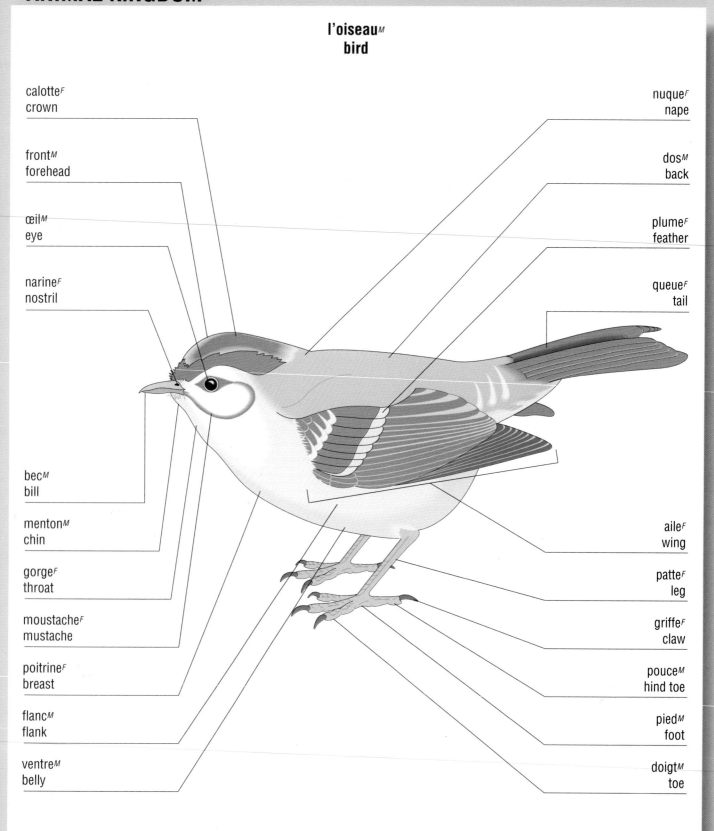

calotte_F_
crown

front_M_
forehead

œil_M_
eye

narine_F_
nostril

bec_M_
bill

menton_M_
chin

gorge_F_
throat

moustache_F_
mustache

poitrine_F_
breast

flanc_M_
flank

ventre_M_
belly

nuque_F_
nape

dos_M_
back

plume_F_
feather

queue_F_
tail

aile_F_
wing

patte_F_
leg

griffe_F_
claw

pouce_M_
hind toe

pied_M_
foot

doigt_M_
toe

principaux types*M* de becs*M*
major types of bills

oiseau*M* aquatique
aquatic bird

oiseau*M* de proie*F*
bird of prey

oiseau*M* insectivore
insect-eating bird

oiseau*M* granivore
seed-eating bird

oiseau*M* échassier*M*
wading bird

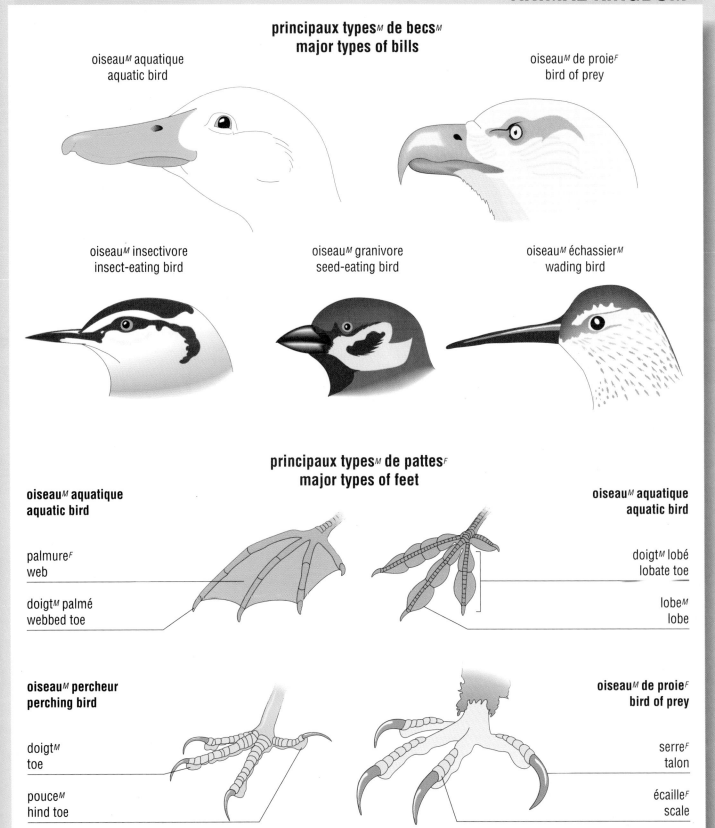

principaux types*M* de pattes*F*
major types of feet

oiseau*M* aquatique
aquatic bird

palmure*F*
web

doigt*M* palmé
webbed toe

oiseau*M* aquatique
aquatic bird

doigt*M* lobé
lobate toe

lobe*M*
lobe

oiseau*M* percheur
perching bird

doigt*M*
toe

pouce*M*
hind toe

oiseau*M* de proie*F*
bird of prey

serre*F*
talon

écaille*F*
scale

LE RÈGNE ANIMAL
ANIMAL KINGDOM

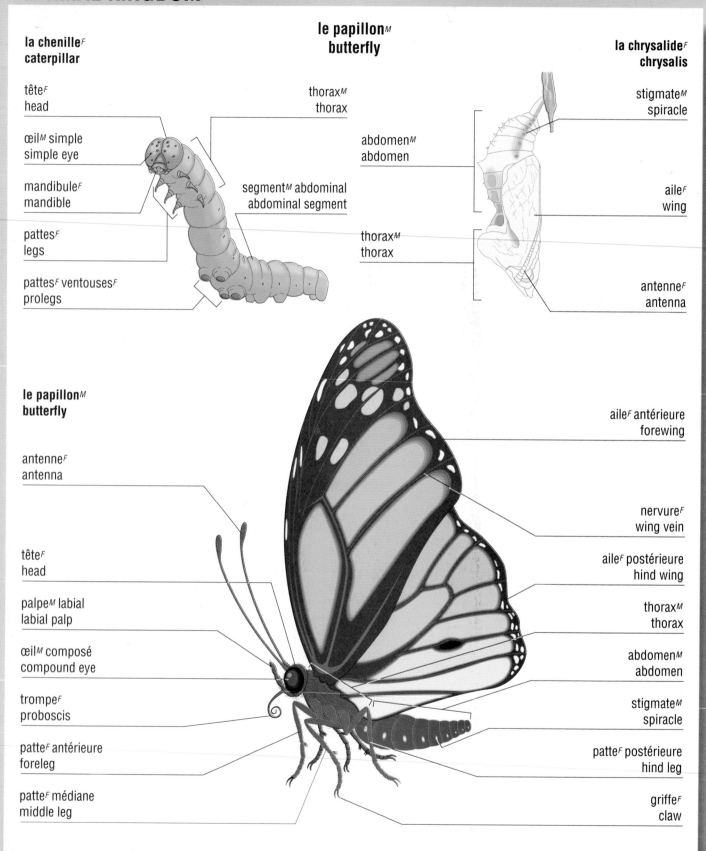

la chenilleF
caterpillar

têteF
head

œilM simple
simple eye

mandibuleF
mandible

pattesF
legs

pattesF ventousesF
prolegs

le papillonM
butterfly

thoraxM
thorax

abdomenM
abdomen

segmentM abdominal
abdominal segment

thoraxM
thorax

la chrysalideF
chrysalis

stigmateM
spiracle

aileF
wing

antenneF
antenna

le papillonM
butterfly

antenneF
antenna

têteF
head

palpeM labial
labial palp

œilM composé
compound eye

trompeF
proboscis

patteF antérieure
foreleg

patteF médiane
middle leg

aileF antérieure
forewing

nervureF
wing vein

aileF postérieure
hind wing

thoraxM
thorax

abdomenM
abdomen

stigmateM
spiracle

patteF postérieure
hind leg

griffeF
claw

l'abeille^F
honeybee

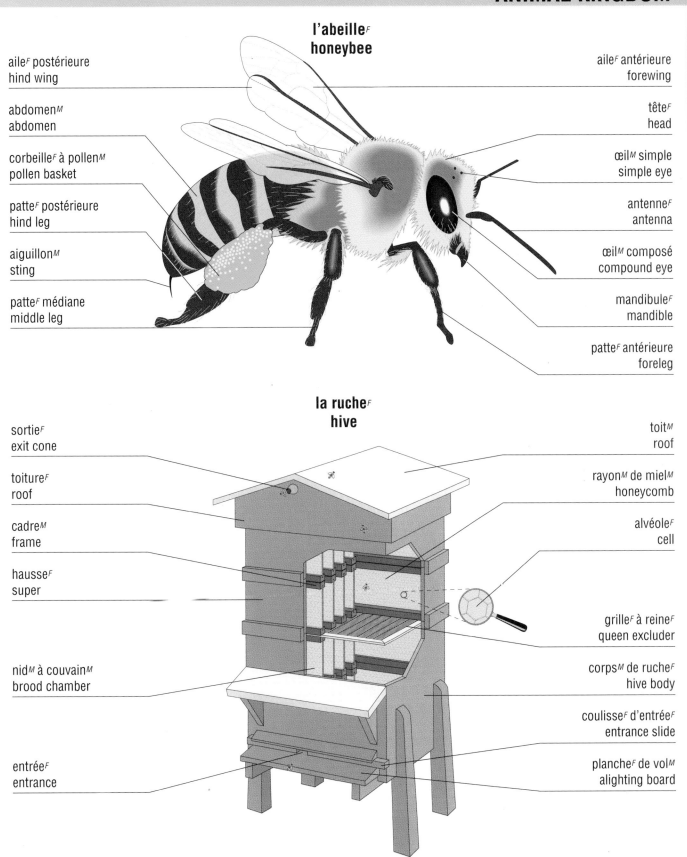

aile^F postérieure
hind wing

abdomen^M
abdomen

corbeille^F à pollen^M
pollen basket

patte^F postérieure
hind leg

aiguillon^M
sting

patte^F médiane
middle leg

aile^F antérieure
forewing

tête^F
head

œil^M simple
simple eye

antenne^F
antenna

œil^M composé
compound eye

mandibule^F
mandible

patte^F antérieure
foreleg

la ruche^F
hive

sortie^F
exit cone

toiture^F
roof

cadre^M
frame

hausse^F
super

nid^M à couvain^M
brood chamber

entrée^F
entrance

toit^M
roof

rayon^M de miel^M
honeycomb

alvéole^F
cell

grille^F à reine^F
queen excluder

corps^M de ruche^F
hive body

coulisse^F d'entrée^F
entrance slide

planche^F de vol^M
alighting board

LE RÈGNE ANIMAL
ANIMAL KINGDOM

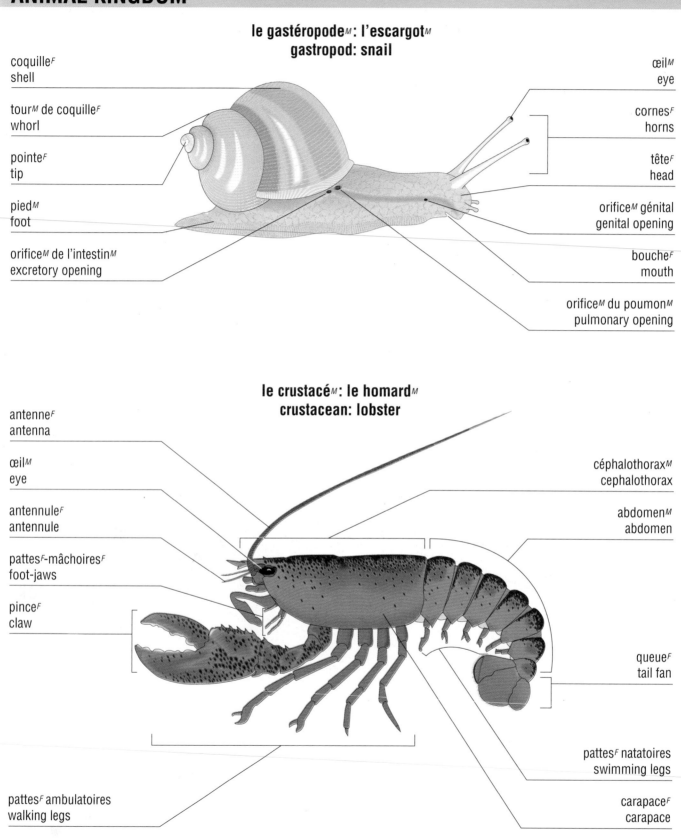

le gastéropodeM **: l'escargot**M
gastropod: snail

coquille*F*
shell

tour*M* de coquille*F*
whorl

pointe*F*
tip

pied*M*
foot

orifice*M* de l'intestin*M*
excretory opening

œil*M*
eye

cornes*F*
horns

tête*F*
head

orifice*M* génital
genital opening

bouche*F*
mouth

orifice*M* du poumon*M*
pulmonary opening

le crustacéM **: le homard**M
crustacean: lobster

antenne*F*
antenna

œil*M*
eye

antennule*F*
antennule

pattes*F*-mâchoires*F*
foot-jaws

pince*F*
claw

pattes*F* ambulatoires
walking legs

céphalothorax*M*
cephalothorax

abdomen*M*
abdomen

queue*F*
tail fan

pattes*F* natatoires
swimming legs

carapace*F*
carapace

les batraciens^M: la grenouille^F
batrachian: frog

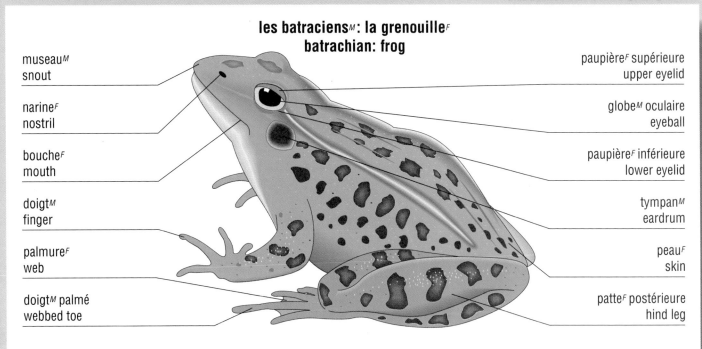

museau^M
snout

narine^F
nostril

bouche^F
mouth

doigt^M
finger

palmure^F
web

doigt^M palmé
webbed toe

paupière^F supérieure
upper eyelid

globe^M oculaire
eyeball

paupière^F inférieure
lower eyelid

tympan^M
eardrum

peau^F
skin

patte^F postérieure
hind leg

le poisson^M
fish

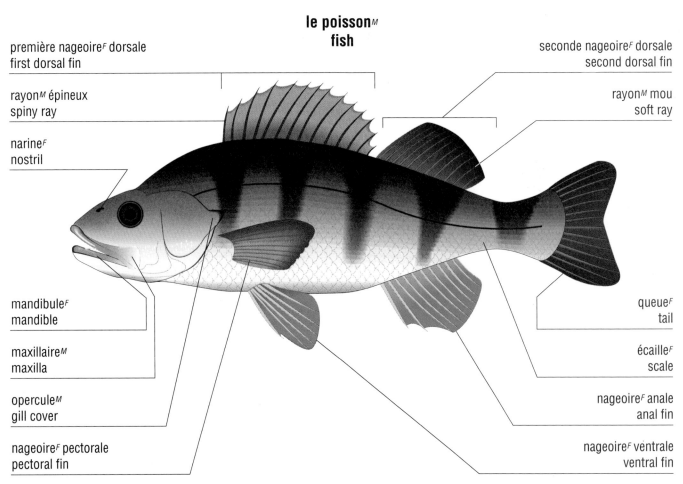

première nageoire^F dorsale
first dorsal fin

rayon^M épineux
spiny ray

narine^F
nostril

mandibule^F
mandible

maxillaire^M
maxilla

opercule^M
gill cover

nageoire^F pectorale
pectoral fin

seconde nageoire^F dorsale
second dorsal fin

rayon^M mou
soft ray

queue^F
tail

écaille^F
scale

nageoire^F anale
anal fin

nageoire^F ventrale
ventral fin

LE RÈGNE ANIMAL
ANIMAL KINGDOM

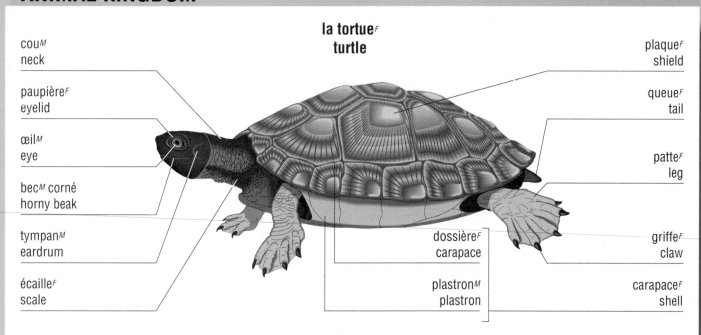

la tortue^F
turtle

cou^M
neck

paupière^F
eyelid

œil^M
eye

bec^M corné
horny beak

tympan^M
eardrum

écaille^F
scale

plaque^F
shield

queue^F
tail

patte^F
leg

griffe^F
claw

carapace^F
shell

dossière^F
carapace

plastron^M
plastron

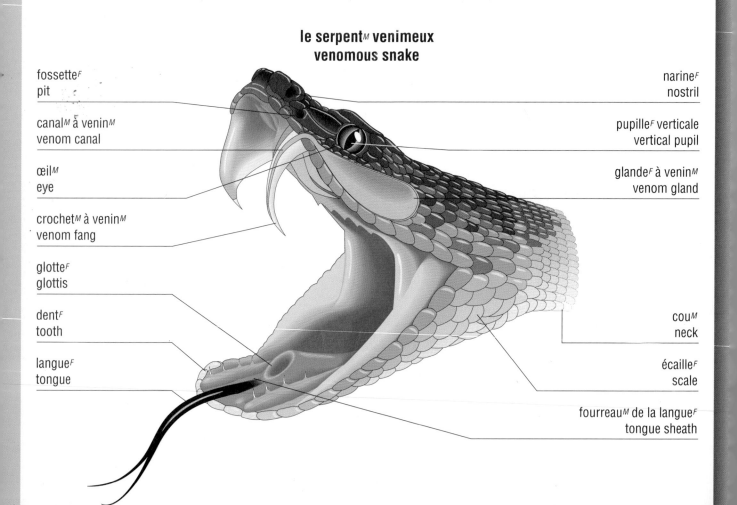

le serpent^M venimeux
venomous snake

fossette^F
pit

canal^M à venin^M
venom canal

œil^M
eye

crochet^M à venin^M
venom fang

glotte^F
glottis

dent^F
tooth

langue^F
tongue

narine^F
nostril

pupille^F verticale
vertical pupil

glande^F à venin^M
venom gland

cou^M
neck

écaille^F
scale

fourreau^M de la langue^F
tongue sheath

animaux*M* sauvages
wild animals

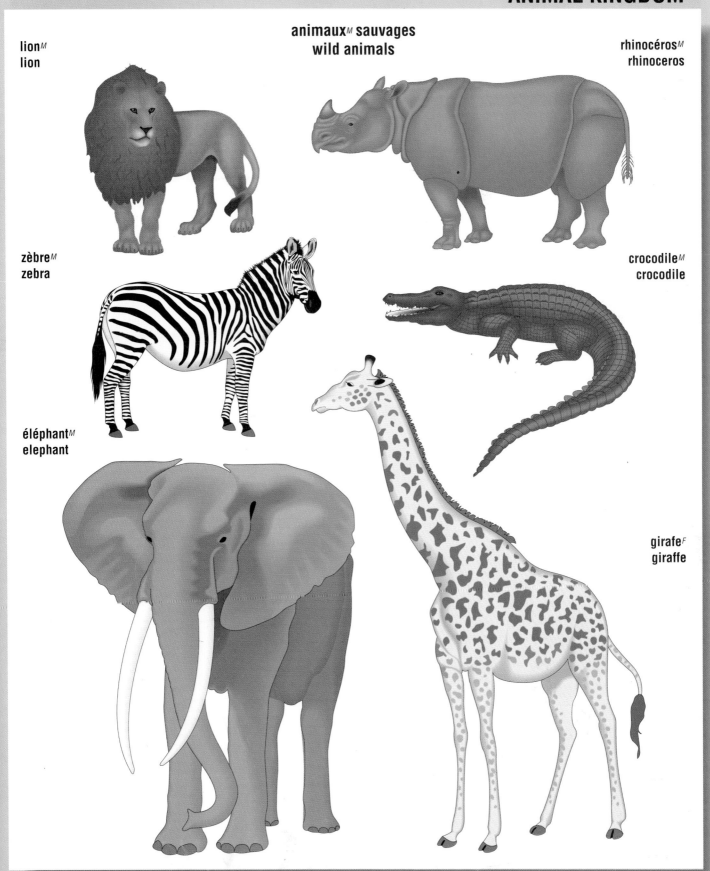

lion*M*
lion

rhinocéros*M*
rhinoceros

zèbre*M*
zebra

crocodile*M*
crocodile

éléphant*M*
elephant

girafe*F*
giraffe

animaux^M **sauvages**
wild animals

autruche^F
ostrich

phoque^M
seal

kangourou^M
kangaroo

ours^M **polaire**
polar bear

chameau^M
camel

cerf^M **de Virginie**^F
white-tailed deer

le corps^M, vu de face^F
body, front view

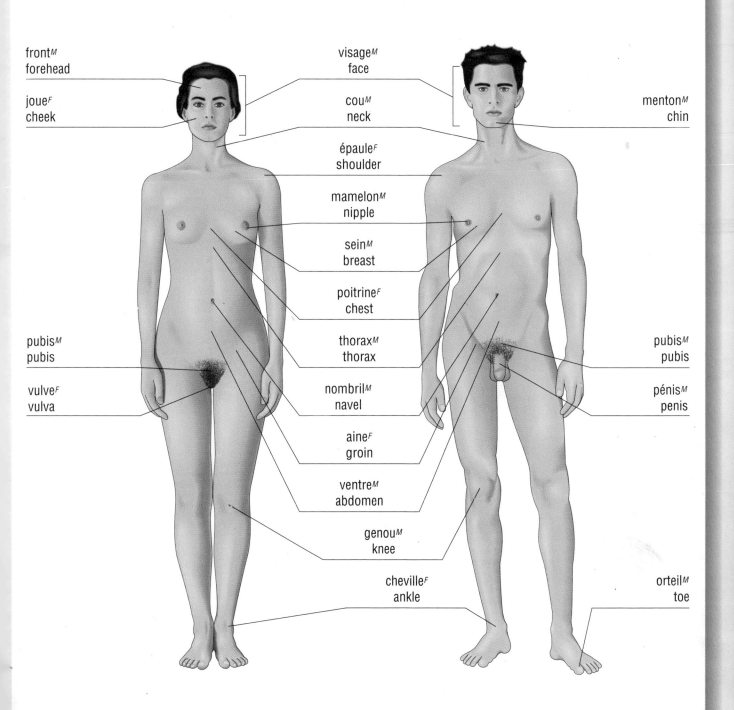

front^M
forehead

joue^F
cheek

visage^M
face

cou^M
neck

menton^M
chin

épaule^F
shoulder

mamelon^M
nipple

sein^M
breast

poitrine^F
chest

thorax^M
thorax

pubis^M
pubis

vulve^F
vulva

nombril^M
navel

pubis^M
pubis

pénis^M
penis

aine^F
groin

ventre^M
abdomen

genou^M
knee

cheville^F
ankle

orteil^M
toe

LE CORPS HUMAIN
HUMAN BODY

le corps^M, vu de dos^M
body, rear view

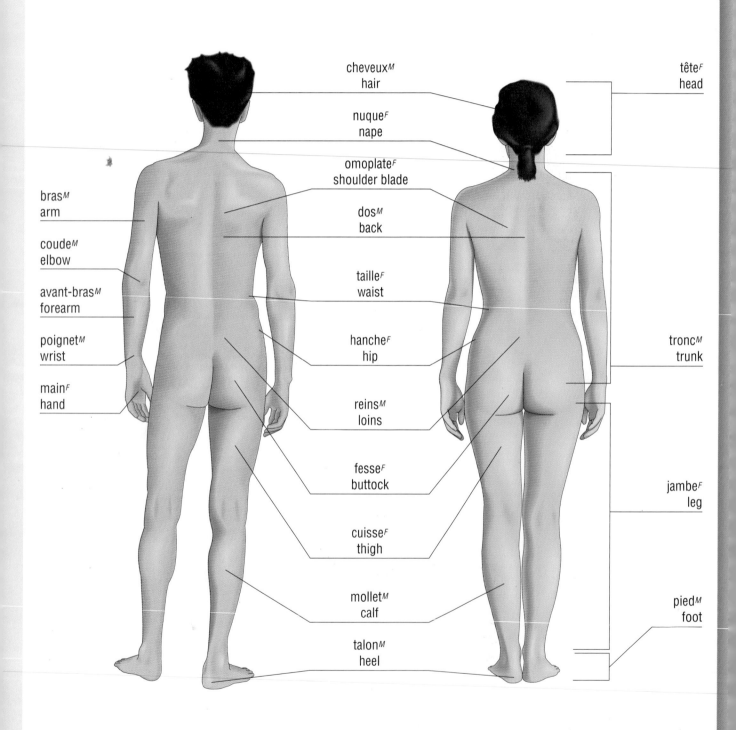

cheveux^M
hair

nuque^F
nape

omoplate^F
shoulder blade

dos^M
back

taille^F
waist

hanche^F
hip

reins^M
loins

fesse^F
buttock

cuisse^F
thigh

mollet^M
calf

talon^M
heel

bras^M
arm

coude^M
elbow

avant-bras^M
forearm

poignet^M
wrist

main^F
hand

tête^F
head

tronc^M
trunk

jambe^F
leg

pied^M
foot

le squelette^M
skeleton

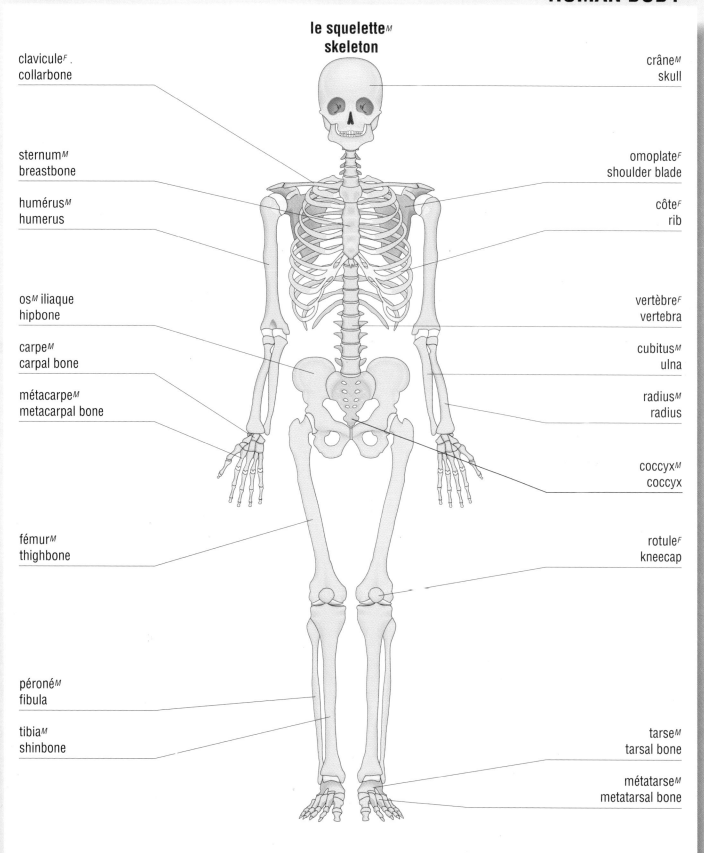

clavicule^F .
collarbone

sternum^M
breastbone

humérus^M
humerus

os^M iliaque
hipbone

carpe^M
carpal bone

métacarpe^M
metacarpal bone

fémur^M
thighbone

péroné^M
fibula

tibia^M
shinbone

crâne^M
skull

omoplate^F
shoulder blade

côte^F
rib

vertèbre^F
vertebra

cubitus^M
ulna

radius^M
radius

coccyx^M
coccyx

rotule^F
kneecap

tarse^M
tarsal bone

métatarse^M
metatarsal bone

LE CORPS HUMAIN
HUMAN BODY

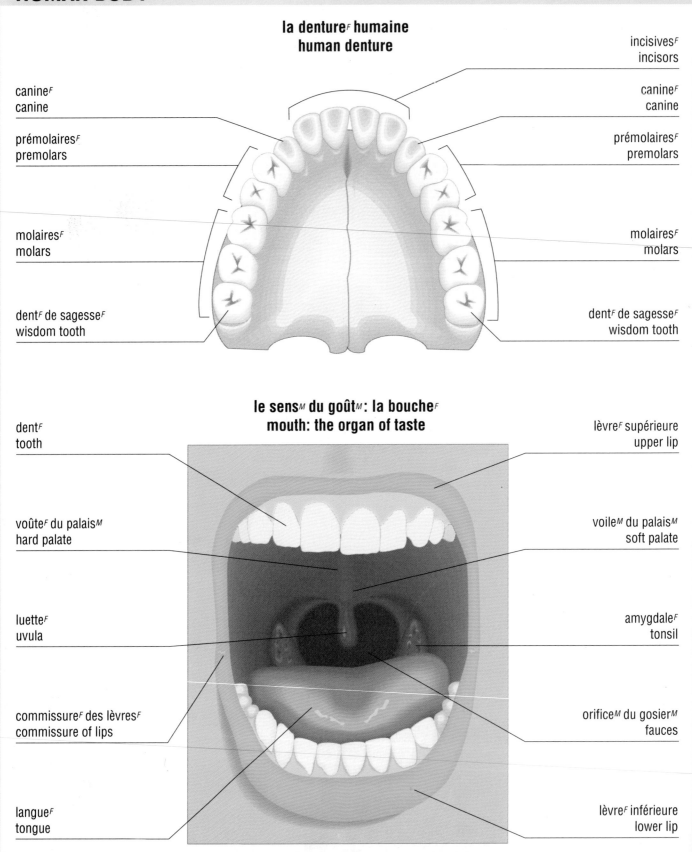

la denture_F humaine
human denture

incisives_F
incisors

canine_F
canine

canine_F
canine

prémolaires_F
premolars

prémolaires_F
premolars

molaires_F
molars

molaires_F
molars

dent_F de sagesse_F
wisdom tooth

dent_F de sagesse_F
wisdom tooth

le sens_M du goût_M : la bouche_F
mouth: the organ of taste

dent_F
tooth

lèvre_F supérieure
upper lip

voûte_F du palais_M
hard palate

voile_M du palais_M
soft palate

luette_F
uvula

amygdale_F
tonsil

commissure_F des lèvres_F
commissure of lips

orifice_M du gosier_M
fauces

langue_F
tongue

lèvre_F inférieure
lower lip

le sens*M* de la vue*F*: l'œil*M*
eye: the organ of sight

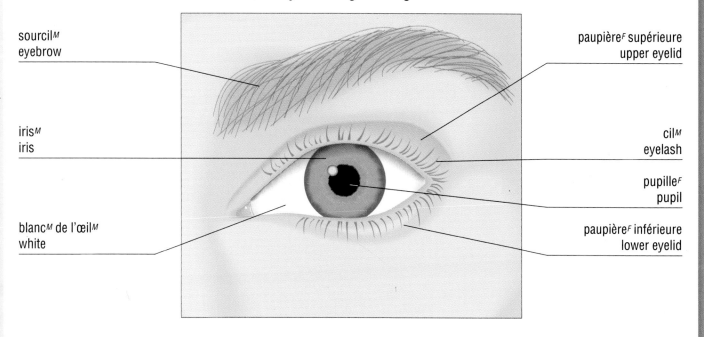

sourcil*M*
eyebrow

iris*M*
iris

blanc*M* de l'œil*M*
white

paupière*F* supérieure
upper eyelid

cil*M*
eyelash

pupille*F*
pupil

paupière*F* inférieure
lower eyelid

le sens*M* de l'ouïe*F*: l'oreille*F*
ear: the organ of hearing

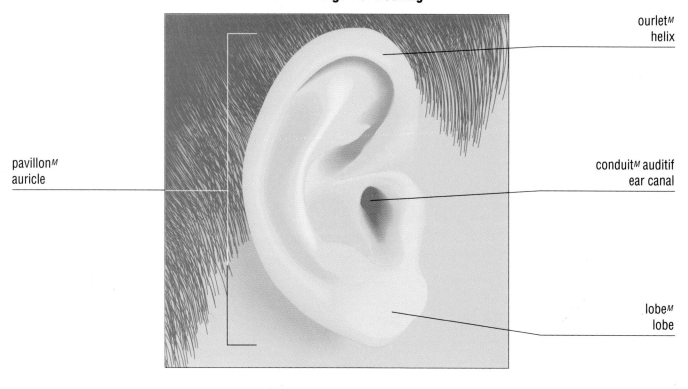

pavillon*M*
auricle

ourlet*M*
helix

conduit*M* auditif
ear canal

lobe*M*
lobe

LE CORPS HUMAIN
HUMAN BODY

le sens^M de l'odorat^M: le nez^M
nose: the organ of smell

racine^F du nez^M
root of nose

dos^M du nez^M
dorsum

narine^F
nostril

aile^F du nez^M
ala

sillon^M
philtrum

lobe^M du nez^M
tip of nose

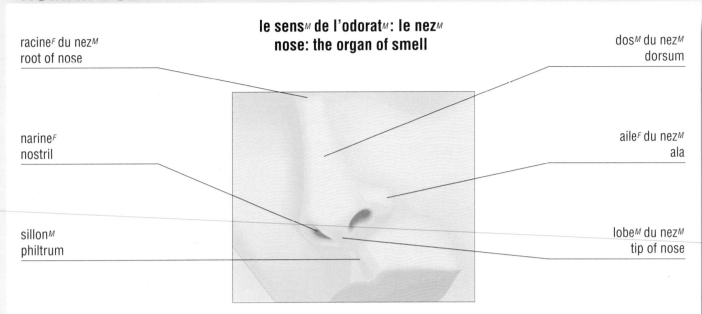

le sens^M du toucher^M: la main^F
hand: the organ of touch

pouce^M
thumb

lunule^F
lunule

index^M
index finger

ongle^M
fingernail

majeur^M
middle finger

paume^F
palm

annulaire^M
third finger

auriculaire^M
little finger

poignet^M
wrist

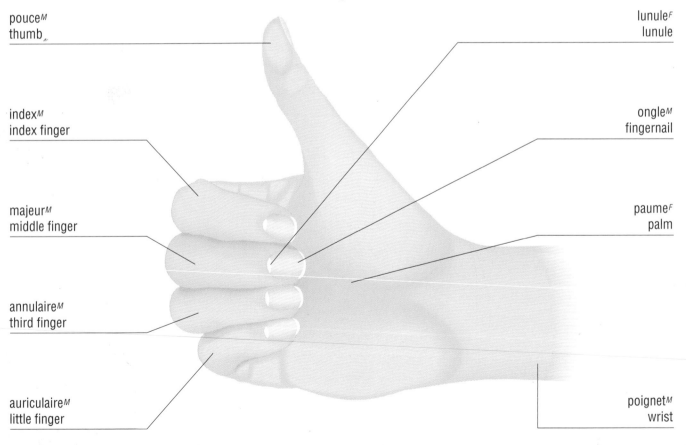
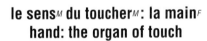

le painM
bread

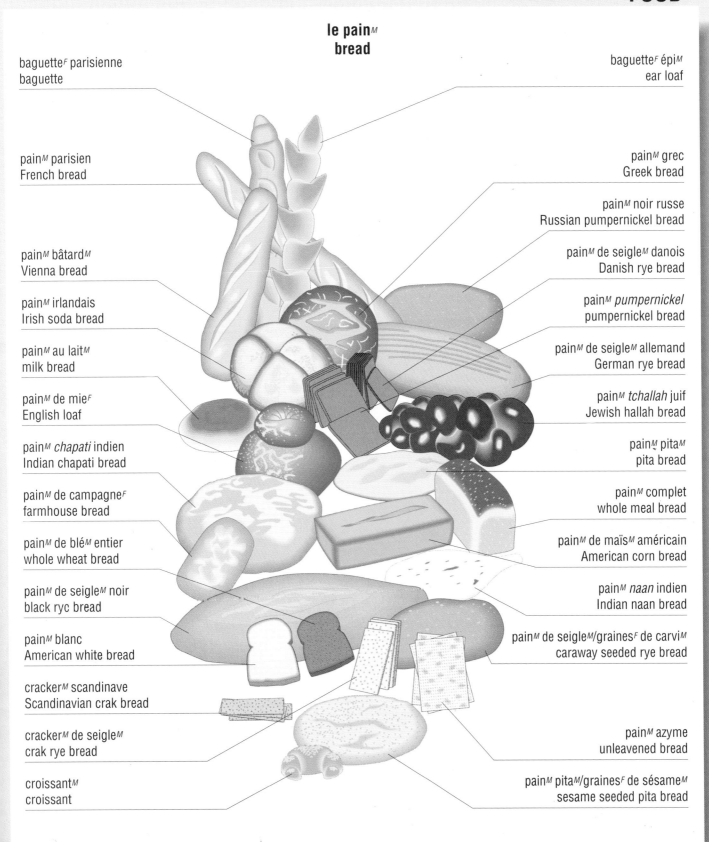

baguetteF parisienne
baguette

baguetteF épiM
ear loaf

painM parisien
French bread

painM grec
Greek bread

painM noir russe
Russian pumpernickel bread

painM bâtardM
Vienna bread

painM de seigleM danois
Danish rye bread

painM irlandais
Irish soda bread

painM *pumpernickel*
pumpernickel bread

painM au laitM
milk bread

painM de seigleM allemand
German rye bread

painM de mieF
English loaf

painM *tchallah* juif
Jewish hallah bread

painM *chapati* indien
Indian chapati bread

painM pitaM
pita bread

painM de campagneF
farmhouse bread

painM complet
whole meal bread

painM de bléM entier
whole wheat bread

painM de maïsM américain
American corn bread

painM de seigleM noir
black ryc bread

painM *naan* indien
Indian naan bread

painM blanc
American white bread

painM de seigleM/grainesF de carviM
caraway seeded rye bread

crackerM scandinave
Scandinavian crak bread

crackerM de seigleM
crak rye bread

painM azyme
unleavened bread

croissantM
croissant

painM pitaM/grainesF de sésameM
sesame seeded pita bread

les légumesM feuillesF
leaf vegetables

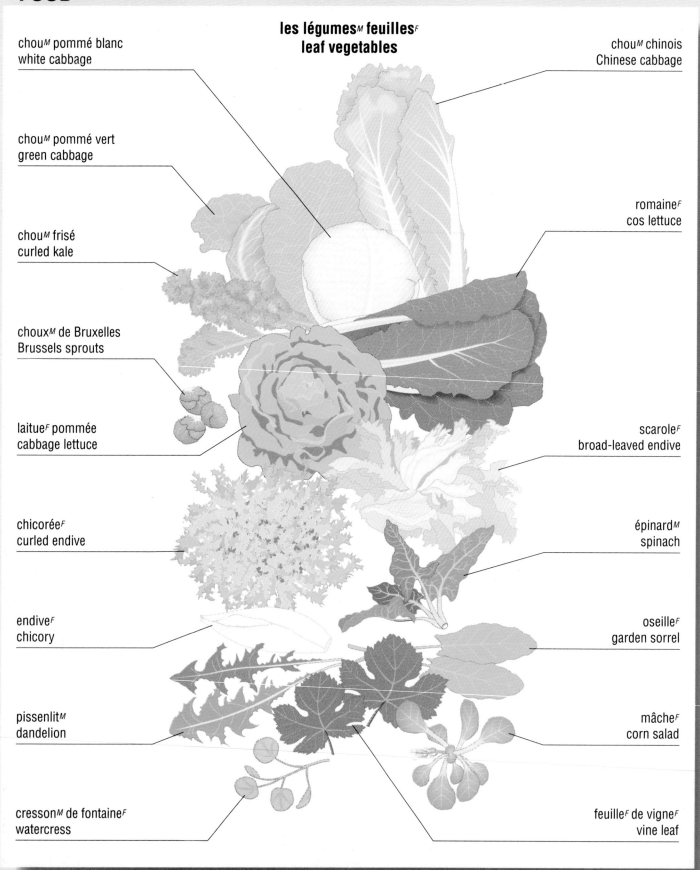

chouM pommé blanc
white cabbage

chouM pommé vert
green cabbage

chouM frisé
curled kale

chouxM de Bruxelles
Brussels sprouts

laitueF pommée
cabbage lettuce

chicoréeF
curled endive

endiveF
chicory

pissenlitM
dandelion

cressonM de fontaineF
watercress

chouM chinois
Chinese cabbage

romaineF
cos lettuce

scaroleF
broad-leaved endive

épinardM
spinach

oseilleF
garden sorrel

mâcheF
corn salad

feuilleF de vigneF
vine leaf

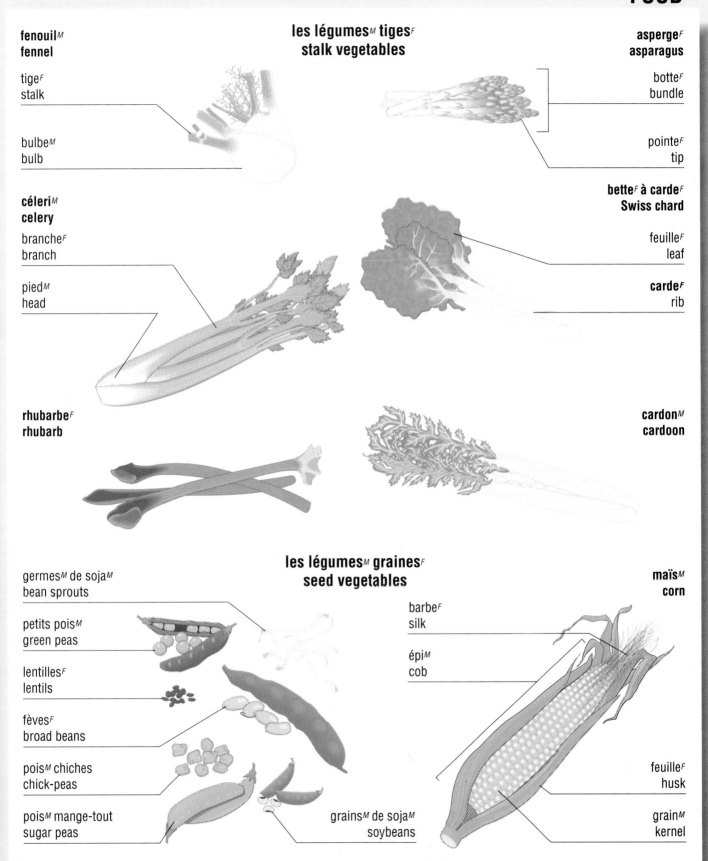

fenouil^M
fennel

tige^F
stalk

bulbe^M
bulb

céleri^M
celery

branche^F
branch

pied^M
head

rhubarbe^F
rhubarb

les légumes^M tiges^F
stalk vegetables

asperge^F
asparagus

botte^F
bundle

pointe^F
tip

bette^F **à carde**^{F}
Swiss chard

feuille^F
leaf

carde^F
rib

cardon^M
cardoon

les légumes^M graines^F
seed vegetables

germes^M de soja^M
bean sprouts

petits pois^M
green peas

lentilles^F
lentils

fèves^F
broad beans

pois^M chiches
chick-peas

pois^M mange-tout
sugar peas

barbe^F
silk

épi^M
cob

maïs^M
corn

feuille^F
husk

grain^M
kernel

grains^M de soja^M
soybeans

LA NOURRITURE
FOOD

les légumes*M* tubercules*M*
tuber vegetables

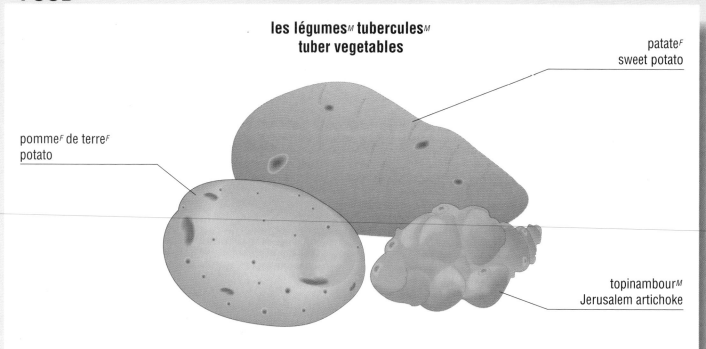

patate*F*
sweet potato

pomme*F* de terre*F*
potato

topinambour*M*
Jerusalem artichoke

les légumes*M* racines*F*
root vegetables

chou-rave*M*
kohlrabi

navet*M*
turnip

céleri-rave*M*
celeriac

raifort*M*
horseradish

betterave*F*
beet

panais*M*
parsnip

rutabaga*M*
rutabaga

scorsonère*F*
black salsify

radis*M*
radish

carotte*F*
carrot

salsifis*M*
salsify

les légumes*M* **fleurs***F*
inflorescent vegetables

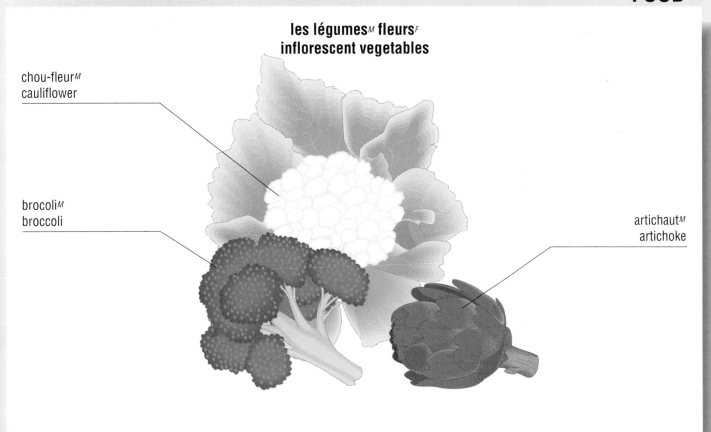

chou-fleur*M*
cauliflower

brocoli*M*
broccoli

artichaut*M*
artichoke

les légumes*M* **bulbes***M*
bulb vegetables

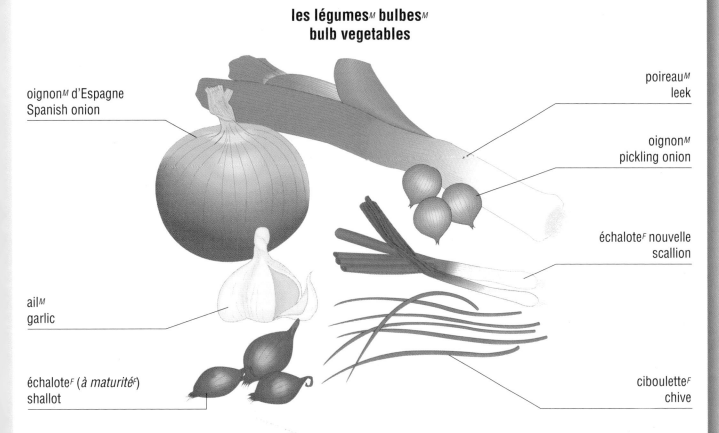

oignon*M* d'Espagne
Spanish onion

poireau*M*
leek

oignon*M*
pickling onion

échalote*F* nouvelle
scallion

ail*M*
garlic

échalote*F* (*à maturité**F*)
shallot

ciboulette*F*
chive

les légumes$_M$ fruits$_M$
fruit vegetables

potiron$_M$
autumn squash

pastèque$_F$
watermelon

melon$_M$ brodé
muskmelon

cantaloup$_M$
cantaloupe

citrouille$_F$
pumpkin

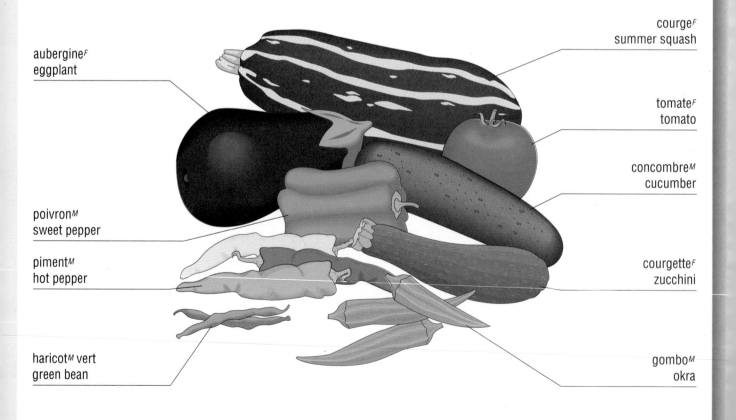

aubergine$_F$
eggplant

courge$_F$
summer squash

tomate$_F$
tomato

concombre$_M$
cucumber

poivron$_M$
sweet pepper

piment$_M$
hot pepper

courgette$_F$
zucchini

haricot$_M$ vert
green bean

gombo$_M$
okra

les fruits*M* à pépins*M*
pome fruits

pomme*F*
apple

poire*F*
pear

coing*M*
quince

nèfle*F* du Japon
Japanese plum

les fruits*M* à noyau*M*
stone fruits

mangue*F*
mango

datte*F*
date

pêche*F*
peach

prune*F*
plum

nectarine*F*
nectarine

olive*F*
olive

abricot*M*
apricot

cerise*F*
cherry

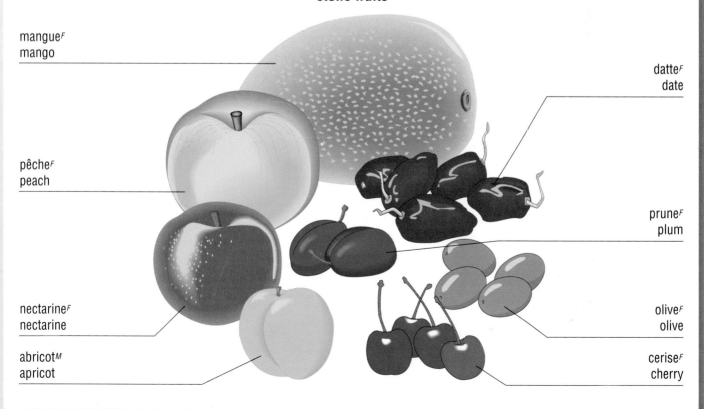

LA NOURRITURE
FOOD

les baies^F
berries

canneberge^F
cranberry

groseille^F à grappes^F
currant

groseille^F à maquereau^M
gooseberry

airelle^F
huckleberry

raisin^M
grape

cassis^M
black currant

myrtille^F
blueberry

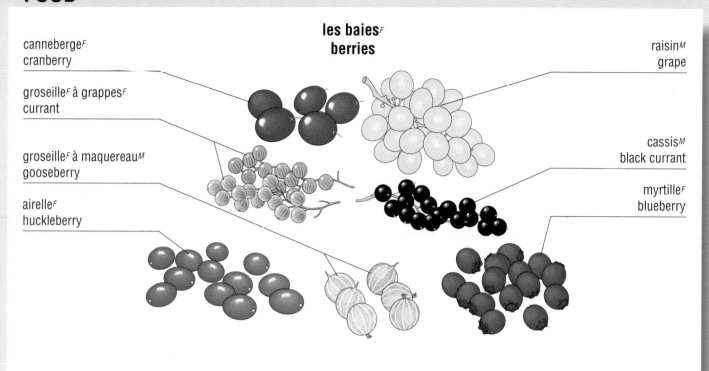

les agrumes^M
citrus fruits

pamplemousse^M
grapefruit

orange^F
orange

mandarine^F
mandarin

kumquat^M
kumquat

citron^M
lemon

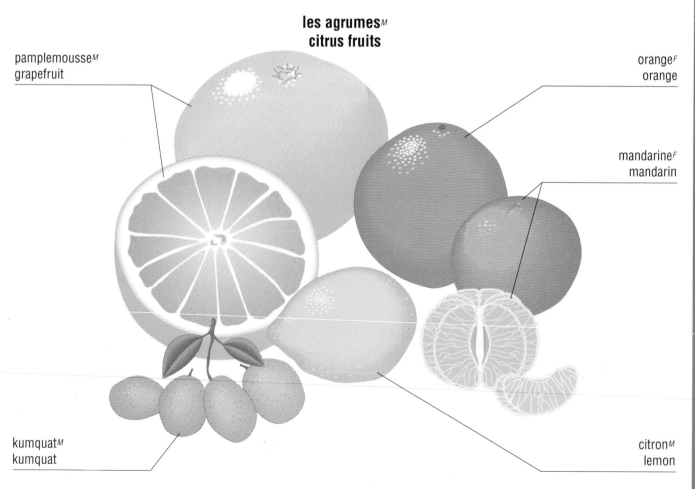

les fruitsM **tropicaux**
tropical fruits

ananasM
pineapple

bananeF
banana

avocatM
avocado

kiwiM
kiwi

goyaveF
guava

litchiM
litchi

grenadeF
pomegranate

papayeF
papaya

chérimoleF
cherimoya

kakiM
Japanese persimmon

figueF de Barbarie
Indian fig

les noixF
nuts

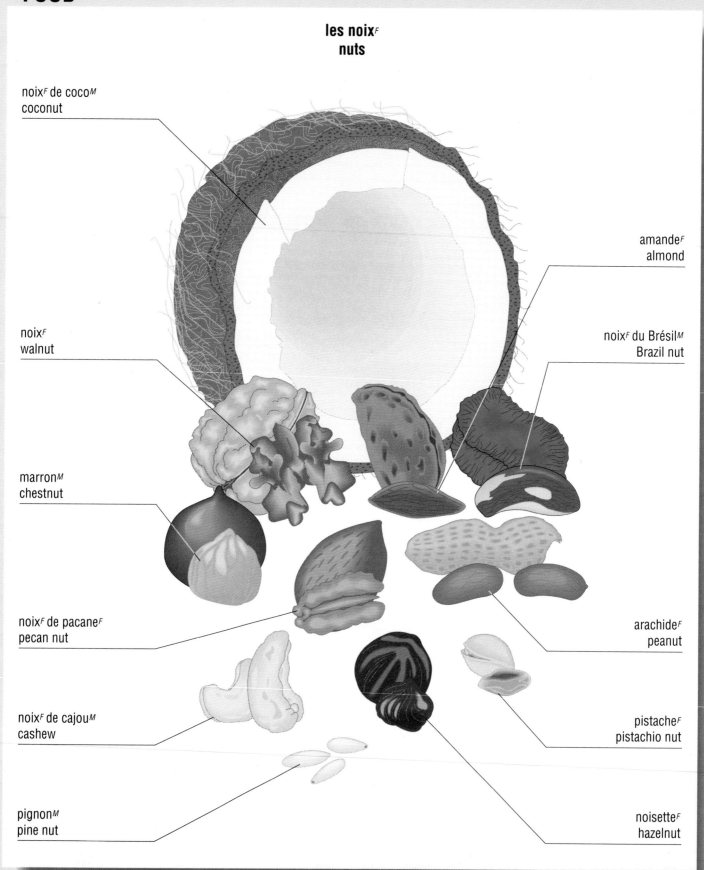

noixF de cocoM
coconut

amandeF
almond

noixF
walnut

noixF du BrésilM
Brazil nut

marronM
chestnut

noixF de pacaneF
pecan nut

arachideF
peanut

noixF de cajouM
cashew

pistacheF
pistachio nut

pignonM
pine nut

noisetteF
hazelnut

les fromages*M*
cheeses

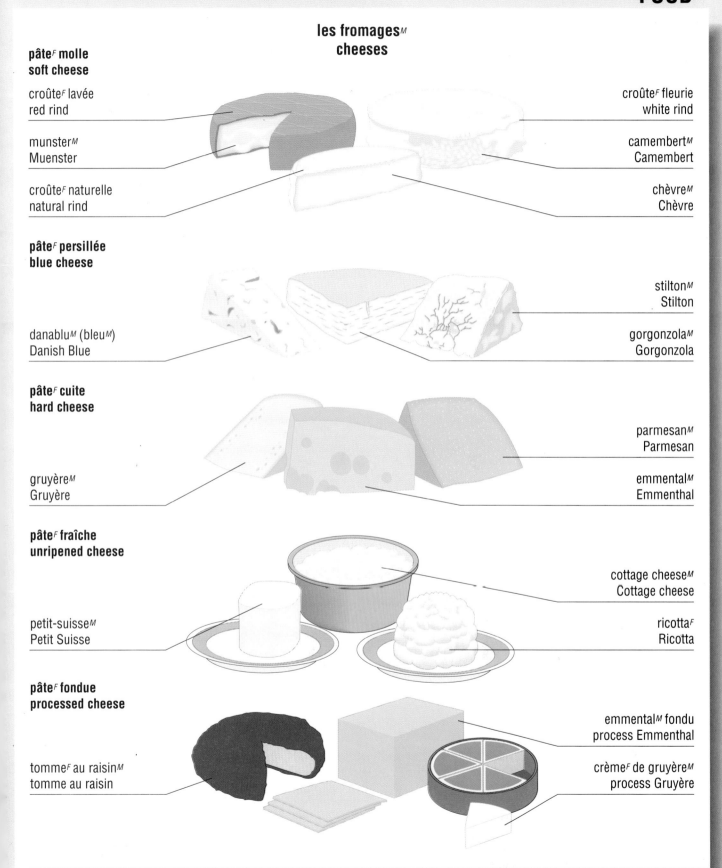

pâte*F* molle
soft cheese

croûte*F* lavée
red rind

munster*M*
Muenster

croûte*F* naturelle
natural rind

croûte*F* fleurie
white rind

camembert*M*
Camembert

chèvre*M*
Chèvre

pâte*F* persillée
blue cheese

danablu*M* (bleu*M*)
Danish Blue

stilton*M*
Stilton

gorgonzola*M*
Gorgonzola

pâte*F* cuite
hard cheese

gruyère*M*
Gruyère

parmesan*M*
Parmesan

emmental*M*
Emmenthal

pâte*F* fraîche
unripened cheese

petit-suisse*M*
Petit Suisse

cottage cheese*M*
Cottage cheese

ricotta*F*
Ricotta

pâte*F* fondue
processed cheese

tomme*F* au raisin*M*
tomme au raisin

emmental*M* fondu
process Emmenthal

crème*F* de gruyère*M*
process Gruyère

LA NOURRITURE
FOOD

les dessertsM
desserts

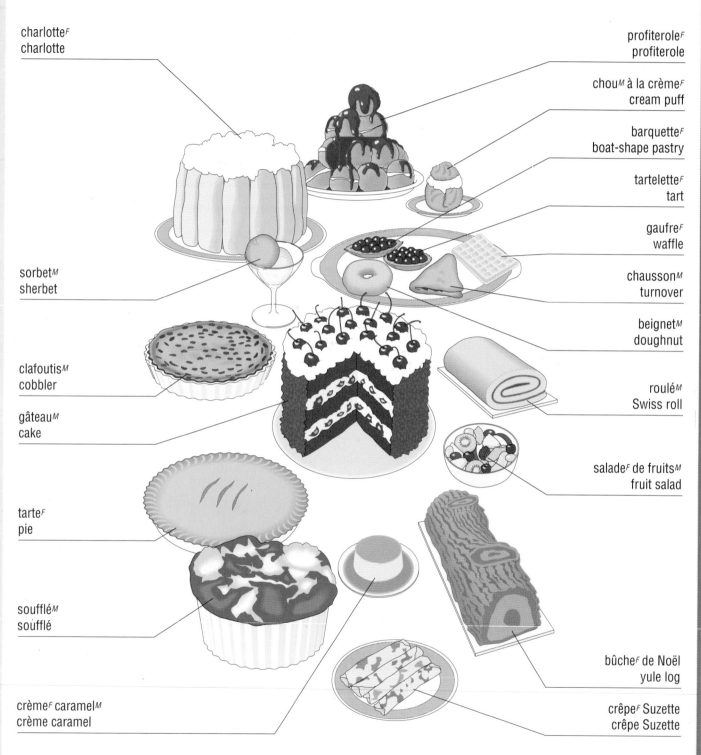

charlotteF
charlotte

profiteroleF
profiterole

chouM à la crèmeF
cream puff

barquetteF
boat-shape pastry

tarteletteF
tart

gaufreF
waffle

chaussonM
turnover

beignetM
doughnut

rouléM
Swiss roll

saladeF de fruitsM
fruit salad

sorbetM
sherbet

clafoutisM
cobbler

gâteauM
cake

tarteF
pie

souffléM
soufflé

bûcheF de Noël
yule log

crèmeF caramelM
crème caramel

crêpeF Suzette
crêpe Suzette

la fermeF
farmstead

jachère*F*
fallow

pâturage*M*
permanent pasture

clôture*F* électrique
electrified fence

hangar*M*
machinery store

poulailler*M*
hen house

jardin*M* potager
vegetable garden

cour*F*
farmyard

habitation*F*
farmhouse

maïs*M* fourrager
fodder corn

prairie*F*
meadow

laiterie*F*
dairy

étable*F*
cowshed

silo*M*-tour*F*
tower silo

silo*M*-couloir*M*
bunker silo

porcherie*F*
pigsty

verger*M*
orchard

bergerie*F*
sheep shelter

serre*F*
greenhouse

grange*F*
barn

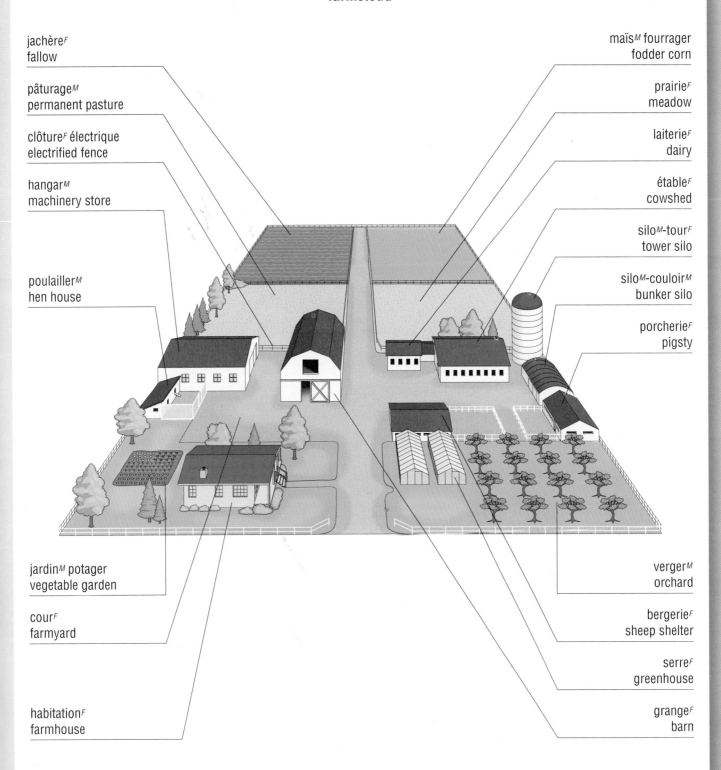

LA FERME
FARMING

les animaux^M de la ferme^F
farm's animals

coq^M
rooster

poussin^M
chick

poule^F
hen

chèvre^F
goat

agneau^M
lamb

porc^M
pig

vache^F
cow

oie^F
goose

canard^M
duck

dindon^M
turkey

mouton^M
sheep

truie^F
sow

bœuf^M
ox

veau^M
calf

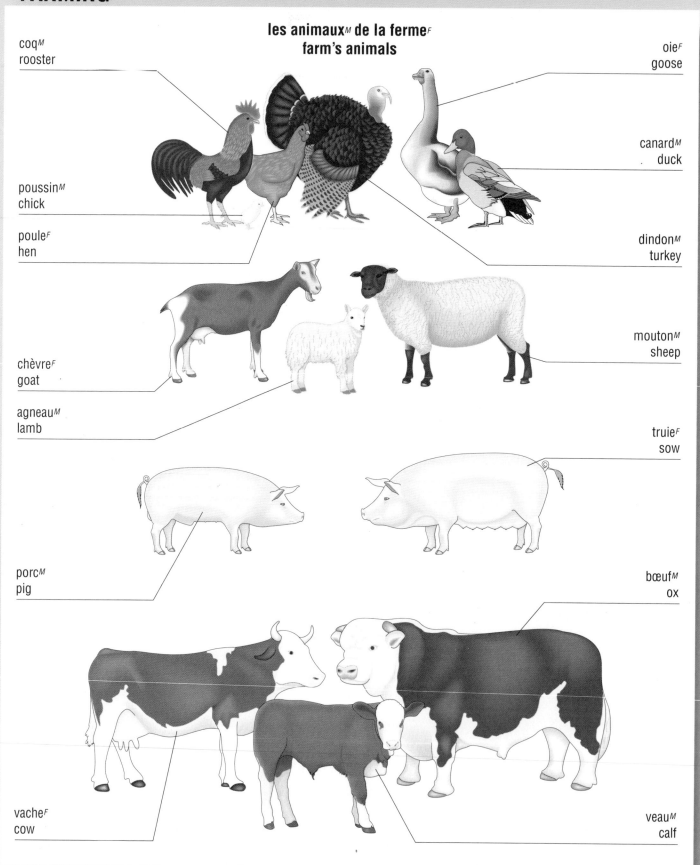

le jardin^M **d'agrément**^{M}
pleasure garden

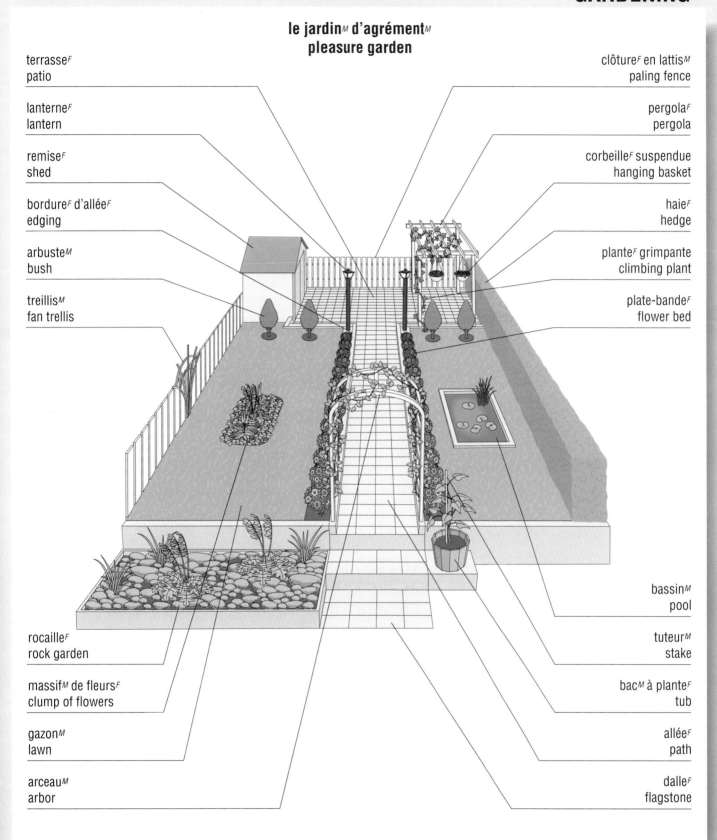

terrasse^F
patio

lanterne^F
lantern

remise^F
shed

bordure^F d'allée^F
edging

arbuste^M
bush

treillis^M
fan trellis

rocaille^F
rock garden

massif^M de fleurs^F
clump of flowers

gazon^M
lawn

arceau^M
arbor

clôture^F en lattis^M
paling fence

pergola^F
pergola

corbeille^F suspendue
hanging basket

haie^F
hedge

plante^F grimpante
climbing plant

plate-bande^F
flower bed

bassin^M
pool

tuteur^M
stake

bac^M à plante^F
tub

allée^F
path

dalle^F
flagstone

LE JARDINAGE
GARDENING

l'outillageM
tools and equipment

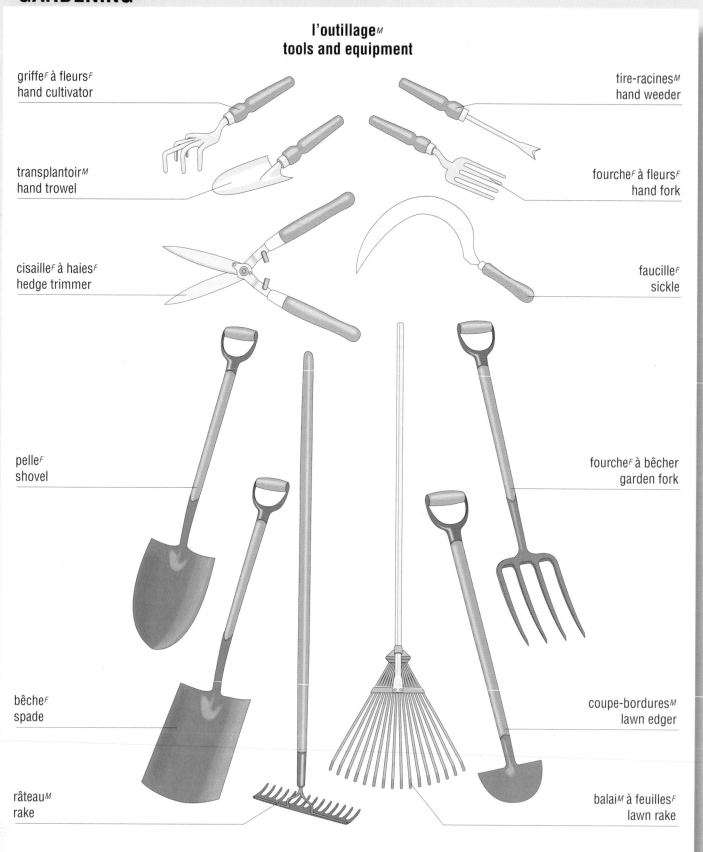

griffeF à fleursF
hand cultivator

tire-racinesM
hand weeder

transplantoirM
hand trowel

fourcheF à fleursF
hand fork

cisailleF à haiesF
hedge trimmer

faucilleF
sickle

pelleF
shovel

fourcheF à bêcher
garden fork

bêcheF
spade

coupe-borduresM
lawn edger

râteauM
rake

balaiM à feuillesF
lawn rake

l'outillageM
tools and equipment

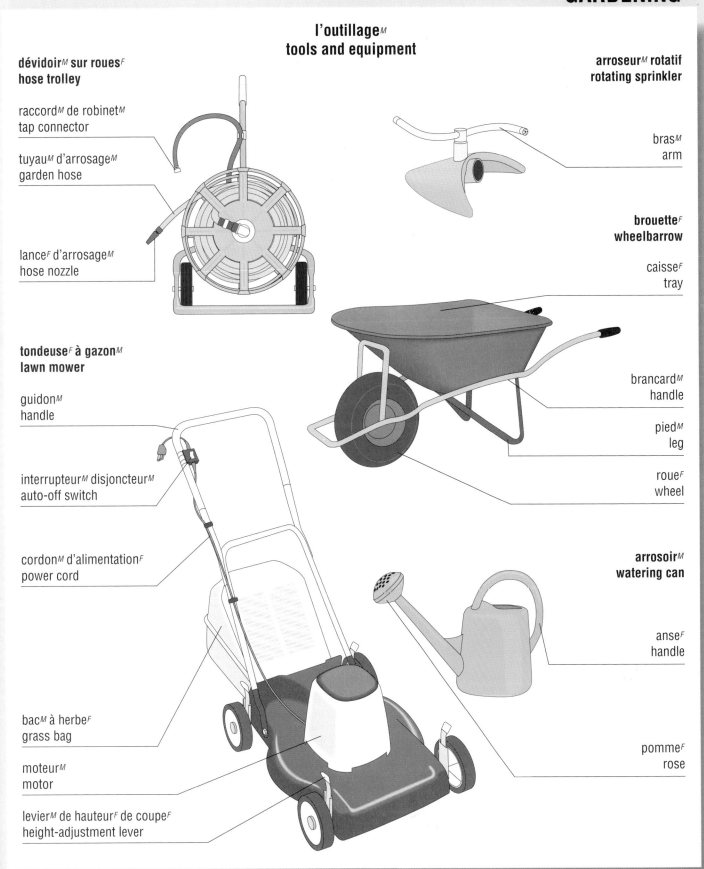

dévidoirM **sur roues**F
hose trolley

raccord**M** de robinet**M**
tap connector

tuyau**M** d'arrosage**M**
garden hose

lance**F** d'arrosage**M**
hose nozzle

tondeuseF **à gazon**M
lawn mower

guidon**M**
handle

interrupteur**M** disjoncteur**M**
auto-off switch

cordon**M** d'alimentation**F**
power cord

bac**M** à herbe**F**
grass bag

moteur**M**
motor

levier**M** de hauteur**F** de coupe**F**
height-adjustment lever

arroseurM **rotatif**
rotating sprinkler

bras**M**
arm

brouetteF
wheelbarrow

caisse**F**
tray

brancard**M**
handle

pied**M**
leg

roue**F**
wheel

arrosoirM
watering can

anse**F**
handle

pomme**F**
rose

maisons*F* traditionnelles
traditional houses

yourte*F*
yurt

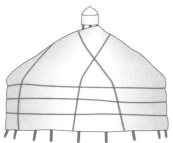

hutte*F*
hut

igloo*M*
igloo

wigwam*M*
wigwam

isba*F*
isba

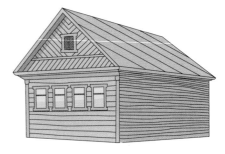

case*F*
hut

tipi*M*
tepee

maison*F* sur pilotis*M*
pile dwelling

le château fortM
castle

demeureF seigneuriale
castle

chapelleF
chapel

cheminM de rondeF couvert
covered parapet walk

logisM de domestiquesM
house

murM d'enceinteF
rampart

tourF de guetM
lookout tower

courF
bailey

courtineF
curtain wall

cheminM de rondeF
parapet walk

toursF d'angleM
corner tower

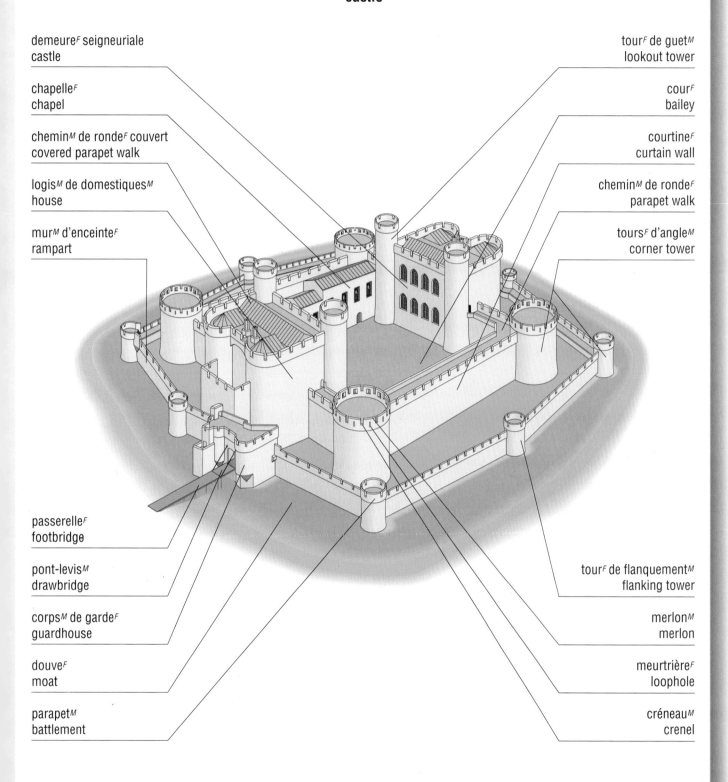

passerelleF
footbridge

pont-levisM
drawbridge

corpsM de gardeF
guardhouse

douveF
moat

parapetM
battlement

tourF de flanquementM
flanking tower

merlonM
merlon

meurtrièreF
loophole

créneauM
crenel

LA MAISON
HOUSE

l'extérieur^M d'une maison^F
exterior of a house

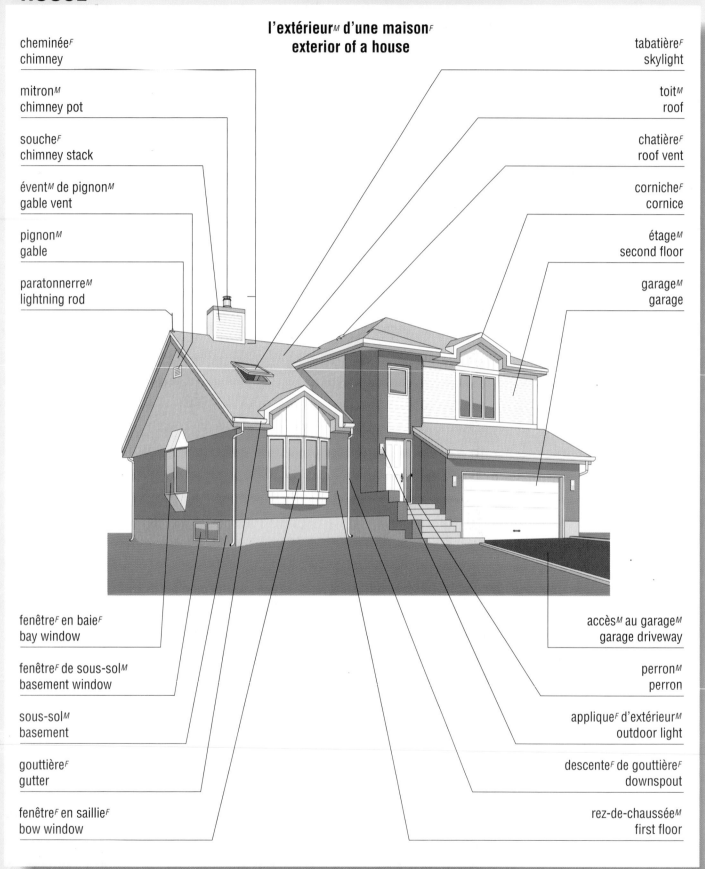

cheminée^F
chimney

mitron^M
chimney pot

souche^F
chimney stack

évent^M de pignon^M
gable vent

pignon^M
gable

paratonnerre^M
lightning rod

tabatière^F
skylight

toit^M
roof

chatière^F
roof vent

corniche^F
cornice

étage^M
second floor

garage^M
garage

fenêtre^F en baie^F
bay window

fenêtre^F de sous-sol^M
basement window

sous-sol^M
basement

gouttière^F
gutter

fenêtre^F en saillie^F
bow window

accès^M au garage^M
garage driveway

perron^M
perron

applique^F d'extérieur^M
outdoor light

descente^F de gouttière^F
downspout

rez-de-chaussée^M
first floor

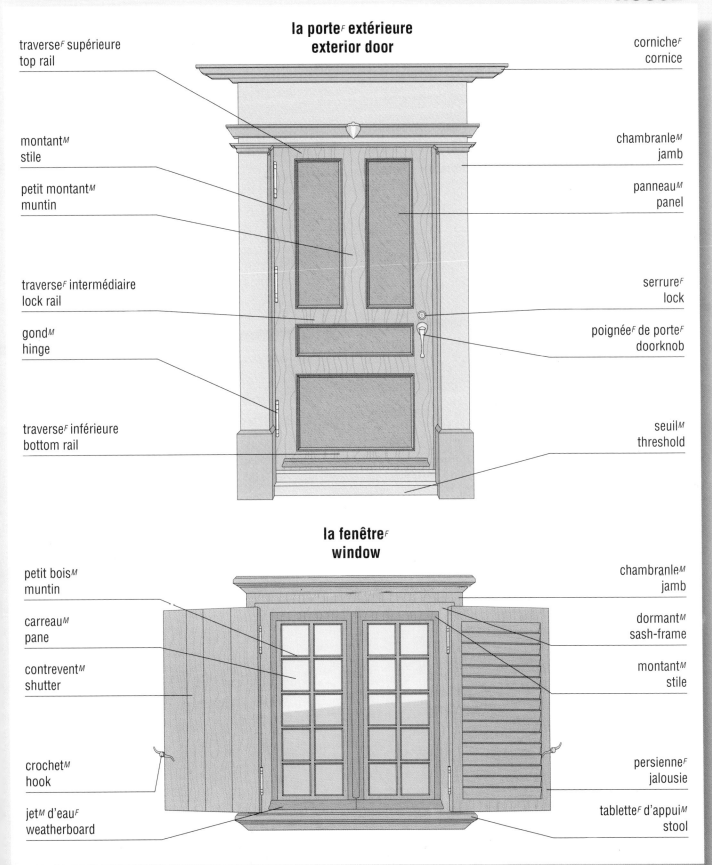

la porte^F extérieure
exterior door

traverse^F supérieure
top rail

montant^M
stile

petit montant^M
muntin

traverse^F intermédiaire
lock rail

gond^M
hinge

traverse^F inférieure
bottom rail

corniche^F
cornice

chambranle^M
jamb

panneau^M
panel

serrure^F
lock

poignée^F de porte^F
doorknob

seuil^M
threshold

la fenêtre^F
window

petit bois^M
muntin

carreau^M
pane

contrevent^M
shutter

crochet^M
hook

jet^M d'eau^F
weatherboard

chambranle^M
jamb

dormant^M
sash-frame

montant^M
stile

persienne^F
jalousie

tablette^F d'appui^M
stool

l'escalier^M
stairs

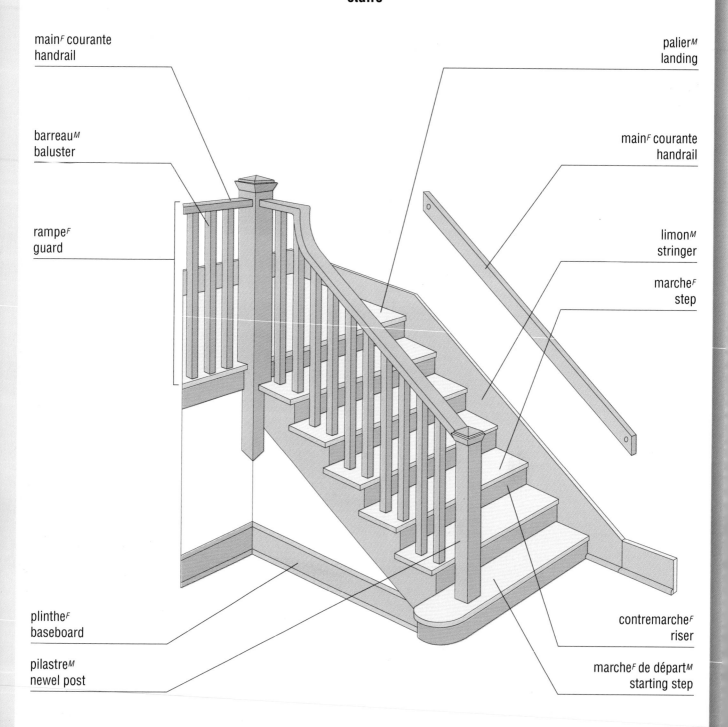

main^F courante
handrail

barreau^M
baluster

rampe^F
guard

palier^M
landing

main^F courante
handrail

limon^M
stringer

marche^F
step

plinthe^F
baseboard

pilastre^M
newel post

contremarche^F
riser

marche^F de départ^M
starting step

la salle^F de bains^M
bathroom

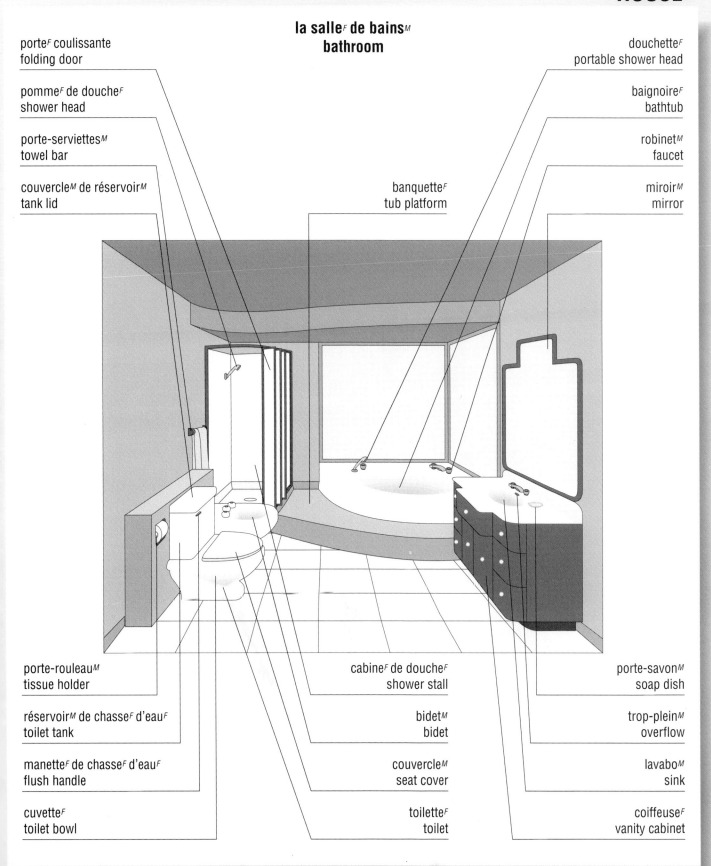

porte^F coulissante
folding door

pomme^F de douche^F
shower head

porte-serviettes^M
towel bar

couvercle^M de réservoir^M
tank lid

douchette^F
portable shower head

baignoire^F
bathtub

robinet^M
faucet

miroir^M
mirror

banquette^F
tub platform

porte-rouleau^M
tissue holder

réservoir^M de chasse^F d'eau^F
toilet tank

manette^F de chasse^F d'eau^F
flush handle

cuvette^F
toilet bowl

cabine^F de douche^F
shower stall

bidet^M
bidet

couvercle^M
seat cover

toilette^F
toilet

porte-savon^M
soap dish

trop-plein^M
overflow

lavabo^M
sink

coiffeuse^F
vanity cabinet

LA MAISON
HOUSE

la chaiseF
side chair

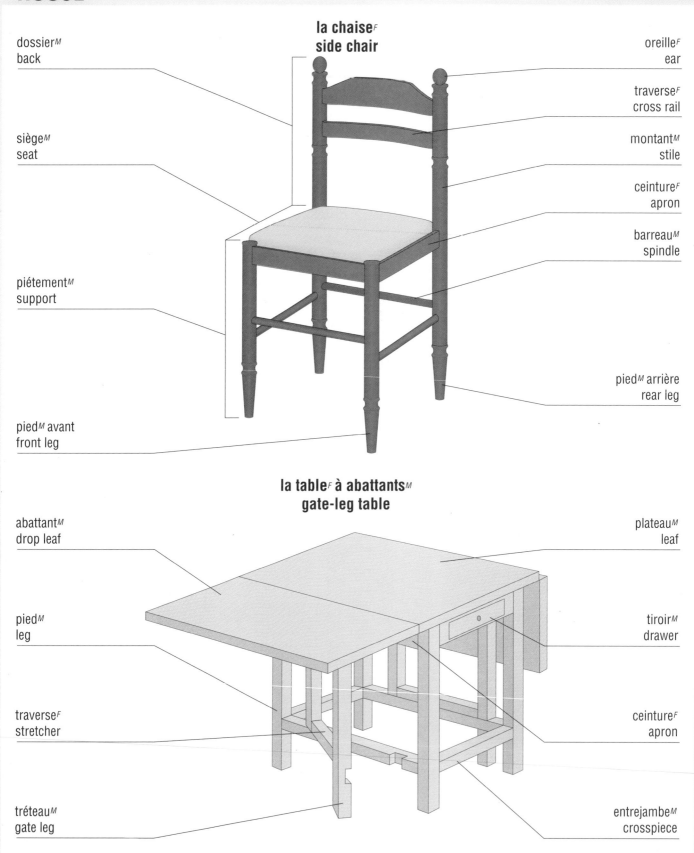

dossierM
back

oreilleF
ear

traverseF
cross rail

siègeM
seat

montantM
stile

ceintureF
apron

barreauM
spindle

piétementM
support

piedM arrière
rear leg

piedM avant
front leg

la tableF à abattantsM
gate-leg table

abattantM
drop leaf

plateauM
leaf

piedM
leg

tiroirM
drawer

traverseF
stretcher

ceintureF
apron

tréteauM
gate leg

entrejambeM
crosspiece

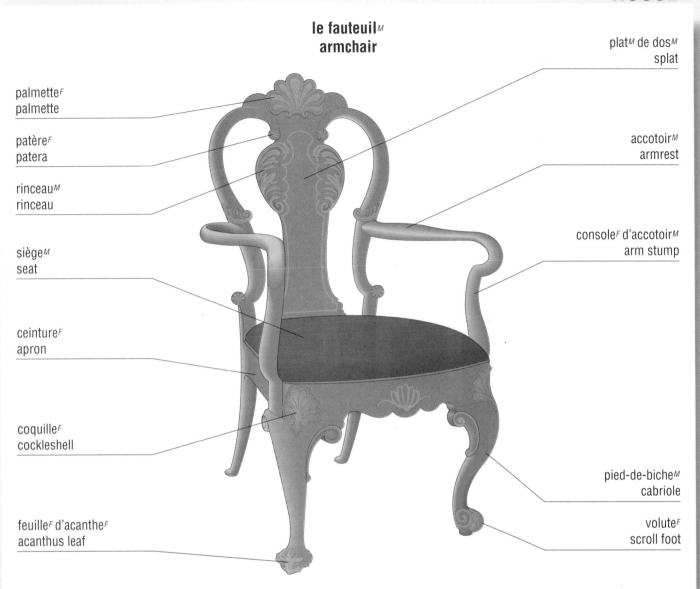

le fauteuilM
armchair

plat M de dos M
splat

palmette F
palmette

patère F
patera

rinceau M
rinceau

siège M
seat

ceinture F
apron

coquille F
cockleshell

feuille F d'acanthe F
acanthus leaf

accotoir M
armrest

console F d'accotoir M
arm stump

pied-de-biche M
cabriole

volute F
scroll foot

le fauteuilM **club**M
club chair

le canapéM
sofa

la causeuseF
love seat

le lit^M
bed

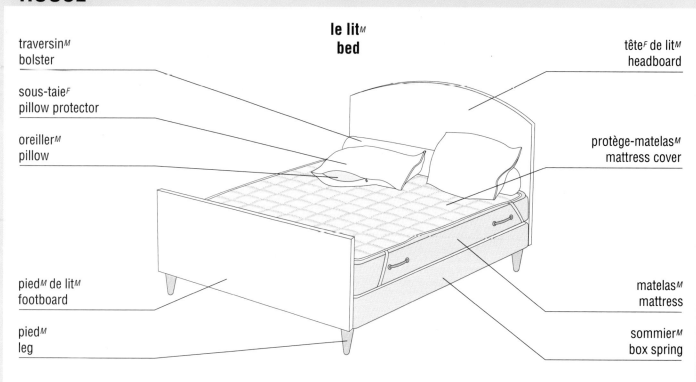

traversin^M
bolster

sous-taie^F
pillow protector

oreiller^M
pillow

pied^M de lit^M
footboard

pied^M
leg

tête^F de lit^M
headboard

protège-matelas^M
mattress cover

matelas^M
mattress

sommier^M
box spring

la literie^F
linen

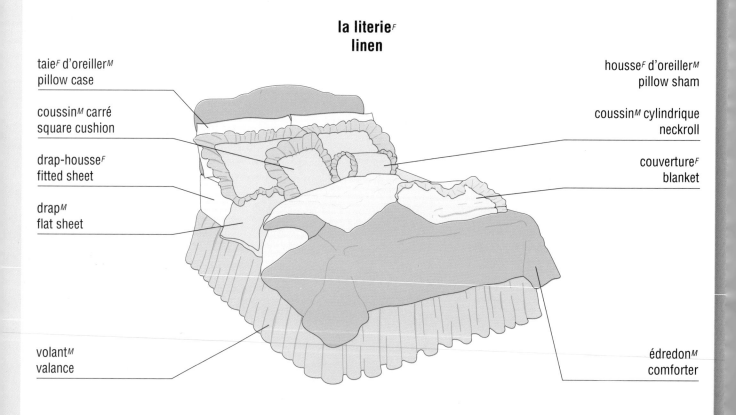

taie^F d'oreiller^M
pillow case

coussin^M carré
square cushion

drap-housse^F
fitted sheet

drap^M
flat sheet

volant^M
valance

housse^F d'oreiller^M
pillow sham

coussin^M cylindrique
neckroll

couverture^F
blanket

édredon^M
comforter

les luminaires_M_
lights

lustre_M_
chandelier

lampadaire_M_
floor lamp

plafonnier_M_
ceiling fixture

rampe_F_ **d'éclairage**_M_
track light

suspension_F_
hanging pendant

applique_F_
sconce

lampe_F_ **à incandescence**_F_
incandescent lamp

ampoule_F_
bulb

filament_M_
filament

support_M_
support

culot_M_ à baïonnette_F_
bayonet base

culot_M_ à vis_F_
screw base

lampe_F_ **de table**_F_
table lamp

abat-jour_M_
shade

pied_M_
stand

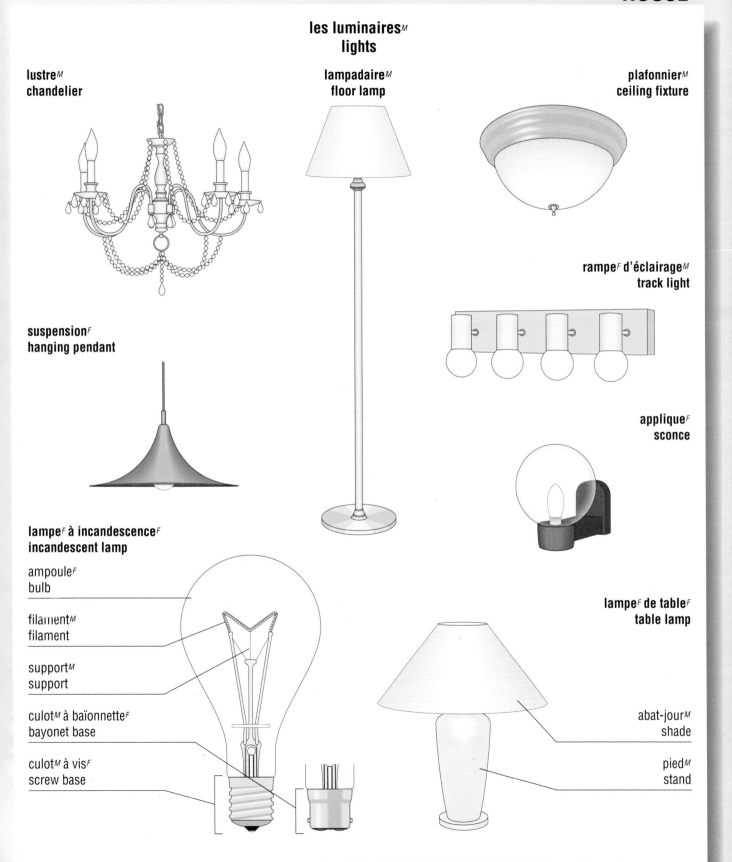

la vaisselle^F
dinnerware

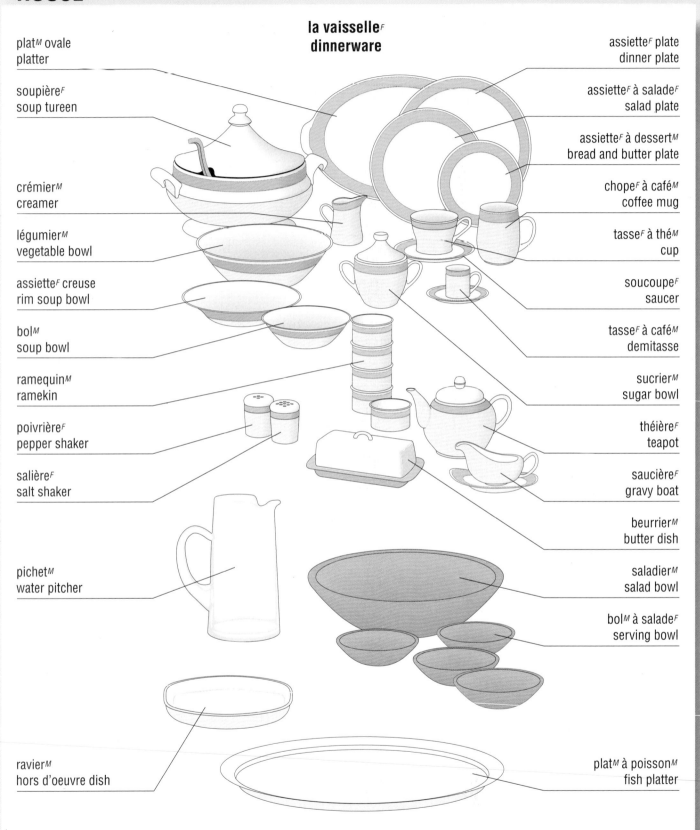

plat^M ovale
platter

soupière^F
soup tureen

crémier^M
creamer

légumier^M
vegetable bowl

assiette^F creuse
rim soup bowl

bol^M
soup bowl

ramequin^M
ramekin

poivrière^F
pepper shaker

salière^F
salt shaker

pichet^M
water pitcher

ravier^M
hors d'oeuvre dish

assiette^F plate
dinner plate

assiette^F à salade^F
salad plate

assiette^F à dessert^M
bread and butter plate

chope^F à café^M
coffee mug

tasse^F à thé^M
cup

soucoupe^F
saucer

tasse^F à café^M
demitasse

sucrier^M
sugar bowl

théière^F
teapot

saucière^F
gravy boat

beurrier^M
butter dish

saladier^M
salad bowl

bol^M à salade^F
serving bowl

plat^M à poisson^M
fish platter

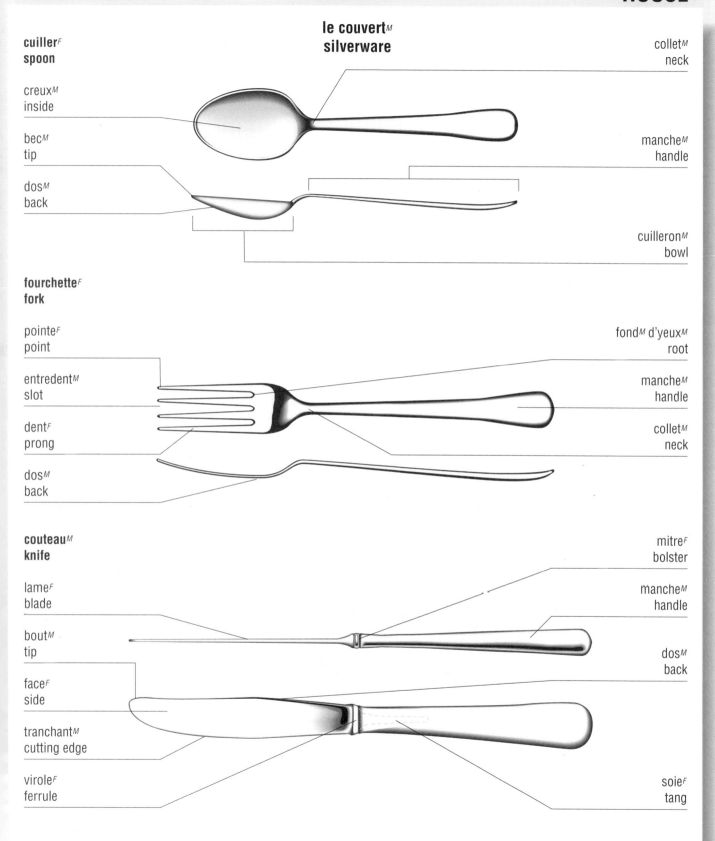

le couvert^M
silverware

cuiller^F
spoon

creux^M
inside

bec^M
tip

dos^M
back

collet^M
neck

manche^M
handle

cuilleron^M
bowl

fourchette^F
fork

pointe^F
point

entredent^M
slot

dent^F
prong

dos^M
back

fond^M d'yeux^M
root

manche^M
handle

collet^M
neck

couteau^M
knife

lame^F
blade

bout^M
tip

face^F
side

tranchant^M
cutting edge

virole^F
ferrule

mitre^F
bolster

manche^M
handle

dos^M
back

soie^F
tang

les ustensiles*M* de cuisine*F*
kitchen utensils

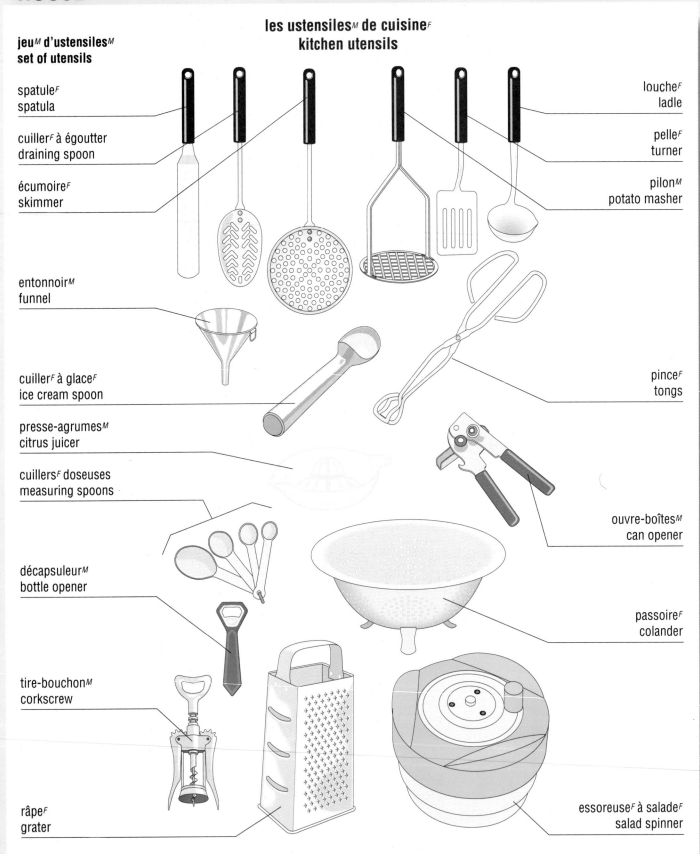

jeu*M* d'ustensiles*M*
set of utensils

spatule*F*
spatula

cuiller*F* à égoutter
draining spoon

écumoire*F*
skimmer

entonnoir*M*
funnel

cuiller*F* à glace*F*
ice cream spoon

presse-agrumes*M*
citrus juicer

cuillers*F* doseuses
measuring spoons

décapsuleur*M*
bottle opener

tire-bouchon*M*
corkscrew

râpe*F*
grater

louche*F*
ladle

pelle*F*
turner

pilon*M*
potato masher

pince*F*
tongs

ouvre-boîtes*M*
can opener

passoire*F*
colander

essoreuse*F* à salade*F*
salad spinner

**la batterie^F de cuisine^F
cooking utensils**

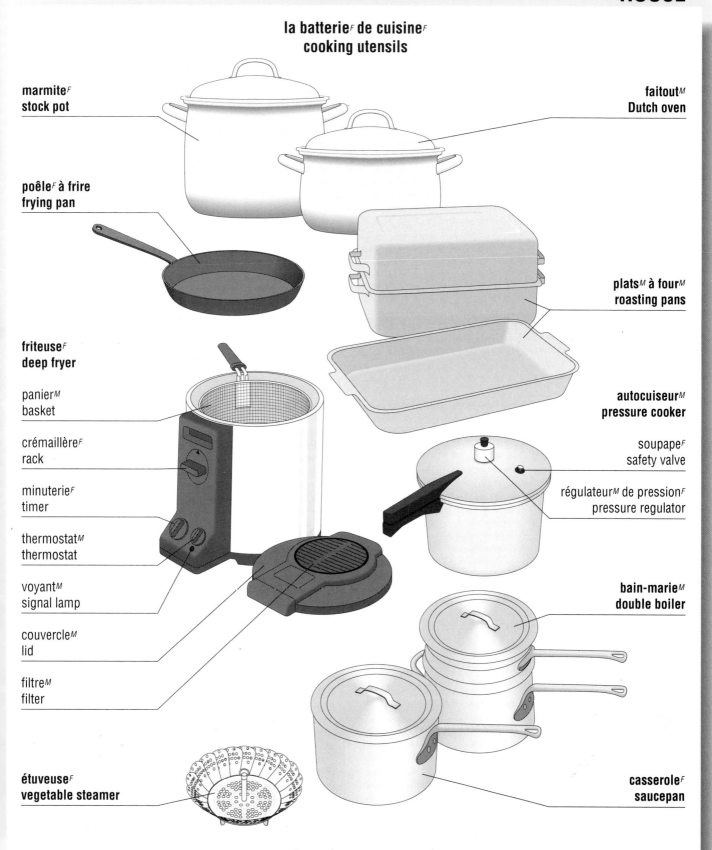

marmite_F_
stock pot

faitout_M_
Dutch oven

poêle_F_ **à frire**
frying pan

plats_M_ **à four**_M_
roasting pans

friteuse_F_
deep fryer

autocuiseur_M_
pressure cooker

panier_M_
basket

soupape_F_
safety valve

crémaillère_F_
rack

régulateur_M_ de pression_F_
pressure regulator

minuterie_F_
timer

thermostat_M_
thermostat

voyant_M_
signal lamp

bain-marie_M_
double boiler

couvercle_M_
lid

filtre_M_
filter

étuveuse_F_
vegetable steamer

casserole_F_
saucepan

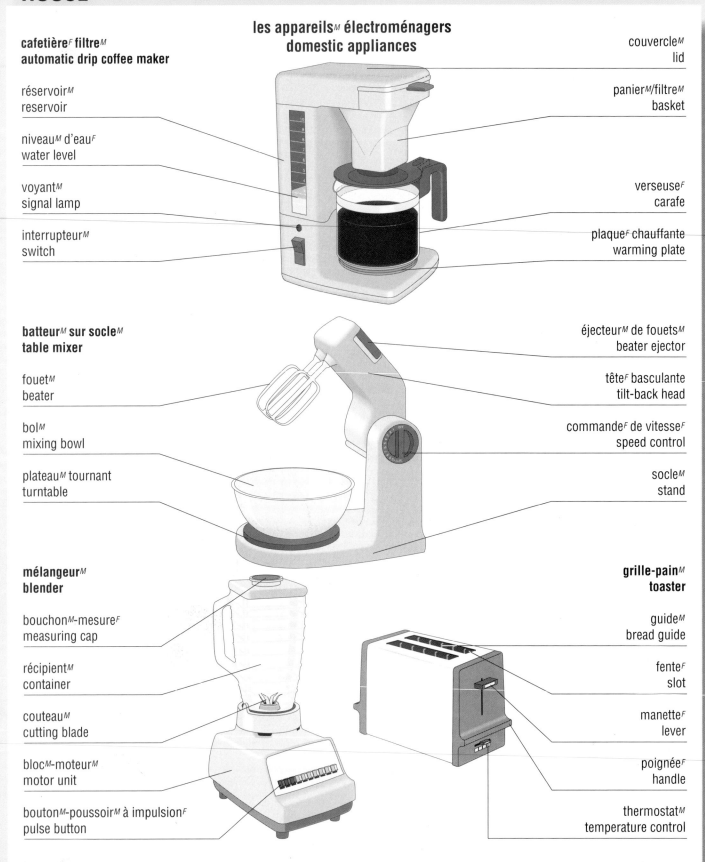

les appareils M électroménagers
domestic appliances

cafetière F filtre M
automatic drip coffee maker

réservoir M
reservoir

niveau M d'eau F
water level

voyant M
signal lamp

interrupteur M
switch

couvercle M
lid

panier M/filtre M
basket

verseuse F
carafe

plaque F chauffante
warming plate

batteur M sur socle M
table mixer

fouet M
beater

bol M
mixing bowl

plateau M tournant
turntable

éjecteur M de fouets M
beater ejector

tête F basculante
tilt-back head

commande F de vitesse F
speed control

socle M
stand

mélangeur M
blender

bouchon M-mesure F
measuring cap

récipient M
container

couteau M
cutting blade

bloc M-moteur M
motor unit

bouton M-poussoir M à impulsion F
pulse button

grille-pain M
toaster

guide M
bread guide

fente F
slot

manette F
lever

poignée F
handle

thermostat M
temperature control

la cuisinière^F électrique
electric range

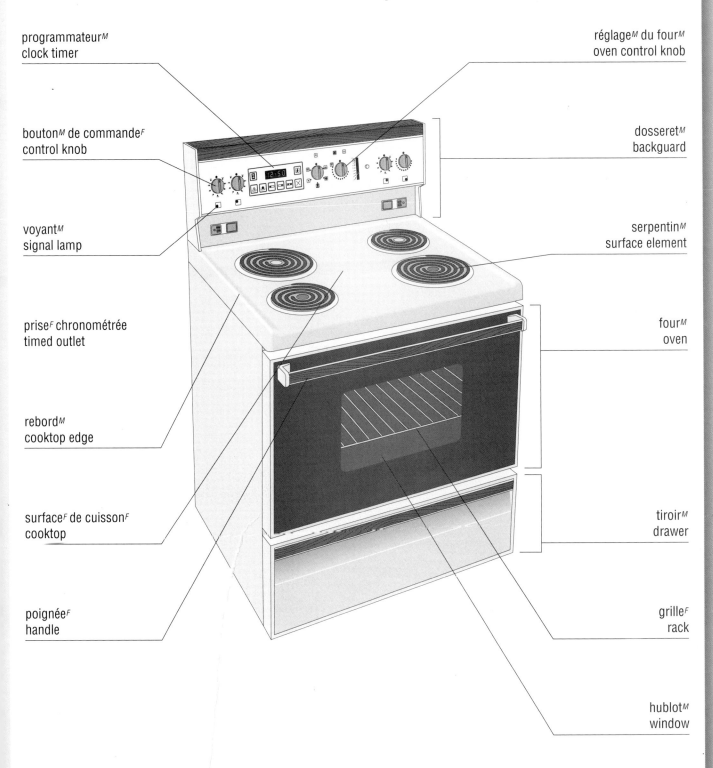

programmateur^M
clock timer

bouton^M de commande^F
control knob

voyant^M
signal lamp

prise^F chronométrée
timed outlet

rebord^M
cooktop edge

surface^F de cuisson^F
cooktop

poignée^F
handle

réglage^M du four^M
oven control knob

dosseret^M
backguard

serpentin^M
surface element

four^M
oven

tiroir^M
drawer

grille^F
rack

hublot^M
window

le réfrigérateur^M
refrigerator

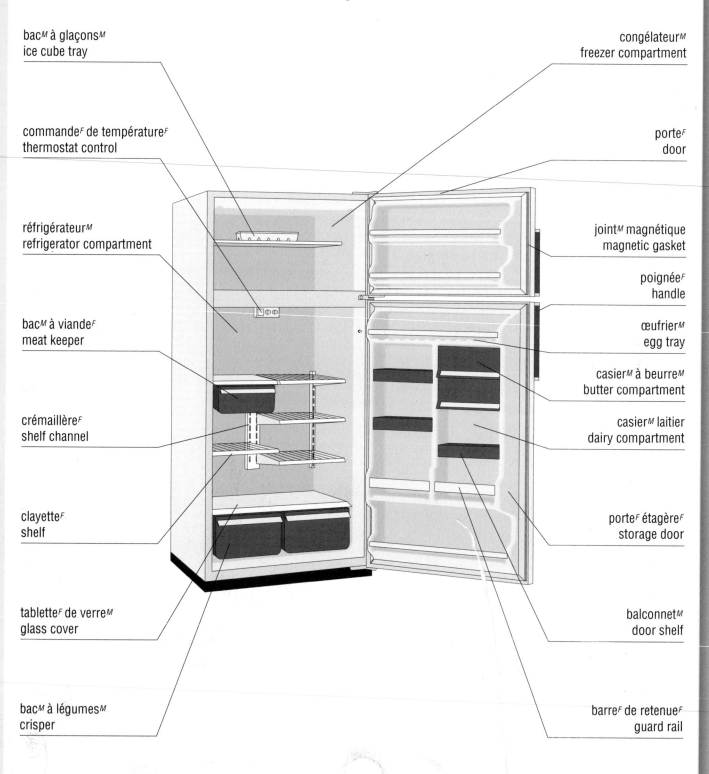

bac^M à glaçons^M
ice cube tray

commande^F de température^F
thermostat control

réfrigérateur^M
refrigerator compartment

bac^M à viande^F
meat keeper

crémaillère^F
shelf channel

clayette^F
shelf

tablette^F de verre^M
glass cover

bac^M à légumes^M
crisper

congélateur^M
freezer compartment

porte^F
door

joint^M magnétique
magnetic gasket

poignée^F
handle

œufrier^M
egg tray

casier^M à beurre^M
butter compartment

casier^M laitier
dairy compartment

porte^F étagère^F
storage door

balconnet^M
door shelf

barre^F de retenue^F
guard rail

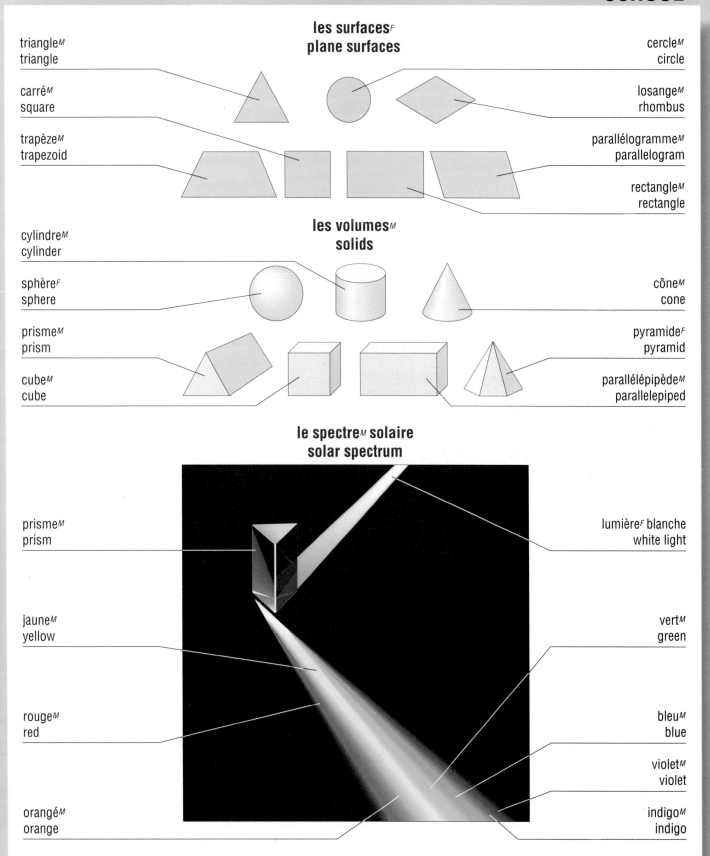

les surfaces*F*
plane surfaces

triangle*M*
triangle

carré*M*
square

trapèze*M*
trapezoid

cercle*M*
circle

losange*M*
rhombus

parallélogramme*M*
parallelogram

rectangle*M*
rectangle

les volumes*M*
solids

cylindre*M*
cylinder

sphère*F*
sphere

prisme*M*
prism

cube*M*
cube

cône*M*
cone

pyramide*F*
pyramid

parallélépipède*M*
parallelepiped

le spectre*M* solaire
solar spectrum

prisme*M*
prism

Jaune*M*
yellow

rouge*M*
red

orangé*M*
orange

lumière*F* blanche
white light

vert*M*
green

bleu*M*
blue

violet*M*
violet

indigo*M*
indigo

les fournitures^F scolaires
school supplies

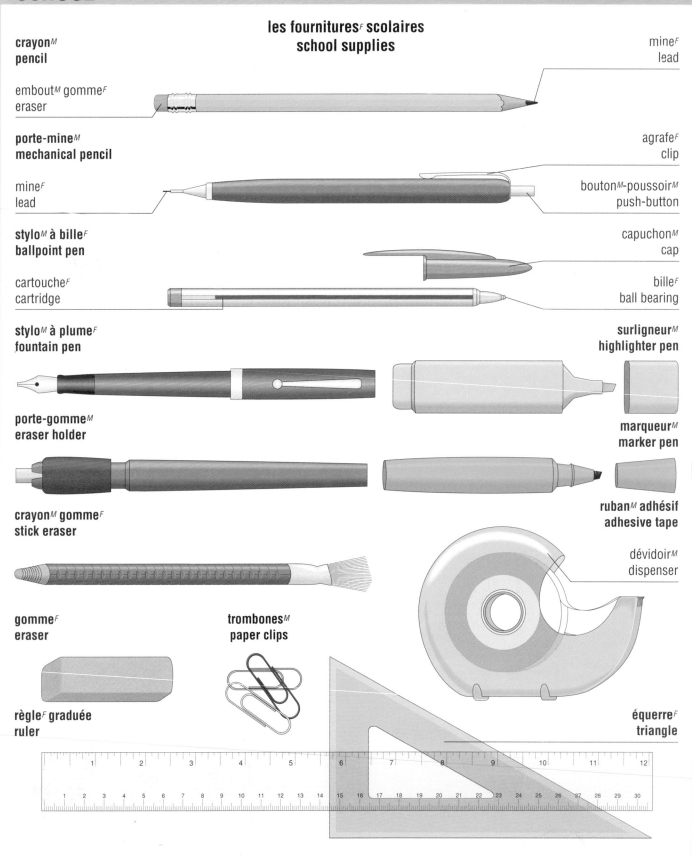

crayon^M
pencil

mine^F
lead

embout^M **gomme**^F
eraser

porte-mine^M
mechanical pencil

agrafe^F
clip

mine^F
lead

bouton^M**-poussoir**^M
push-button

stylo^M **à bille**^F
ballpoint pen

capuchon^M
cap

cartouche^F
cartridge

bille^F
ball bearing

stylo^M **à plume**^F
fountain pen

surligneur^M
highlighter pen

porte-gomme^M
eraser holder

marqueur^M
marker pen

crayon^M **gomme**^F
stick eraser

ruban^M **adhésif**
adhesive tape

dévidoir^M
dispenser

gomme^F
eraser

trombones^M
paper clips

règle^F **graduée**
ruler

équerre^F
triangle

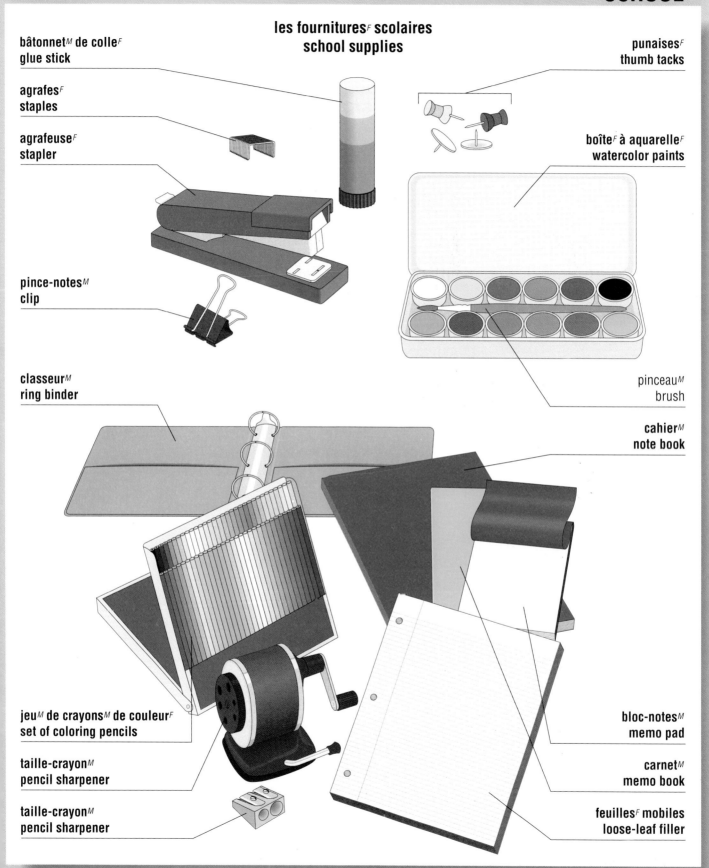

les fournitures^F scolaires
school supplies

bâtonnet^M de colle^F
glue stick

agrafes^F
staples

agrafeuse^F
stapler

pince-notes^M
clip

classeur^M
ring binder

jeu^M de crayons^M de couleur^F
set of coloring pencils

taille-crayon^M
pencil sharpener

taille-crayon^M
pencil sharpener

punaises^F
thumb tacks

boîte^F à aquarelle^F
watercolor paints

pinceau^M
brush

cahier^M
note book

bloc-notes^M
memo pad

carnet^M
memo book

feuilles^F mobiles
loose-leaf filler

le micro-ordinateur*M*
microcomputer

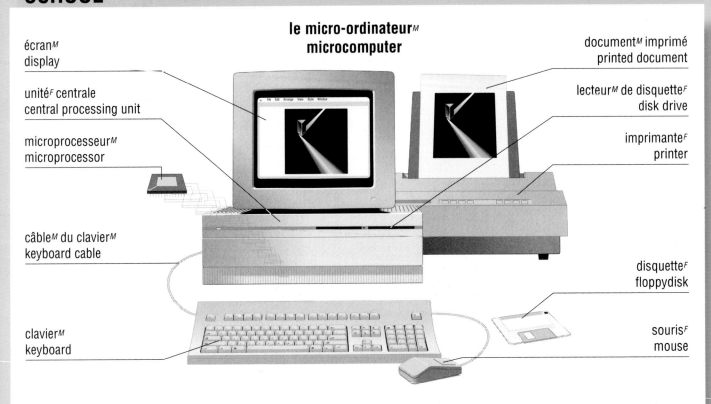

écran*M*
display

unité*F* centrale
central processing unit

microprocesseur*M*
microprocessor

câble*M* du clavier*M*
keyboard cable

clavier*M*
keyboard

document*M* imprimé
printed document

lecteur*M* de disquette*F*
disk drive

imprimante*F*
printer

disquette*F*
floppydisk

souris*F*
mouse

la calculette*F*
pocket calculator

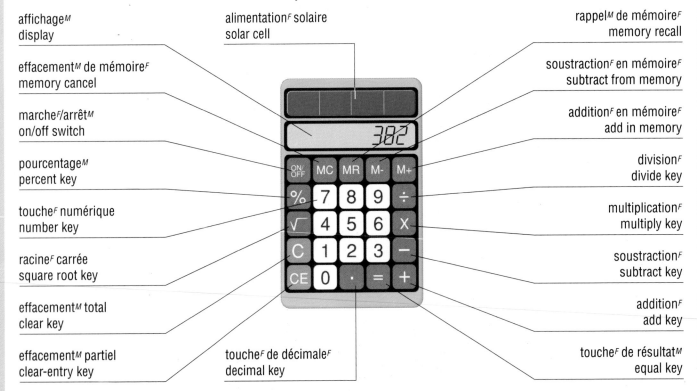

affichage*M*
display

effacement*M* de mémoire*F*
memory cancel

marche*F*/arrêt*M*
on/off switch

pourcentage*M*
percent key

touche*F* numérique
number key

racine*F* carrée
square root key

effacement*M* total
clear key

effacement*M* partiel
clear-entry key

alimentation*F* solaire
solar cell

touche*F* de décimale*F*
decimal key

rappel*M* de mémoire*F*
memory recall

soustraction*F* en mémoire*F*
subtract from memory

addition*F* en mémoire*F*
add in memory

division*F*
divide key

multiplication*F*
multiply key

soustraction*F*
subtract key

addition*F*
add key

touche*F* de résultat*M*
equal key

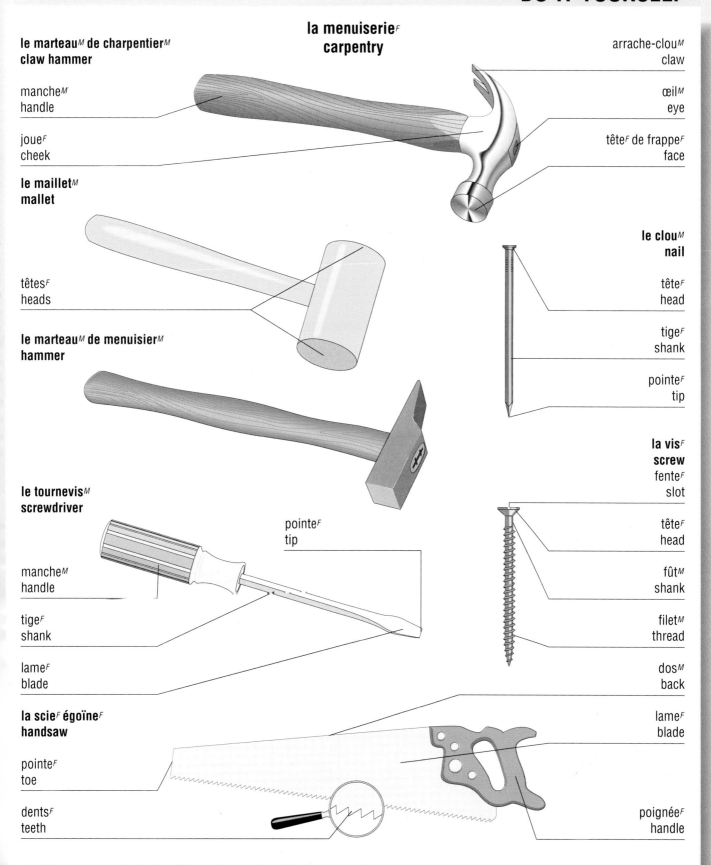

la menuiserieF
carpentry

le marteauM **de charpentier**M
claw hammer

manche**M**
handle

joue**F**
cheek

le mailletM
mallet

têtes**F**
heads

le marteauM **de menuisier**M
hammer

le tournevisM
screwdriver

manche**M**
handle

tige**F**
shank

lame**F**
blade

pointe**F**
tip

la scieF **égoïne**F
handsaw

pointe**F**
toe

dents**F**
teeth

arrache-clou**M**
claw

œil**M**
eye

tête**F** de frappe**F**
face

le clouM
nail

tête**F**
head

tige**F**
shank

pointe**F**
tip

la visF
screw
fente**F**
slot

tête**F**
head

fût**M**
shank

filet**M**
thread

dos**M**
back

lame**F**
blade

poignée**F**
handle

LE BRICOLAGE
DO-IT-YOURSELF

outillageM
tools

le boulonM
bolt

tige*F* filetée
threaded rod

écrou*M*
nut

tête*F*
head

la pince*F*
slip joint pliers

branche*F*
handle

joint*M* à coulisse*F*
slip joint

la clé*F* **à molette***F*
adjustable wrench

molette*F*
thumbscrew

manche*M*
handle

la perceuse*F* **électrique**
electric drill

mandrin*M*
chuck

mors*M*
jaw

poignée*F* auxiliaire
auxiliary handle

câble*M*
cable

fiche*F*
plug

mâchoire*F* mobile
movable jaw

rotule*F*
swivel head

le serre-jointM
C-clamp

mâchoire*F* fixe
fixed jaw

gorge*F*
throat

monture*F*
frame

vis*F* de serrage*M*
adjusting screw

coupe-fil*M*
wire cutter

mâchoire*F* incurvée
curved jaw

mâchoire*F* fixe
fixed jaw

mâchoire*F* mobile
movable jaw

plaque*F* signalétique
name plate

plaque*F* d'instructions*F*
warning plate

blocage*M*
switch lock

poignée*F* pistolet*M*
pistol grip handle

interrupteur*M*
switch

boîtier*M*
housing

manchon*M* de câble*M*
cable sleeve

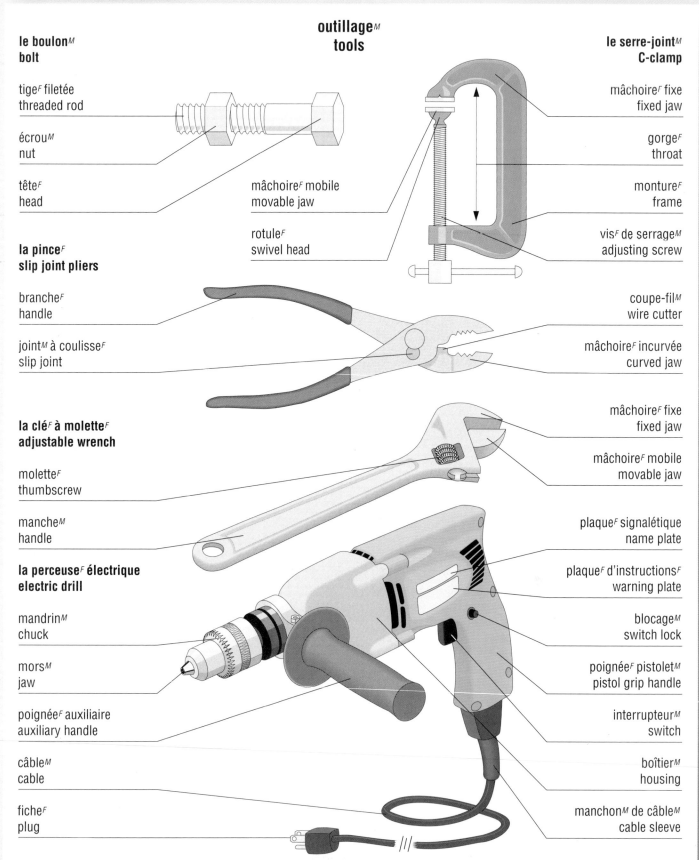

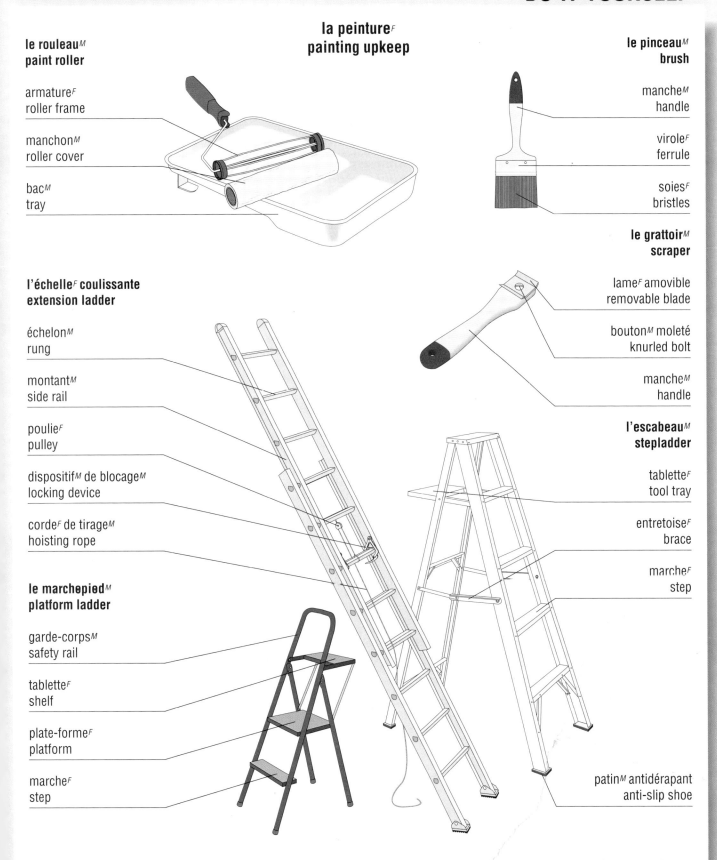

la peintureF
painting upkeep

le rouleauM
paint roller

armature F
roller frame

manchon M
roller cover

bac M
tray

le pinceauM
brush

manche M
handle

virole F
ferrule

soies F
bristles

le grattoirM
scraper

lame F amovible
removable blade

bouton M moleté
knurled bolt

manche M
handle

l'échelleF **coulissante**
extension ladder

échelon M
rung

montant M
side rail

poulie F
pulley

dispositif M de blocage M
locking device

corde F de tirage M
hoisting rope

l'escabeauM
stepladder

tablette F
tool tray

entretoise F
brace

marche F
step

le marchepiedM
platform ladder

garde-corps M
safety rail

tablette F
shelf

plate-forme F
platform

marche F
step

patin M antidérapant
anti-slip shoe

la chaussure^F de sport^M
running shoe

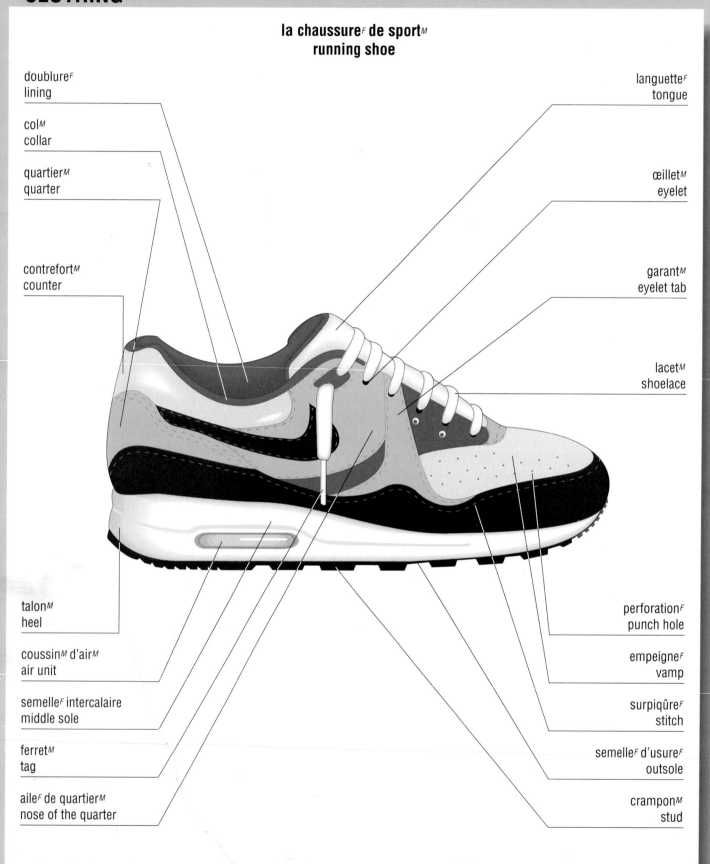

doublure^F
lining

col^M
collar

quartier^M
quarter

contrefort^M
counter

languette^F
tongue

œillet^M
eyelet

garant^M
eyelet tab

lacet^M
shoelace

talon^M
heel

coussin^M d'air^M
air unit

semelle^F intercalaire
middle sole

ferret^M
tag

aile^F de quartier^M
nose of the quarter

perforation^F
punch hole

empeigne^F
vamp

surpiqûre^F
stitch

semelle^F d'usure^F
outsole

crampon^M
stud

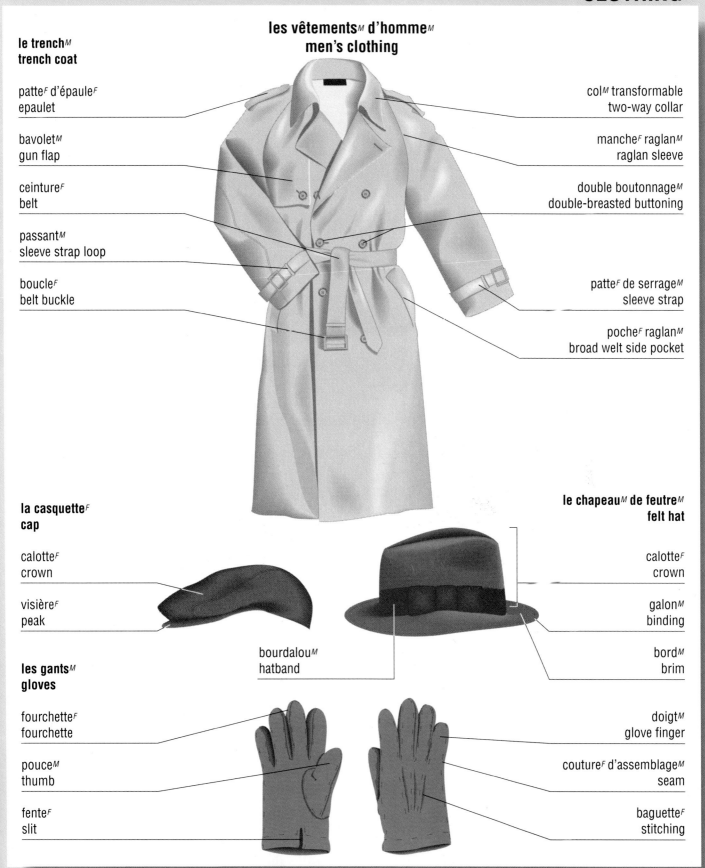

les vêtements$_M$ d'homme$_M$
men's clothing

le trench$_M$
trench coat

patte$_F$ d'épaule$_F$
epaulet

bavolet$_M$
gun flap

ceinture$_F$
belt

passant$_M$
sleeve strap loop

boucle$_F$
belt buckle

col$_M$ transformable
two-way collar

manche$_F$ raglan$_M$
raglan sleeve

double boutonnage$_M$
double-breasted buttoning

patte$_F$ de serrage$_M$
sleeve strap

poche$_F$ raglan$_M$
broad welt side pocket

la casquette$_F$
cap

calotte$_F$
crown

visière$_F$
peak

les gants$_M$
gloves

fourchette$_F$
fourchette

pouce$_M$
thumb

fente$_F$
slit

le chapeau$_M$ de feutre$_M$
felt hat

calotte$_F$
crown

galon$_M$
binding

bord$_M$
brim

bourdalou$_M$
hatband

doigt$_M$
glove finger

couture$_F$ d'assemblage$_M$
seam

baguette$_F$
stitching

LES VÊTEMENTS
CLOTHING

les vêtements_M d'homme_M
men's clothing

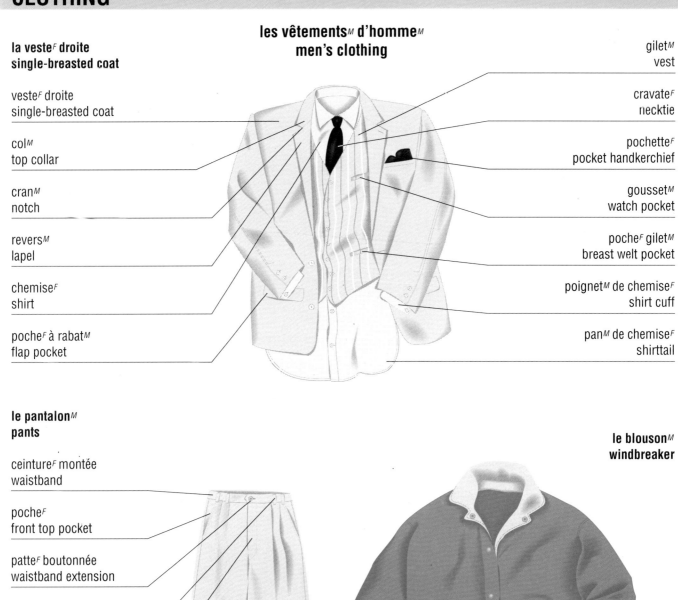

la veste_F droite
single-breasted coat

veste_F droite
single-breasted coat

col_M
top collar

cran_M
notch

revers_M
lapel

chemise_F
shirt

poche_F à rabat_M
flap pocket

gilet_M
vest

cravate_F
necktie

pochette_F
pocket handkerchief

gousset_M
watch pocket

poche_F gilet_M
breast welt pocket

poignet_M de chemise_F
shirt cuff

pan_M de chemise_F
shirttail

le pantalon_M
pants

ceinture_F montée
waistband

poche_F
front top pocket

patte_F boutonnée
waistband extension

passant_M tunnel_M
belt loop

braguette_F
fly

pli_M
crease

revers_M
cuff

le blouson_M
windbreaker

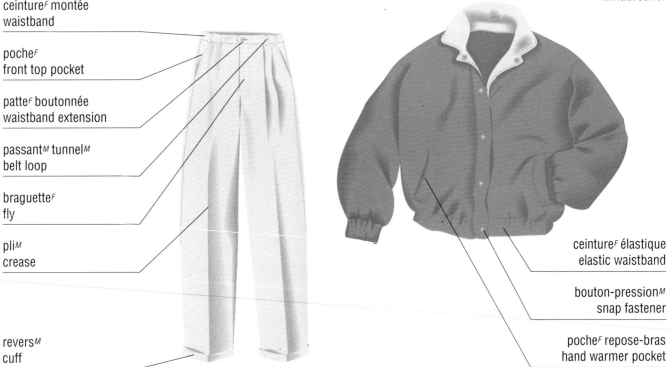

ceinture_F élastique
elastic waistband

bouton-pression_M
snap fastener

poche_F repose-bras
hand warmer pocket

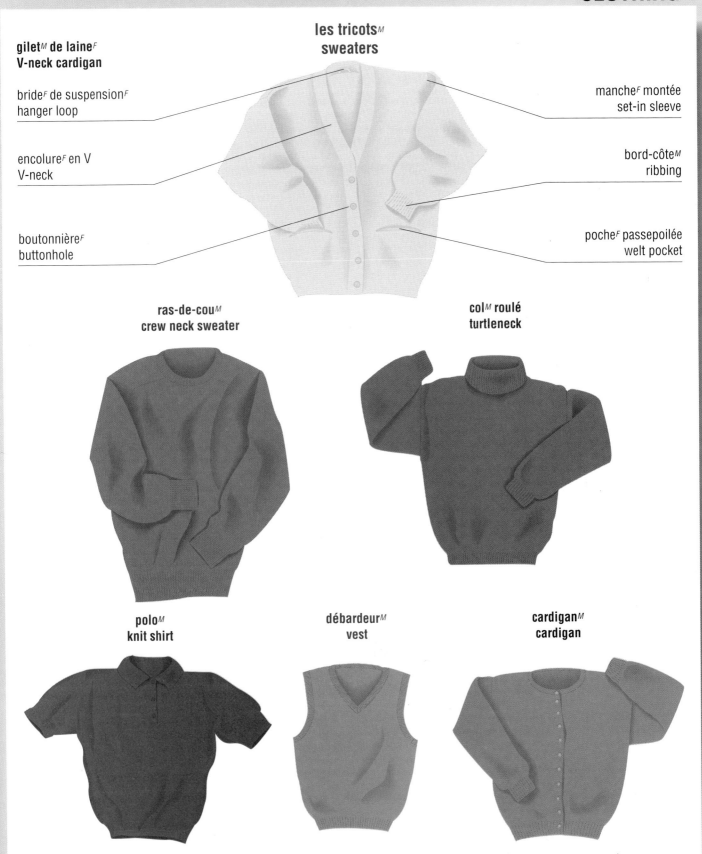

les tricots^M
sweaters

gilet^M de laine^F
V-neck cardigan

bride^F de suspension^F
hanger loop

encolure^F en V
V-neck

boutonnière^F
buttonhole

manche^F montée
set-in sleeve

bord-côte^M
ribbing

poche^F passepoilée
welt pocket

ras-de-cou^M
crew neck sweater

col^M roulé
turtleneck

polo^M
knit shirt

débardeur^M
vest

cardigan^M
cardigan

LES VÊTEMENTS
CLOTHING

les vêtements_M de femme_F
women's clothing

les manteaux^M
coats

veste^F
jacket

paletot^M
car coat

pardessus^M
overcoat

les chemisiers^M
blouses

chemisier^M classique
classic blouse

cache-cœur^M
wrap-over top

corsage^M-culotte^F
body suit

les jupes^F
skirts

jupe^F plissée
pleated skirt

jupe^F droite
straight skirt

jupe-culotte^F
culotte

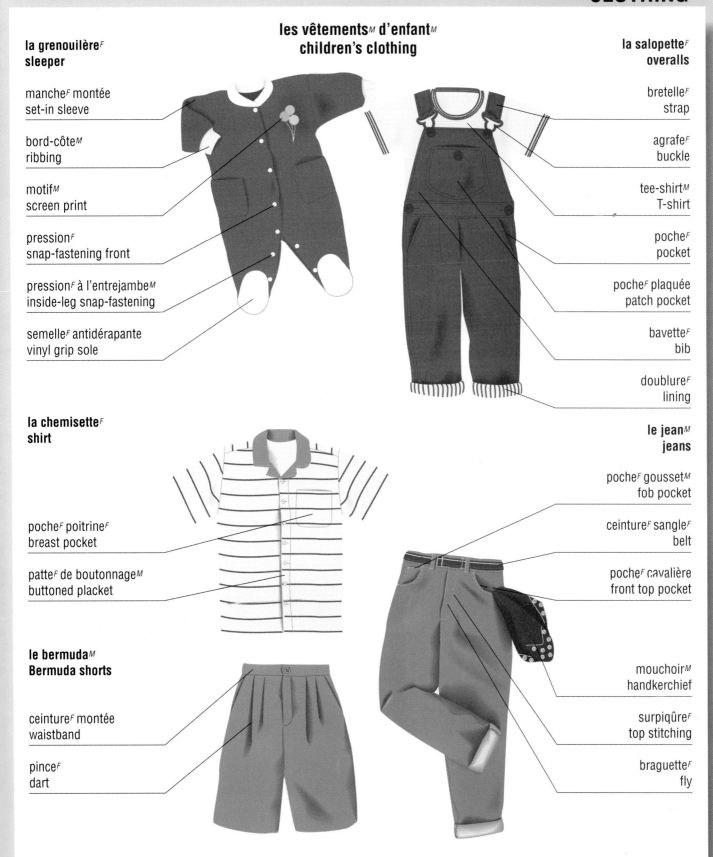

les vêtements M **d'enfant** M
children's clothing

la grenouilère F
sleeper

manche F montée
set-in sleeve

bord-côte M
ribbing

motif M
screen print

pression F
snap-fastening front

pression F à l'entrejambe M
inside-leg snap-fastening

semelle F antidérapante
vinyl grip sole

la salopette F
overalls

bretelle F
strap

agrafe F
buckle

tee-shirt M
T-shirt

poche F
pocket

poche F plaquée
patch pocket

bavette F
bib

doublure F
lining

la chemisette F
shirt

poche F poitrine F
breast pocket

patte F de boutonnage M
buttoned placket

le jean M
jeans

poche F gousset M
fob pocket

ceinture F sangle F
belt

poche F cavalière
front top pocket

mouchoir M
handkerchief

surpiqûre F
top stitching

braguette F
fly

le bermuda M
Bermuda shorts

ceinture F montée
waistband

pince F
dart

LES VÊTEMENTS
CLOTHING

les objetsM **personnels**
personal articles

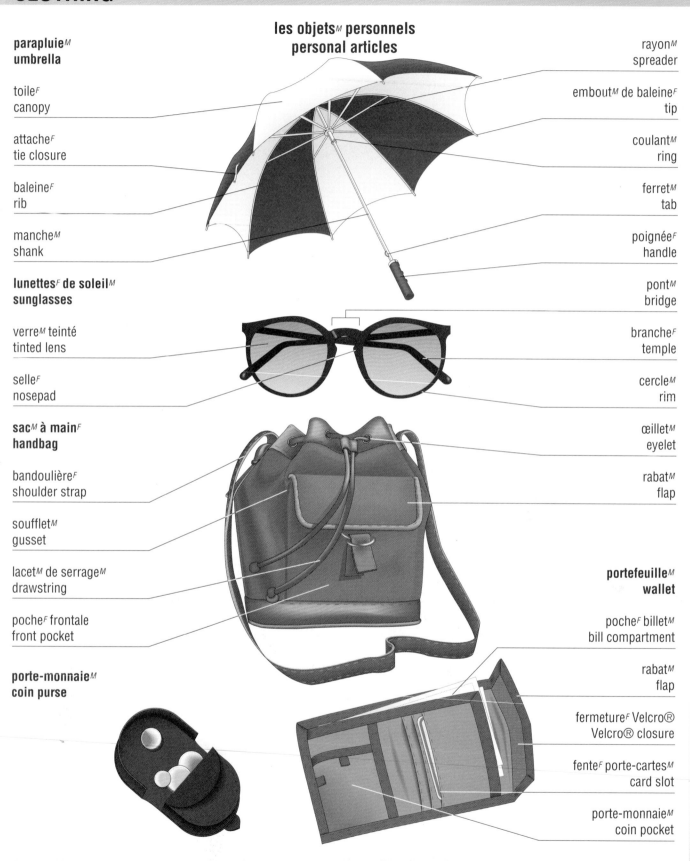

parapluieM
umbrella

toile**F**
canopy

attache**F**
tie closure

baleine**F**
rib

manche**M**
shank

lunettesF **de soleil**M
sunglasses

verre**M** teinté
tinted lens

selle**F**
nosepad

sacM **à main**F
handbag

bandoulière**F**
shoulder strap

soufflet**M**
gusset

lacet**M** de serrage**M**
drawstring

poche**F** frontale
front pocket

porte-monnaieM
coin purse

rayon**M**
spreader

embout**M** de baleine**F**
tip

coulant**M**
ring

ferret**M**
tab

poignée**F**
handle

pont**M**
bridge

branche**F**
temple

cercle**M**
rim

œillet**M**
eyelet

rabat**M**
flap

portefeuilleM
wallet

poche**F** billet**M**
bill compartment

rabat**M**
flap

fermeture**F** Velcro®
Velcro® closure

fente**F** porte-cartes**M**
card slot

porte-monnaie**M**
coin pocket

le poste^M téléphonique
telephone set

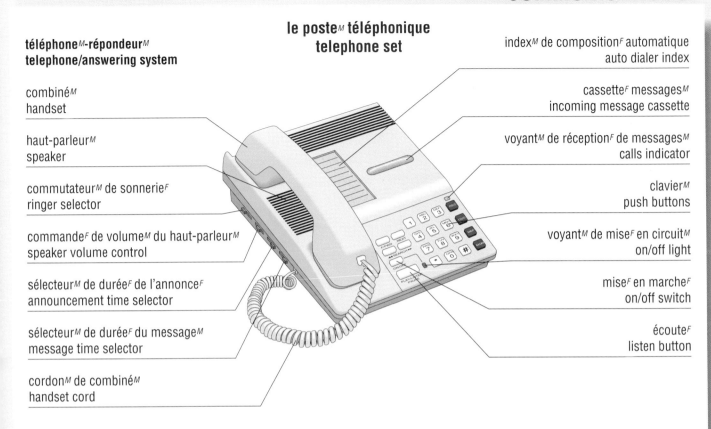

téléphone^M-répondeur^M
telephone/answering system

combiné^M
handset

haut-parleur^M
speaker

commutateur^M de sonnerie^F
ringer selector

commande^F de volume^M du haut-parleur^M
speaker volume control

sélecteur^M de durée^F de l'annonce^F
announcement time selector

sélecteur^M de durée^F du message^M
message time selector

cordon^M de combiné^M
handset cord

index^M de composition^F automatique
auto dialer index

cassette^F messages^M
incoming message cassette

voyant^M de réception^F de messages^M
calls indicator

clavier^M
push buttons

voyant^M de mise^F en circuit^M
on/off light

mise^F en marche^F
on/off switch

écoute^F
listen button

téléphone^M public
coinbox telephone

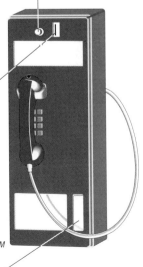

bouton^M de remboursement^M
coin return knob

fente^F à monnaie^F
coin slot

sébile^F de remboursement^M
coin return bucket

téléphone^M cellulaire portatif
portable cellular telephone

poste^M à clavier^M
push-button telephone

poste^M sans cordon^M
cordless telephone

le baladeur^M
AM-FM cassette player

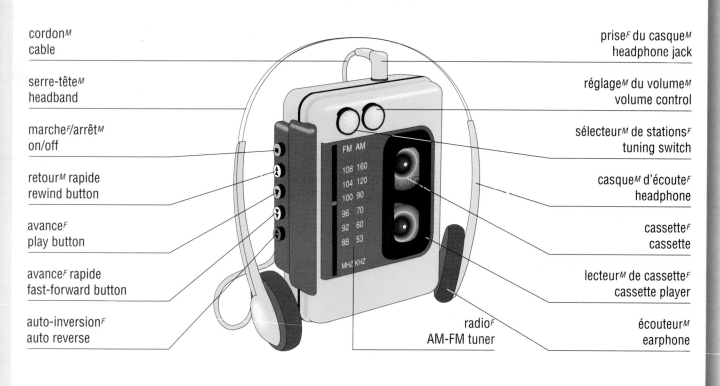

cordon^M
cable

serre-tête^M
headband

marche^F/arrêt^M
on/off

retour^M rapide
rewind button

avance^F
play button

avance^F rapide
fast-forward button

auto-inversion^F
auto reverse

prise^F du casque^M
headphone jack

réglage^M du volume^M
volume control

sélecteur^M de stations^F
tuning switch

casque^M d'écoute^F
headphone

cassette^F
cassette

lecteur^M de cassette^F
cassette player

écouteur^M
earphone

radio^F
AM-FM tuner

la radiocassette^F
AM-FM cassette recorder

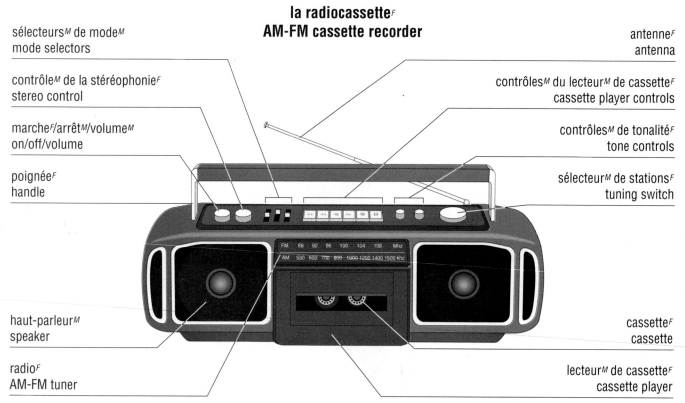

sélecteurs^M de mode^M
mode selectors

contrôle^M de la stéréophonie^F
stereo control

marche^F/arrêt^M/volume^M
on/off/volume

poignée^F
handle

antenne^F
antenna

contrôles^M du lecteur^M de cassette^F
cassette player controls

contrôles^M de tonalité^F
tone controls

sélecteur^M de stations^F
tuning switch

haut-parleur^M
speaker

radio^F
AM-FM tuner

cassette^F
cassette

lecteur^M de cassette^F
cassette player

l'appareil^M photographique
camera

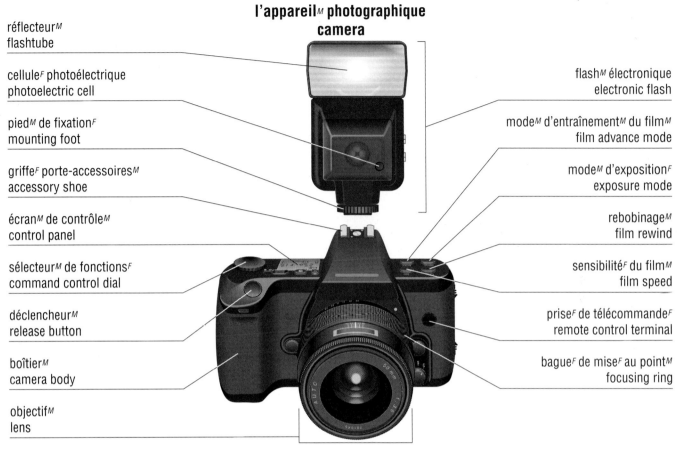

réflecteur^M
flashtube

cellule^F photoélectrique
photoelectric cell

pied^M de fixation^F
mounting foot

griffe^F porte-accessoires^M
accessory shoe

écran^M de contrôle^M
control panel

sélecteur^M de fonctions^F
command control dial

déclencheur^M
release button

boîtier^M
camera body

objectif^M
lens

flash^M électronique
electronic flash

mode^M d'entraînement^M du film^M
film advance mode

mode^M d'exposition^F
exposure mode

rebobinage^M
film rewind

sensibilité^F du film^M
film speed

prise^F de télécommande^F
remote control terminal

bague^F de mise^F au point^M
focusing ring

le projecteur^M de diapositives^F
slide projector

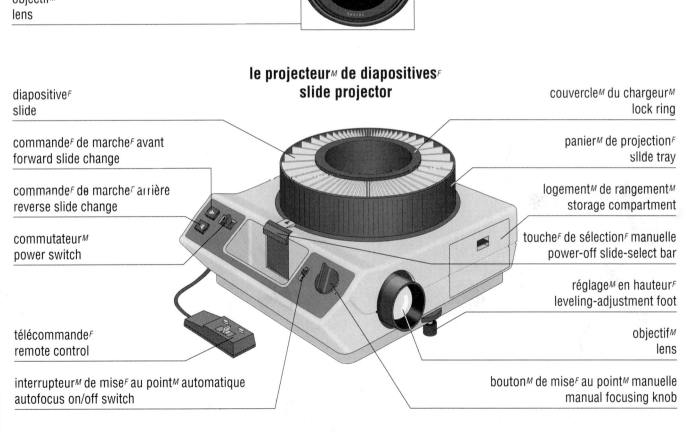

diapositive^F
slide

commande^F de marche^F avant
forward slide change

commande^F de marche^F arrière
reverse slide change

commutateur^M
power switch

télécommande^F
remote control

interrupteur^M de mise^F au point^M automatique
autofocus on/off switch

couvercle^M du chargeur^M
lock ring

panier^M de projection^F
slide tray

logement^M de rangement^M
storage compartment

touche^F de sélection^F manuelle
power-off slide-select bar

réglage^M en hauteur^F
leveling-adjustment foot

objectif^M
lens

bouton^M de mise^F au point^M manuelle
manual focusing knob

LES COMMUNICATIONS
COMMUNICATIONS

le téléviseurM
television set

le téléviseurM
television set

coffretM
cabinet

écranM
screen

le magnétoscopeM
videocassette recorder

interrupteurM d'alimentationF
power switch

éjectionF
eject

la télécommandeF
remote control

sélecteurM téléF/vidéoF
TV/video button

réglageM du volumeM
volume control

sélecteurM de canauxM
channel selector control

touchesF de préréglageM
preset buttons

ralentiM
slow-motion

enregistrementM
record

pauseF/arrêtM sur l'imageF
pause/still

lampesF témoinsM
indicators

capteurM de télécommandeF
remote control detector

interrupteurM d'alimentationF
power switch

capteurM de télécommandeF
remote control detector

touchesF de préréglageM
preset buttons

panneauM d'affichageM
display panel

logementM de la cassetteF
cassette loading slot

interrupteurM du téléviseurM
TV power switch

rechercheF des canauxM
channel scan buttons

interrupteurM du magnétoscopeM
recorder power switch

rebobinageM
rewind

avanceF rapide
fast forward

lectureF
play

arrêtM
stop

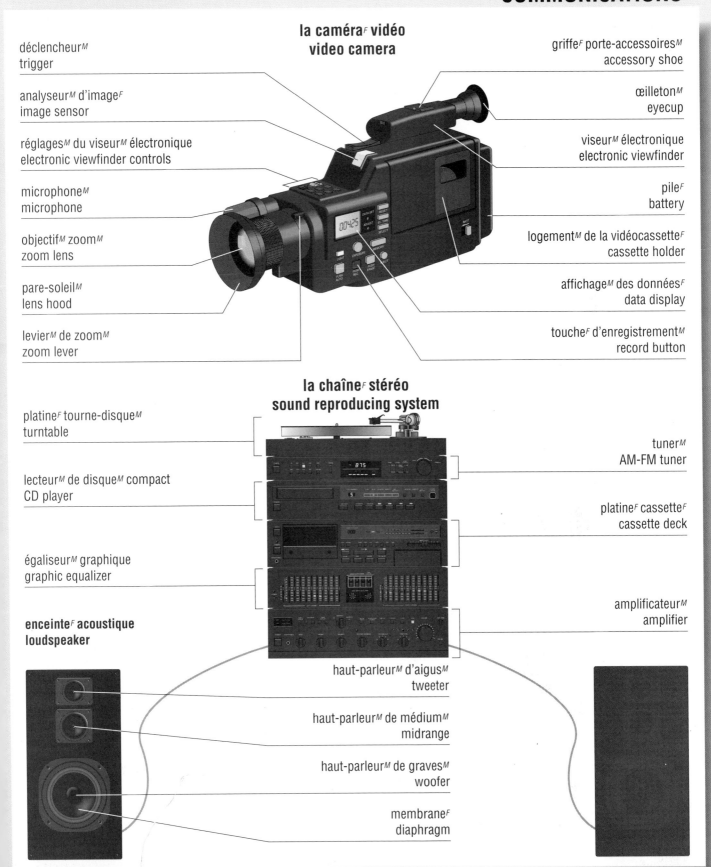

la caméra^F vidéo
video camera

déclencheur^M
trigger

analyseur^M d'image^F
image sensor

réglages^M du viseur^M électronique
electronic viewfinder controls

microphone^M
microphone

objectif^M zoom^M
zoom lens

pare-soleil^M
lens hood

levier^M de zoom^M
zoom lever

griffe^F porte-accessoires^M
accessory shoe

œilleton^M
eyecup

viseur^M électronique
electronic viewfinder

pile^F
battery

logement^M de la vidéocassette^F
cassette holder

affichage^M des données^F
data display

touche^F d'enregistrement^M
record button

la chaîne^F stéréo
sound reproducing system

platine^F tourne-disque^M
turntable

lecteur^M de disque^M compact
CD player

égaliseur^M graphique
graphic equalizer

enceinte^F acoustique
loudspeaker

tuner^M
AM-FM tuner

platine^F cassette^F
cassette deck

amplificateur^M
amplifier

haut-parleur^M d'aigus^M
tweeter

haut-parleur^M de médium^M
midrange

haut-parleur^M de graves^M
woofer

membrane^F
diaphragm

la carrosserie^F
body

l'automobile^F
automobile

antenne^F
antenna

toit^M ouvrant
sliding roof

pare-brise^M
windshield

essuie-glace^M
windshield wiper

rétroviseur^M extérieur
outside mirror

capot^M
hood

calandre^F
grille

phare^M
headlight

pare-chocs^M
bumper

bouclier^M
shield

roue^F
wheel

réservoir^M à essence^F
gas tank door

coffre^M
trunk

glace^F
window

serrure^F
door lock

poignée^F de porte^F
door handle

portière^F
door

aile^F
fender

enjoliveur^M
hubcap

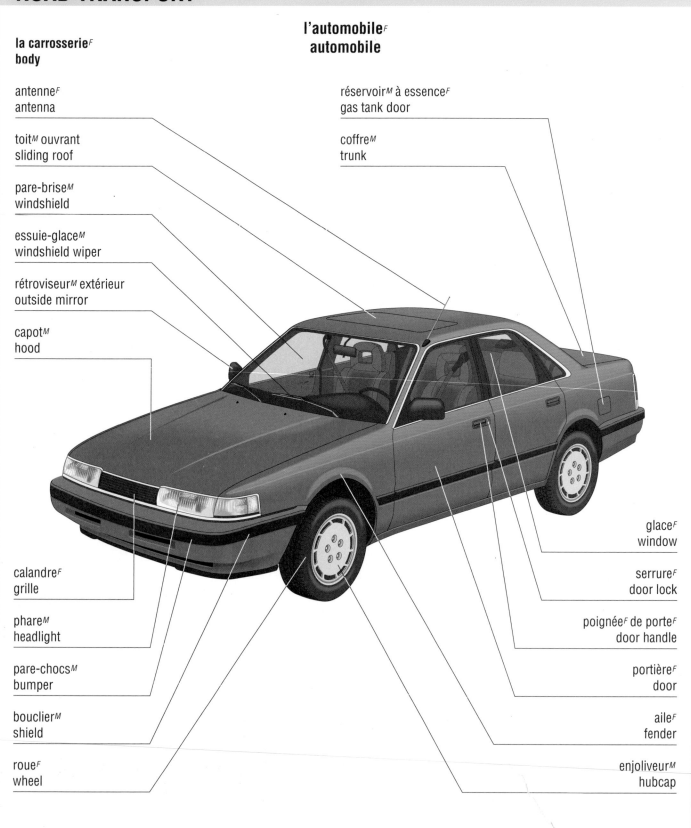

l'automobile^F
automobile

le tableau^M de bord^M
dashboard

rétroviseur^M
rearview mirror

instruments^M de bord^M
instrument board

volant^M
steering wheel

éclairage^M/clignotant^M
headlight/turn signal

avertisseur^M
horn

colonne^F de direction^F
steering column

contact^M
ignition switch

pédale^F de débrayage^M
clutch pedal

pédale^F de frein^M
brake pedal

pare-soleil^M
sun visor

miroir^M de courtoisie^F
vanity mirror

commande^F d'essuie-glace^M
wiper switch

montre^F
clock

commandes^F de chauffage^M
heater controls

bouche^F d'air^M
vent

boîte^F à gants^M
glove compartment

système^M audio
audio system

levier^M de vitesse^F
gearshift lever

levier^M de frein^M à main^F
parking brake lever

console^F centrale
center console

pédale^F d'accélérateur^M
gas pedal

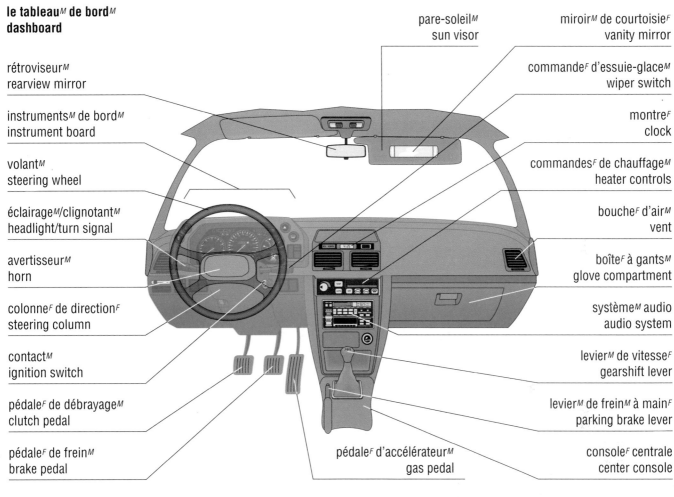

les instruments^M de bord^M
instrument board

témoin^M de niveau^M d'huile^F
oil warning light

témoin^M de charge^F
alternator warning light

compte-tours^M
revolution counter

témoin^M de ceinture^F de sécurité^F
seat-belt warning light

compteur^M kilométrique
odometer

lampes^F témoins^M
warning lights

indicateur^M de niveau^M de carburant^M
fuel indicator

indicateur^M de température^F
temperature indicator

témoin^M d'ouverture^F de porte^F
door open warning light

indicateur^M de vitesse^F
speedometer

totalisateur^M journalier
trip odometer

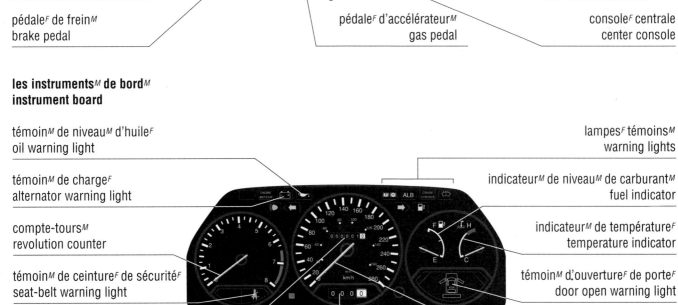

LE TRANSPORT ROUTIER
ROAD TRANSPORT

les feux_M_
headlights

les feux_M_ **avant**
front headlights

les feux_M_ **arrière**
rear headlights

feux_M_ de route_F_
high beam

feu_M_ stop_M_
stoplight

feu_M_ de plaque_F_
license plate light

feux_M_ de croisement_M_
low beam

feux_M_ clignotants
turn signal

feux_M_ clignotants
turn signal

feux_M_ de gabarit_M_
side-marker light

feux_M_ de gabarit_M_
side-marker light

feux_M_ rouges arrière
taillight

feux_M_ de brouillard_M_
fog light

feux_M_ de recul_M_
backup light

feux_M_ stop_M_
stoplight

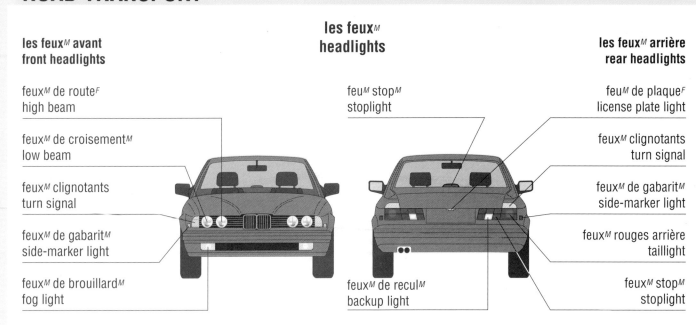

types_M_ **de carrosseries**_F_
types of bodies

berline_F_
four-door sedan

trois-portes_F_
hatchback

coach_M_
two-door sedan

voiture_F_ **sport**
sports car

cabriolet_M_
convertible

familiale_F_
station wagon

camionnette_F_
pickup truck

véhicule_M_ **tout-terrain**_M_
multipurpose vehicle

fourgonnette_F_
minivan

limousine_F_
limousine

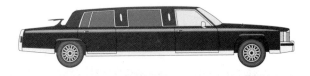

la caravane^F
caravan

caravane^F **tractée**
trailer

aérateur^M latéral
side vent

aérateur^M de toit^M
roof vent

glissière^F d'auvent^M
awning channel

coffre^M à bagages^M
storage compartment

prise^F électrique
outlet

poignée^F
assist handle

marchepied^M escamotable
retractable entry step

moulure^F de protection^F
body guard molding

coque^F
body

pare-soleil^M
sun visor

réservoir^M propane^M
propane cylinder

vérin^M hydraulique
hydraulic jack

raccord^M de signalisation^F
lighting cable

tête^F d'attelage^M
towing hitch

béquille^F d'appui^M
support leg

chaîne^F de sûreté^F
safety chain

porte^F
door

timon^M
tow bar

auto-caravane^F
motor home

porte-bagages^M
luggage rack

échelle^F
ladder

climatiseur^M
roof air conditioner

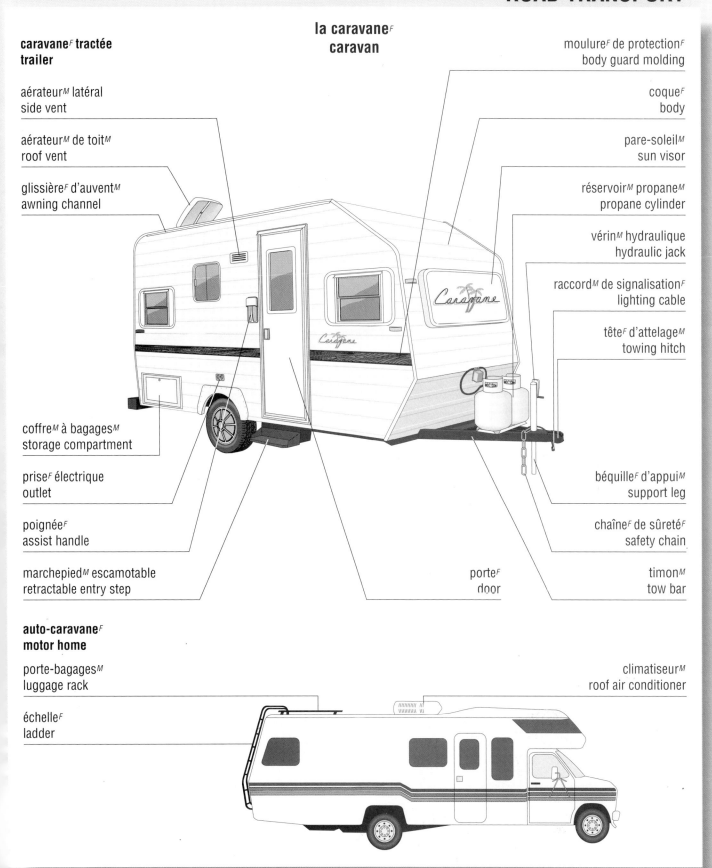

LE TRANSPORT ROUTIER
ROAD TRANSPORT

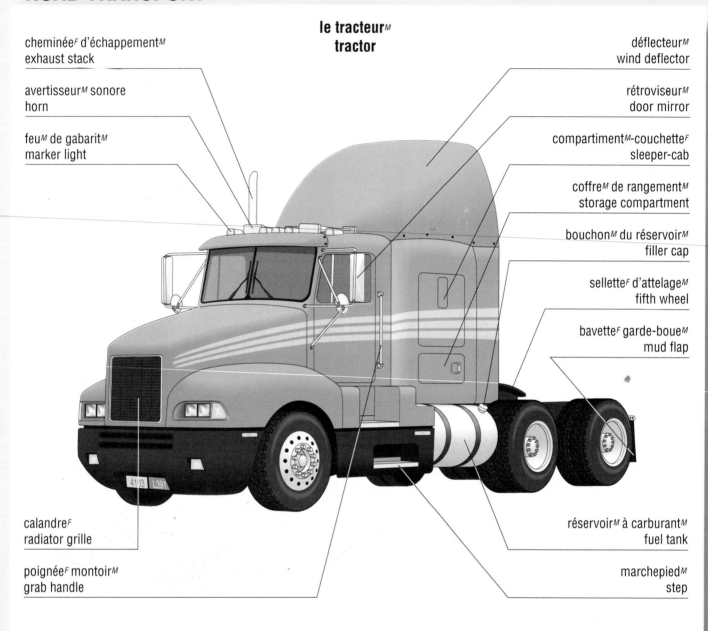

le tracteurM
tractor

cheminée F d'échappement M
exhaust stack

avertisseur M sonore
horn

feu M de gabarit M
marker light

déflecteur M
wind deflector

rétroviseur M
door mirror

compartiment M-couchette F
sleeper-cab

coffre M de rangement M
storage compartment

bouchon M du réservoir M
filler cap

sellette F d'attelage M
fifth wheel

bavette F garde-boue M
mud flap

calandre F
radiator grille

poignée F montoir M
grab handle

réservoir M à carburant M
fuel tank

marchepied M
step

le train M **routier**
articulated road train

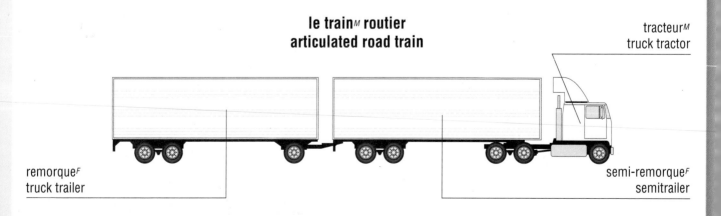

tracteur M
truck tractor

remorque F
truck trailer

semi-remorque F
semitrailer

la motoF
motorcycle

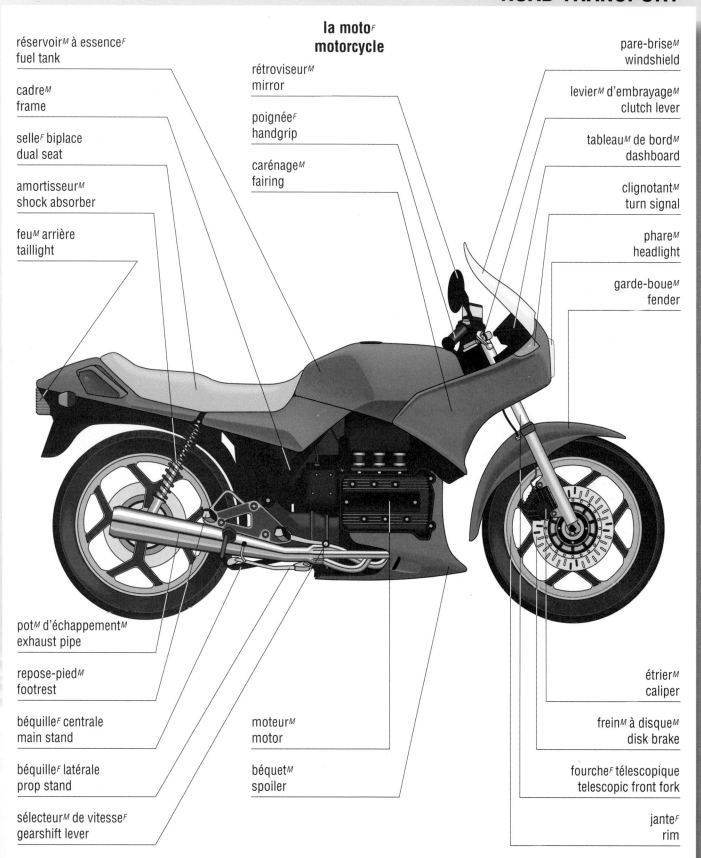

réservoir^M à essence^F
fuel tank

cadre^M
frame

selle^F biplace
dual seat

amortisseur^M
shock absorber

feu^M arrière
taillight

rétroviseur^M
mirror

poignée^F
handgrip

carénage^M
fairing

pare-brise^M
windshield

levier^M d'embrayage^M
clutch lever

tableau^M de bord^M
dashboard

clignotant^M
turn signal

phare^M
headlight

garde-boue^M
fender

pot^M d'échappement^M
exhaust pipe

repose-pied^M
footrest

béquille^F centrale
main stand

béquille^F latérale
prop stand

sélecteur^M de vitesse^F
gearshift lever

moteur^M
motor

béquet^M
spoiler

étrier^M
caliper

frein^M à disque^M
disk brake

fourche^F télescopique
telescopic front fork

jante^F
rim

LE TRANSPORT ROUTIER
ROAD TRANSPORT

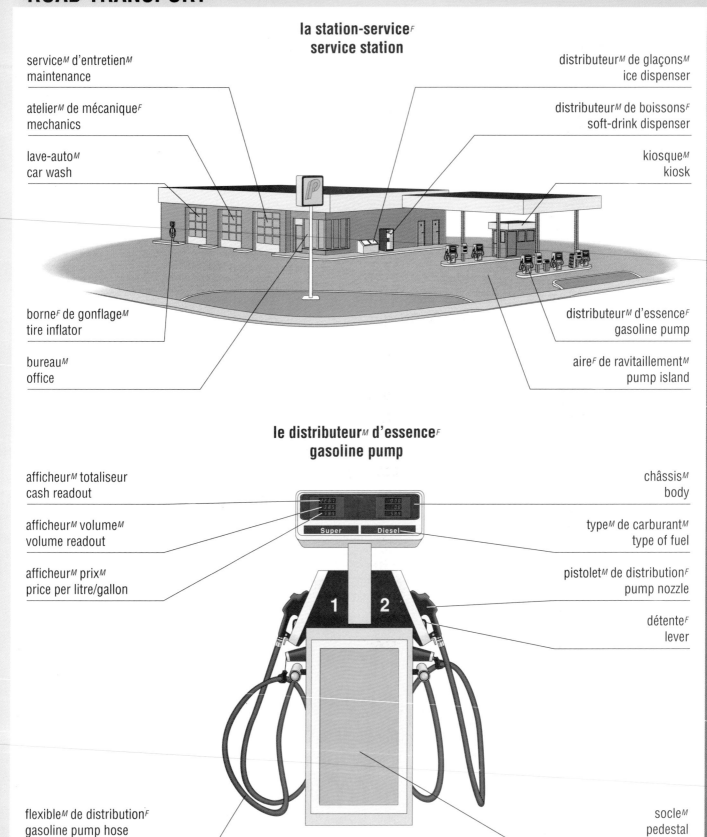

la station-serviceF
service station

service**M** d'entretien**M**
maintenance

atelier**M** de mécanique**F**
mechanics

lave-auto**M**
car wash

borne**F** de gonflage**M**
tire inflator

bureau**M**
office

distributeur**M** de glaçons**M**
ice dispenser

distributeur**M** de boissons**F**
soft-drink dispenser

kiosque**M**
kiosk

distributeur**M** d'essence**F**
gasoline pump

aire**F** de ravitaillement**M**
pump island

le distributeurM **d'essence**F
gasoline pump

afficheur**M** totaliseur
cash readout

afficheur**M** volume**M**
volume readout

afficheur**M** prix**M**
price per litre/gallon

flexible**M** de distribution**F**
gasoline pump hose

châssis**M**
body

type**M** de carburant**M**
type of fuel

pistolet**M** de distribution**F**
pump nozzle

détente**F**
lever

socle**M**
pedestal

Super   Diesel

1   2

les ponts^M
bridges

le pont^M à poutre^F simple
continuous truss bridge

garde-corps^M
parapet

passage^M supérieur
overpass

passage^M inférieur
underpass

le pont^M en arc^M
arch bridge

pile^F
pier

butée^F
thrust

culée^F
abutment

arc^M
arch

membrure^F supérieure
upper chord

membrure^F inférieure
lower chord

tablier^M
deck

le pont^M cantilever
cantilever bridge

poutre^F cantilever
cantilever span

poutre^F suspendue
suspended span

le pont^M suspendu
suspension bridge

câble^M porteur
suspension cable

suspente^F
suspender

culée^F
abutment

pylône^M
tower

tablier^M
deck

poutre^F de rigidité^F
stiffening girder

travée^F latérale
side span

travée^F centrale
center span

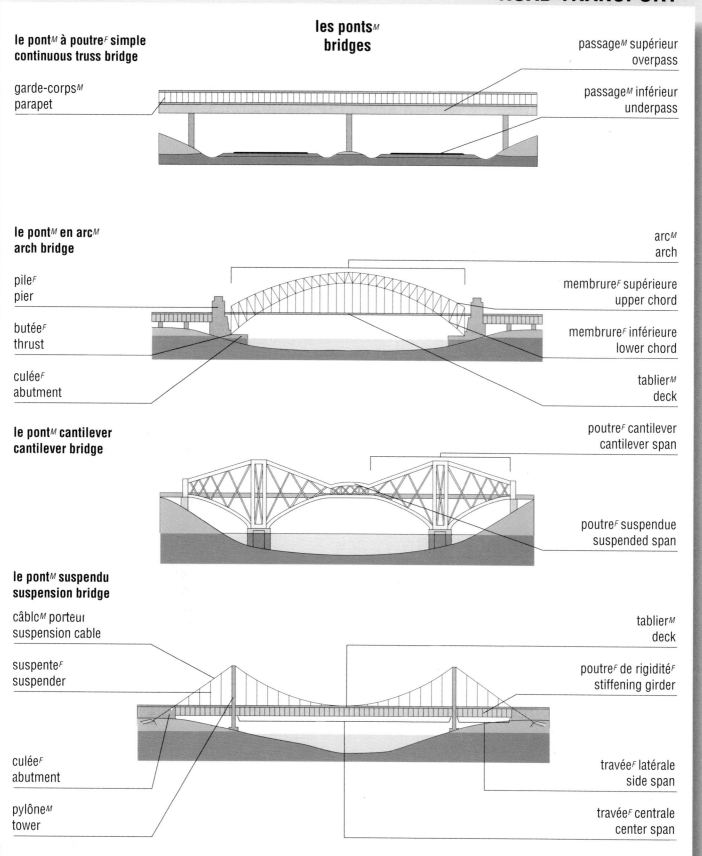

la bicycletteF
bicycle

selleF
saddle

tigeF de selleF
seat post

freinM arrière
rear brake

dynamoF
generator

feuM arrière
rear light

porte-bagagesM
carrier

cadreM
crossbar

garde-boueM
fender

pompeF
tire pump

manetteF de dérailleurM
shifter

potenceF
stem

câbleM de freinM
brake cable

guidonM
handlebars

poignéeF de freinM
brake lever

freinM avant
front brake

fourcheF
fork

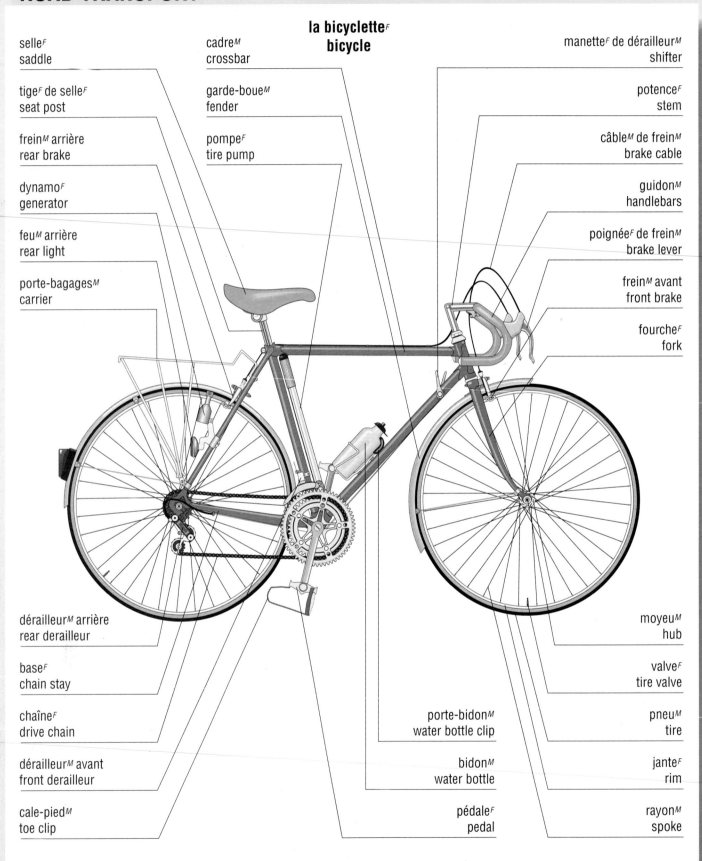

dérailleurM arrière
rear derailleur

baseF
chain stay

chaîneF
drive chain

dérailleurM avant
front derailleur

cale-piedM
toe clip

porte-bidonM
water bottle clip

bidonM
water bottle

pédaleF
pedal

moyeuM
hub

valveF
tire valve

pneuM
tire

janteF
rim

rayonM
spoke

la bicycletteF
bicycle

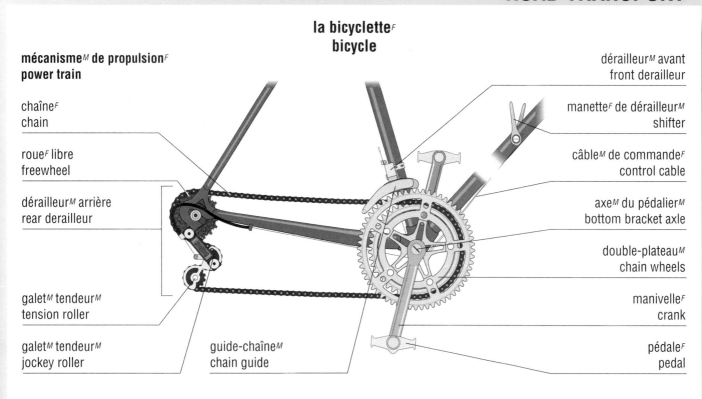

mécanismeM **de propulsion**F
power train

chaîneF
chain

roueF libre
freewheel

dérailleurM arrière
rear derailleur

galetM tendeurM
tension roller

galetM tendeurM
jockey roller

guide-chaîneM
chain guide

dérailleurM avant
front derailleur

manetteF de dérailleurM
shifter

câbleM de commandeF
control cable

axeM du pédalierM
bottom bracket axle

double-plateauM
chain wheels

manivelleF
crank

pédaleF
pedal

casqueM
protective helmet

cadenasM
lock

sacocheF
bicycle bag

LE TRANSPORT FERROVIAIRE
RAIL TRANSPORT

le train*M* à grande vitesse*F* (T.G.V.)
high-speed train

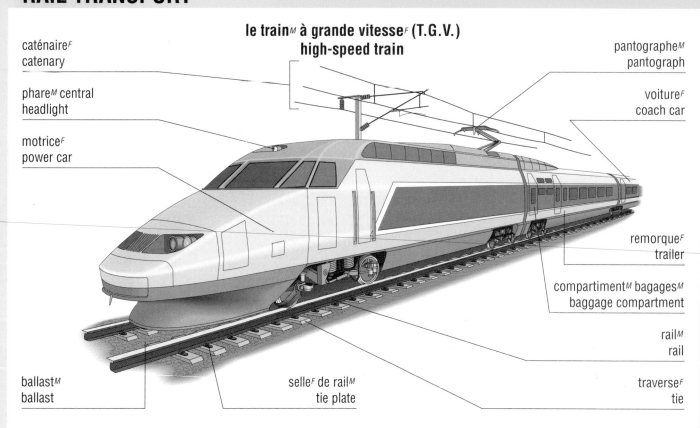

caténaire*F*
catenary

phare*M* central
headlight

motrice*F*
power car

pantographe*M*
pantograph

voiture*F*
coach car

remorque*F*
trailer

compartiment*M* bagages*M*
baggage compartment

rail*M*
rail

ballast*M*
ballast

selle*F* de rail*M*
tie plate

traverse*F*
tie

la locomotive*F* diesel-électrique
diesel-electric locomotive

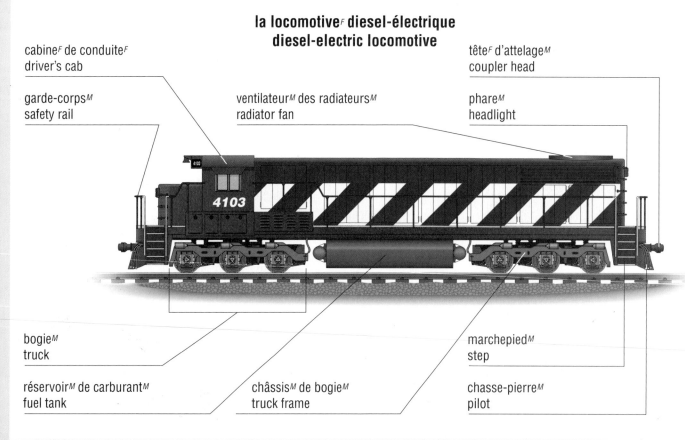

cabine*F* de conduite*F*
driver's cab

garde-corps*M*
safety rail

ventilateur*M* des radiateurs*M*
radiator fan

tête*F* d'attelage*M*
coupler head

phare*M*
headlight

bogie*M*
truck

réservoir*M* de carburant*M*
fuel tank

châssis*M* de bogie*M*
truck frame

marchepied*M*
step

chasse-pierre*M*
pilot

types_M de wagons_M
types of cars

wagon-trémie_M
hopper car

wagon_M **plat à parois**_F
bulkhead flat car

wagon_M **plat surbaissé**
depressed-center flat car

wagon_M **plat**
flat car

wagon_M **rail**_M**-route**_F
piggyback car

wagon_M **réfrigérant**
refrigerator car

wagon-citerne_M
tank car

wagon_M **porte-automobiles**_M
automobile car

wagon_M **porte-conteneurs**_M
container car

wagon_M **à bestiaux**_M
livestock car

wagon_M **couvert**
boxcar

wagon-tombereau_M
gondola car

wagon_M **de queue**_F
caboose

le paquebot*M*
passenger liner

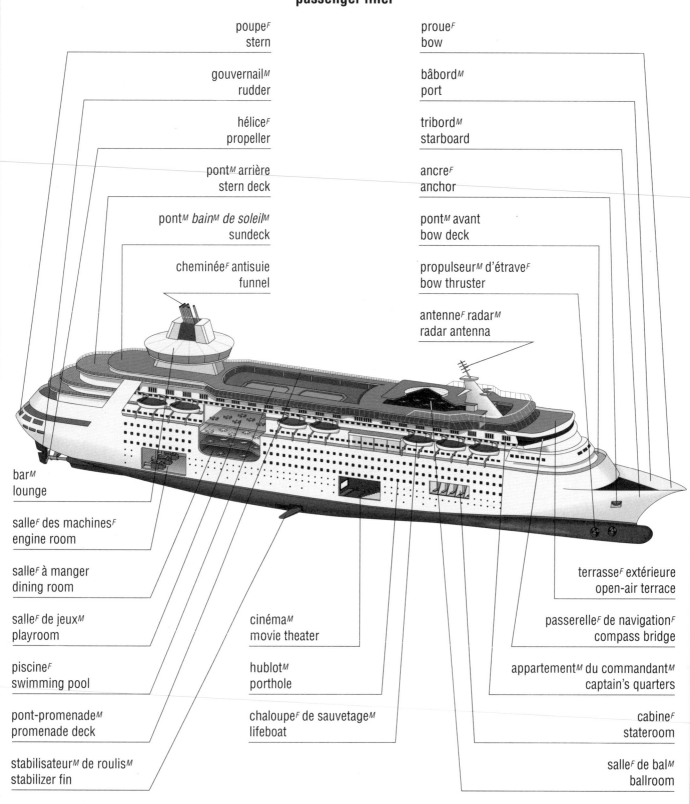

poupe*F*
stern

gouvernail*M*
rudder

hélice*F*
propeller

pont*M* arrière
stern deck

pont*M* *bain*M* *de soleil*M*
sundeck

cheminée*F* antisuie
funnel

proue*F*
bow

bâbord*M*
port

tribord*M*
starboard

ancre*F*
anchor

pont*M* avant
bow deck

propulseur*M* d'étrave*F*
bow thruster

antenne*F* radar*M*
radar antenna

bar*M*
lounge

salle*F* des machines*F*
engine room

salle*F* à manger
dining room

salle*F* de jeux*M*
playroom

piscine*F*
swimming pool

pont-promenade*M*
promenade deck

stabilisateur*M* de roulis*M*
stabilizer fin

cinéma*M*
movie theater

hublot*M*
porthole

chaloupe*F* de sauvetage*M*
lifeboat

terrasse*F* extérieure
open-air terrace

passerelle*F* de navigation*F*
compass bridge

appartement*M* du commandant*M*
captain's quarters

cabine*F*
stateroom

salle*F* de bal*M*
ballroom

le sous-marinM
submarine

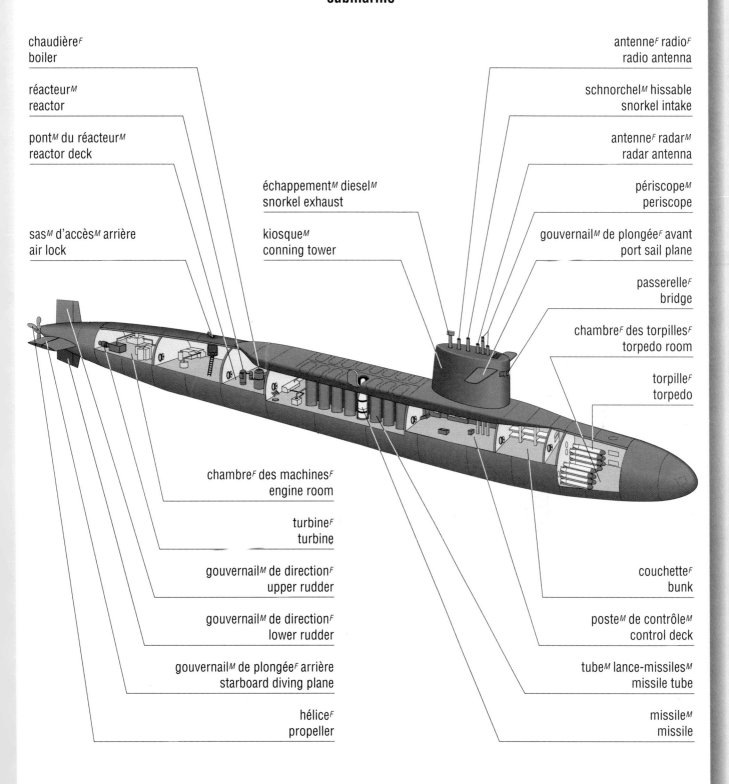

chaudière*F*
boiler

réacteur*M*
reactor

pont*M* du réacteur*M*
reactor deck

sas*M* d'accès*M* arrière
air lock

échappement*M* diesel*M*
snorkel exhaust

kiosque*M*
conning tower

antenne*F* radio*F*
radio antenna

schnorchel*M* hissable
snorkel intake

antenne*F* radar*M*
radar antenna

périscope*M*
periscope

gouvernail*M* de plongée*F* avant
port sail plane

passerelle*F*
bridge

chambre*F* des torpilles*F*
torpedo room

torpille*F*
torpedo

chambre*F* des machines*F*
engine room

turbine*F*
turbine

gouvernail*M* de direction*F*
upper rudder

gouvernail*M* de direction*F*
lower rudder

gouvernail*M* de plongée*F* arrière
starboard diving plane

hélice*F*
propeller

couchette*F*
bunk

poste*M* de contrôle*M*
control deck

tube*M* lance-missiles*M*
missile tube

missile*M*
missile

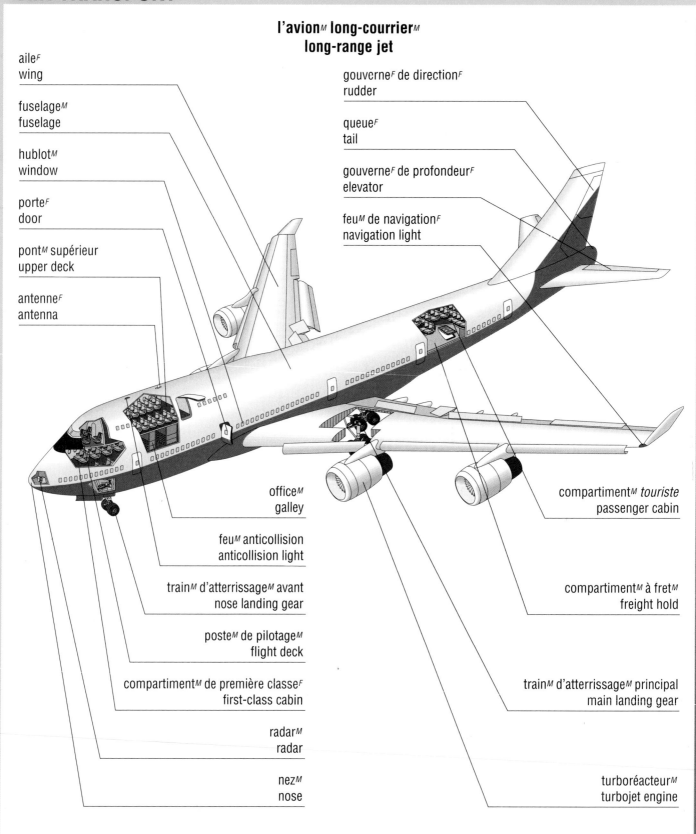

l'avion*M* long-courrier*M*
long-range jet

aile*F*
wing

fuselage*M*
fuselage

hublot*M*
window

porte*F*
door

pont*M* supérieur
upper deck

antenne*F*
antenna

gouverne*F* de direction*F*
rudder

queue*F*
tail

gouverne*F* de profondeur*F*
elevator

feu*M* de navigation*F*
navigation light

office*M*
galley

feu*M* anticollision
anticollision light

train*M* d'atterrissage*M* avant
nose landing gear

poste*M* de pilotage*M*
flight deck

compartiment*M* de première classe*F*
first-class cabin

radar*M*
radar

nez*M*
nose

compartiment*M* touriste
passenger cabin

compartiment*M* à fret*M*
freight hold

train*M* d'atterrissage*M* principal
main landing gear

turboréacteur*M*
turbojet engine

l'hélicoptèreM
helicopter

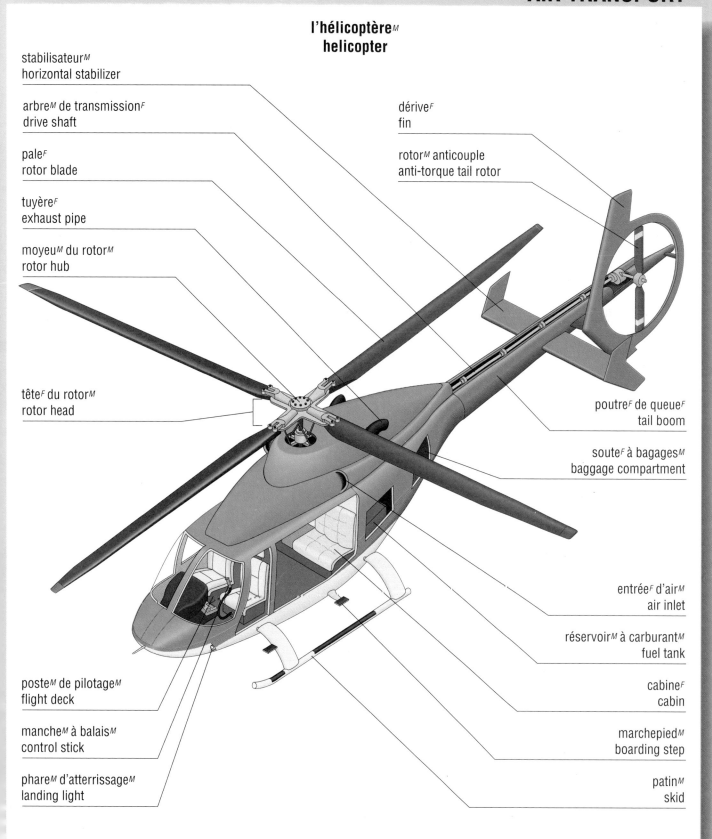

stabilisateurM
horizontal stabilizer

arbreM de transmissionF
drive shaft

paleF
rotor blade

tuyèreF
exhaust pipe

moyeuM du rotorM
rotor hub

têteF du rotorM
rotor head

posteM de pilotageM
flight deck

mancheM à balaisM
control stick

phareM d'atterrissageM
landing light

dériveF
fin

rotorM anticouple
anti-torque tail rotor

poutreF de queueF
tail boom

souteF à bagagesM
baggage compartment

entréeF d'airM
air inlet

réservoirM à carburantM
fuel tank

cabineF
cabin

marchepiedM
boarding step

patinM
skid

la fusée^F
rocket

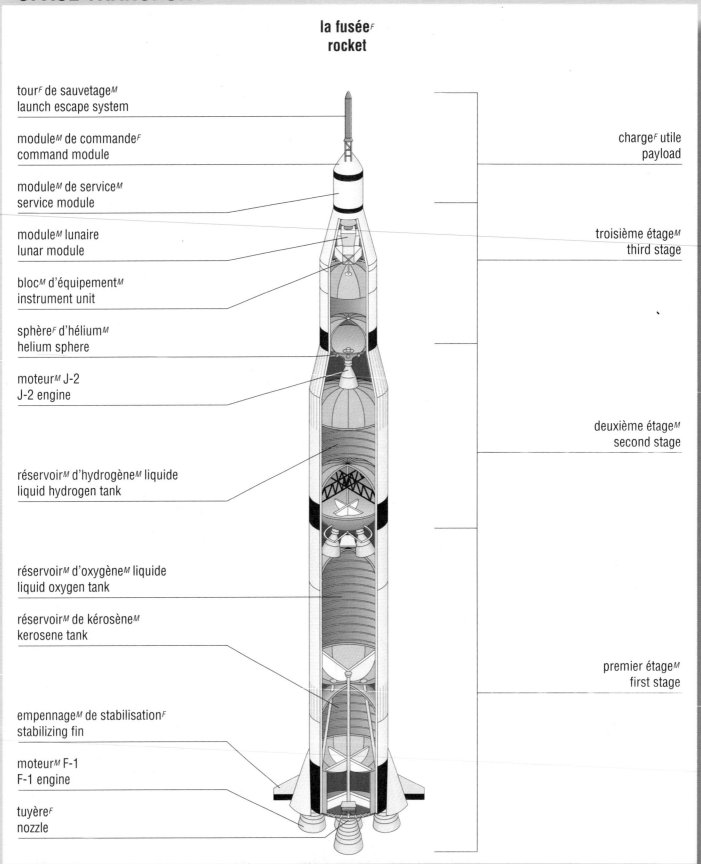

tour^F de sauvetage^M
launch escape system

module^M de commande^F
command module

module^M de service^M
service module

module^M lunaire
lunar module

bloc^M d'équipement^M
instrument unit

sphère^F d'hélium^M
helium sphere

moteur^M J-2
J-2 engine

réservoir^M d'hydrogène^M liquide
liquid hydrogen tank

réservoir^M d'oxygène^M liquide
liquid oxygen tank

réservoir^M de kérosène^M
kerosene tank

empennage^M de stabilisation^F
stabilizing fin

moteur^M F-1
F-1 engine

tuyère^F
nozzle

charge^F utile
payload

troisième étage^M
third stage

deuxième étage^M
second stage

premier étage^M
first stage

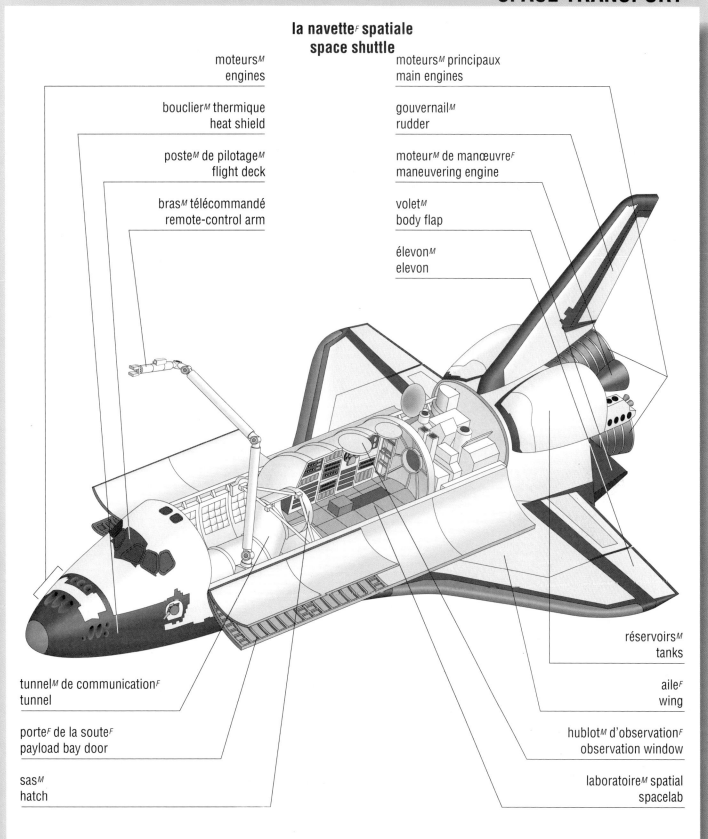

la navette_F spatiale
space shuttle

moteurs_M
engines

bouclier_M thermique
heat shield

poste_M de pilotage_M
flight deck

bras_M télécommandé
remote-control arm

moteurs_M principaux
main engines

gouvernail_M
rudder

moteur_M de manœuvre_F
maneuvering engine

volet_M
body flap

élevon_M
elevon

réservoirs_M
tanks

tunnel_M de communication_F
tunnel

porte_F de la soute_F
payload bay door

sas_M
hatch

aile_F
wing

hublot_M d'observation_F
observation window

laboratoire_M spatial
spacelab

l'armureF
armor

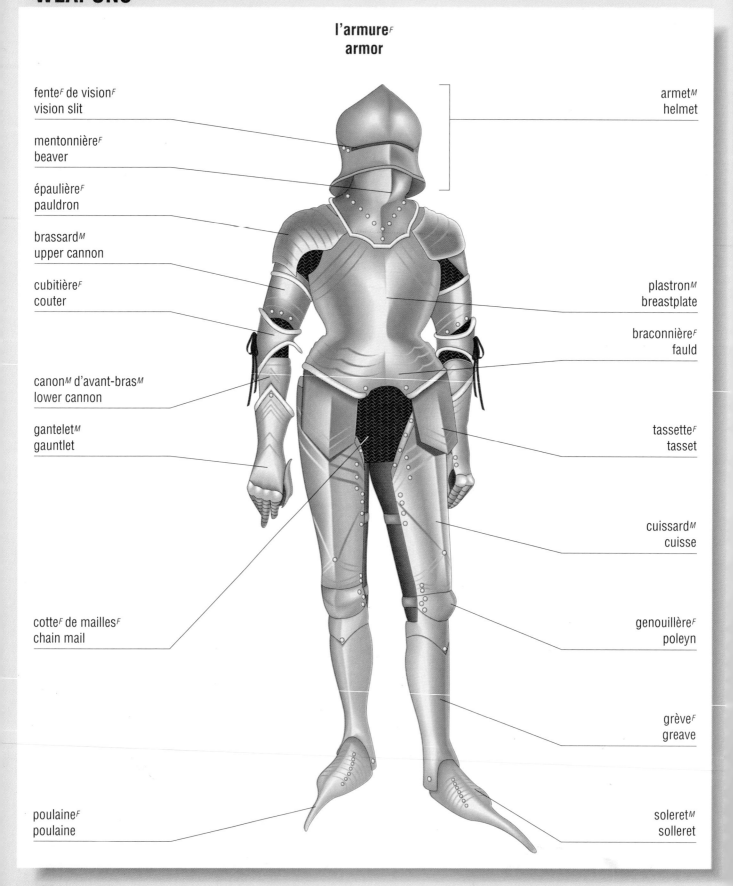

fenteF de visionF
vision slit

mentonnièreF
beaver

épaulièreF
pauldron

brassardM
upper cannon

cubitièreF
couter

canonM d'avant-brasM
lower cannon

ganteletM
gauntlet

cotteF de maillesF
chain mail

poulaineF
poulaine

armetM
helmet

plastronM
breastplate

braconnièreF
fauld

tassetteF
tasset

cuissardM
cuisse

genouillèreF
poleyn

grèveF
greave

soleretM
solleret

les armes^F blanches
thrusting and cutting weapons

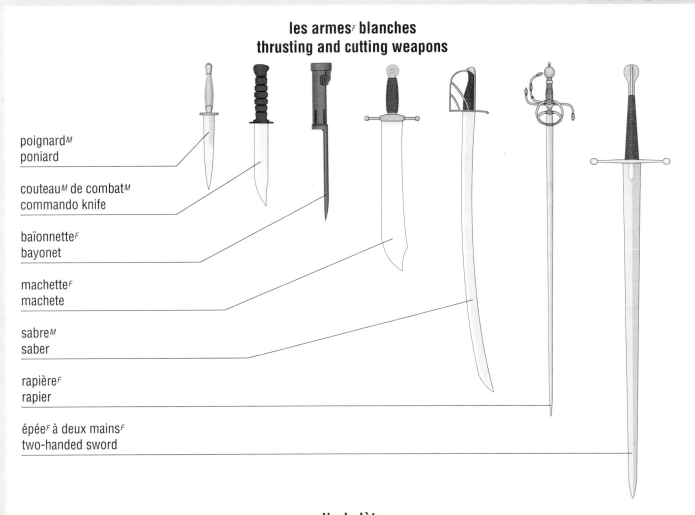

poignard^M
poniard

couteau^M de combat^M
commando knife

baïonnette^F
bayonet

machette^F
machete

sabre^M
saber

rapière^F
rapier

épée^F à deux mains^F
two-handed sword

l'arbalète^F
crossbow

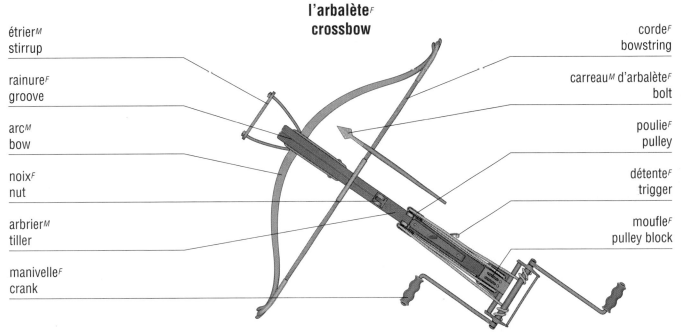

étrier^M
stirrup

rainure^F
groove

arc^M
bow

noix^F
nut

arbrier^M
tiller

manivelle^F
crank

corde^F
bowstring

carreau^M d'arbalète^F
bolt

poulie^F
pulley

détente^F
trigger

moufle^F
pulley block

LES ARMES
WEAPONS

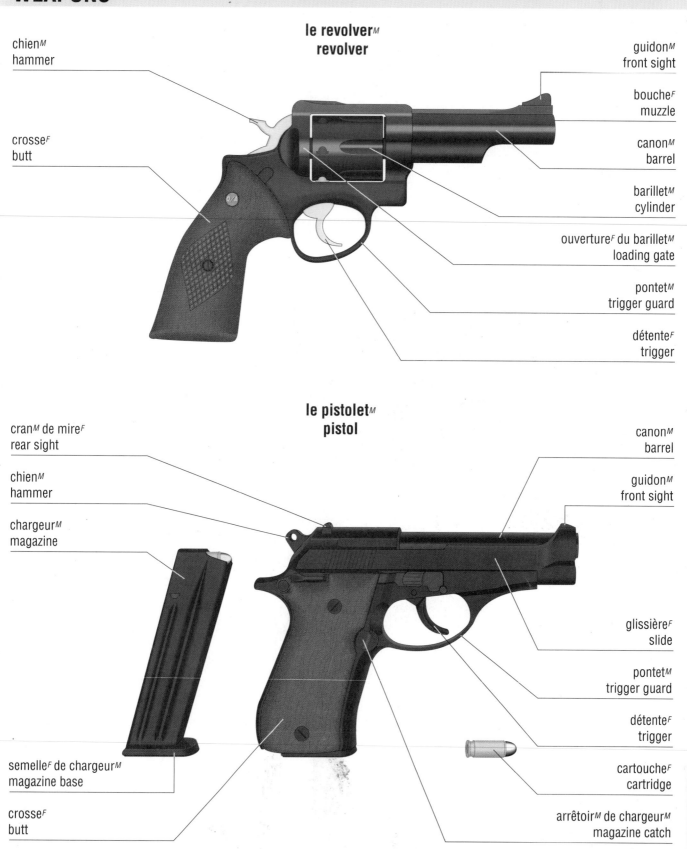

le revolverM
revolver

chien**M**
hammer

crosse**F**
butt

guidon**M**
front sight

bouche**F**
muzzle

canon**M**
barrel

barillet**M**
cylinder

ouverture**F** du barillet**M**
loading gate

pontet**M**
trigger guard

détente**F**
trigger

le pistoletM
pistol

cran**M** de mire**F**
rear sight

chien**M**
hammer

chargeur**M**
magazine

canon**M**
barrel

guidon**M**
front sight

glissière**F**
slide

pontet**M**
trigger guard

détente**F**
trigger

cartouche**F**
cartridge

arrêtoir**M** de chargeur**M**
magazine catch

semelle**F** de chargeur**M**
magazine base

crosse**F**
butt

le char*M* d'assaut*M*
tank

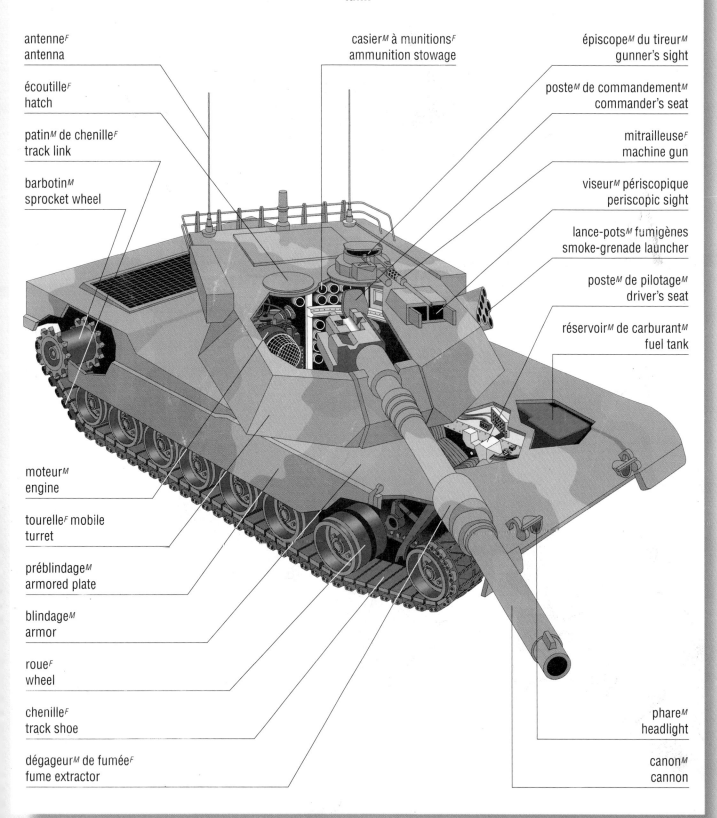

antenne*F*
antenna

écoutille*F*
hatch

patin*M* de chenille*F*
track link

barbotin*M*
sprocket wheel

moteur*M*
engine

tourelle*F* mobile
turret

préblindage*M*
armored plate

blindage*M*
armor

roue*F*
wheel

chenille*F*
track shoe

dégageur*M* de fumée*F*
fume extractor

casier*M* à munitions*F*
ammunition stowage

épiscope*M* du tireur*M*
gunner's sight

poste*M* de commandement*M*
commander's seat

mitrailleuse*F*
machine gun

viseur*M* périscopique
periscopic sight

lance-pots*M* fumigènes
smoke-grenade launcher

poste*M* de pilotage*M*
driver's seat

réservoir*M* de carburant*M*
fuel tank

phare*M*
headlight

canon*M*
cannon

LA MUSIQUE
MUSIC

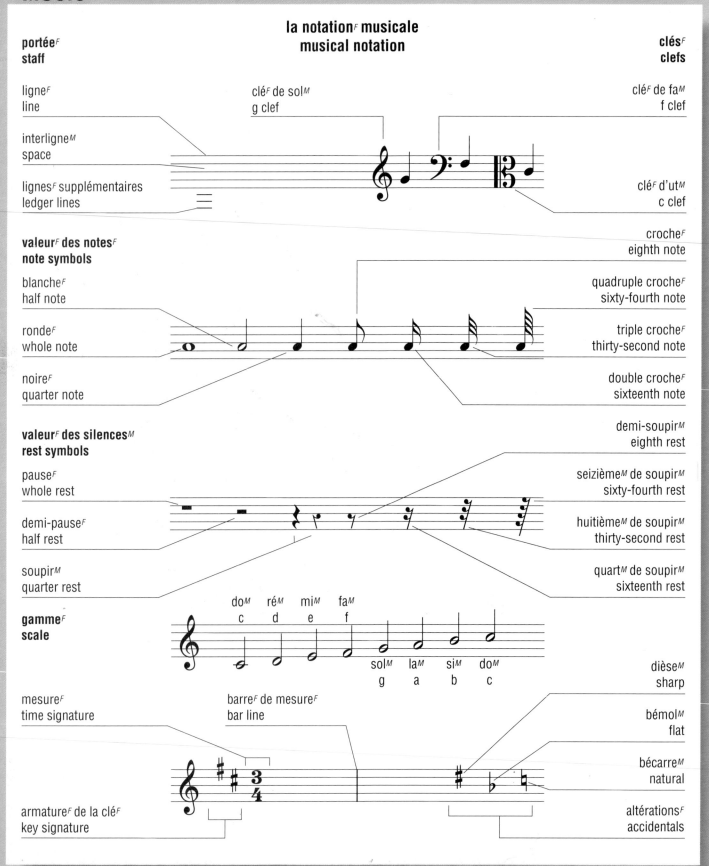

la notation^F musicale
musical notation

portée^F
staff

clés^F
clefs

ligne^F
line

clé^F de sol^M
g clef

clé^F de fa^M
f clef

interligne^M
space

lignes^F supplémentaires
ledger lines

clé^F d'ut^M
c clef

croche^F
eighth note

valeur^F **des notes**^{F}
note symbols

blanche^F
half note

quadruple croche^F
sixty-fourth note

ronde^F
whole note

triple croche^F
thirty-second note

noire^F
quarter note

double croche^F
sixteenth note

valeur^F **des silences**^{M}
rest symbols

demi-soupir^M
eighth rest

pause^F
whole rest

seizième^M de soupir^M
sixty-fourth rest

demi-pause^F
half rest

huitième^M de soupir^M
thirty-second rest

soupir^M
quarter rest

quart^M de soupir^M
sixteenth rest

gamme^F
scale

do^M ré^M mi^M fa^M
c   d   e   f

sol^M la^M si^M do^M
g   a   b   c

dièse^M
sharp

mesure^F
time signature

barre^F de mesure^F
bar line

bémol^M
flat

bécarre^M
natural

armature^F de la clé^F
key signature

altérations^F
accidentals

le piano*M* droit
upright piano

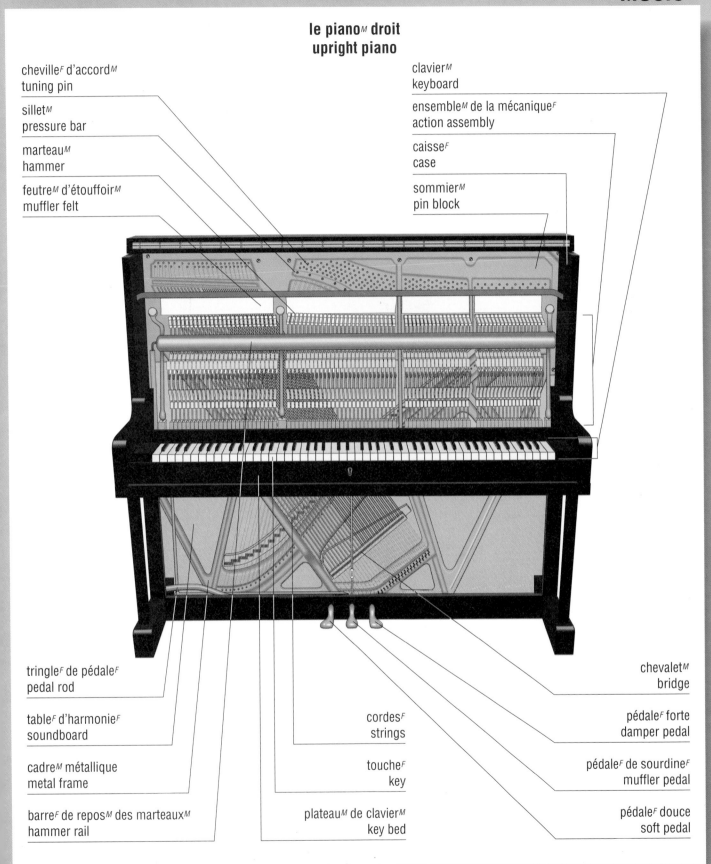

cheville*F* d'accord*M*
tuning pin

sillet*M*
pressure bar

marteau*M*
hammer

feutre*M* d'étouffoir*M*
muffler felt

clavier*M*
keyboard

ensemble*M* de la mécanique*F*
action assembly

caisse*F*
case

sommier*M*
pin block

tringle*F* de pédale*F*
pedal rod

table*F* d'harmonie*F*
soundboard

cadre*M* métallique
metal frame

barre*F* de repos*M* des marteaux*M*
hammer rail

cordes*F*
strings

touche*F*
key

plateau*M* de clavier*M*
key bed

chevalet*M*
bridge

pédale*F* forte
damper pedal

pédale*F* de sourdine*F*
muffler pedal

pédale*F* douce
soft pedal

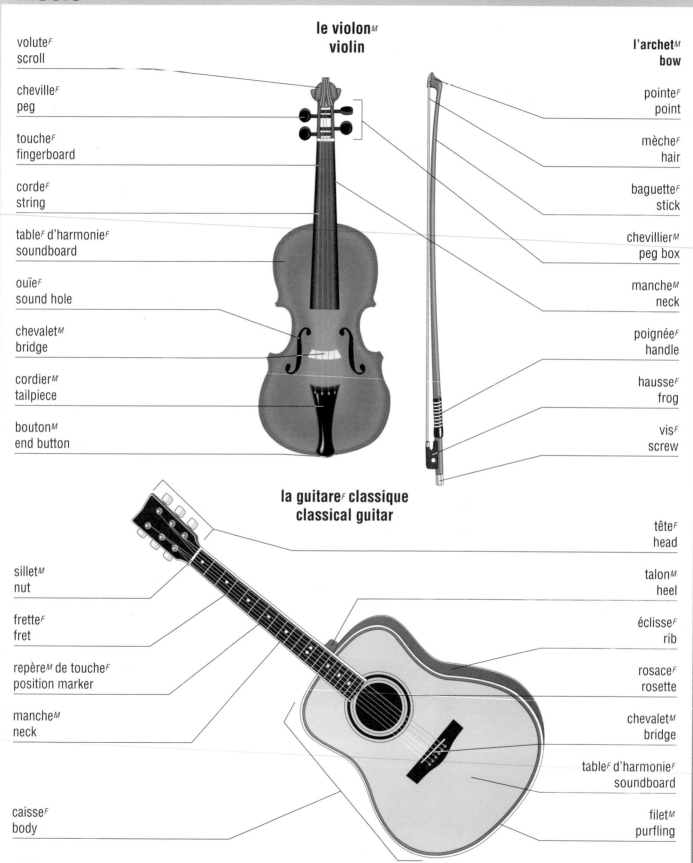

le violon M
violin

l'archet M
bow

volute F
scroll

cheville F
peg

touche F
fingerboard

corde F
string

table F d'harmonie F
soundboard

ouïe F
sound hole

chevalet M
bridge

cordier M
tailpiece

bouton M
end button

pointe F
point

mèche F
hair

baguette F
stick

chevillier M
peg box

manche M
neck

poignée F
handle

hausse F
frog

vis F
screw

la guitare F **classique**
classical guitar

sillet M
nut

frette F
fret

repère M de touche F
position marker

manche M
neck

caisse F
body

tête F
head

talon M
heel

éclisse F
rib

rosace F
rosette

chevalet M
bridge

table F d'harmonie F
soundboard

filet M
purfling

le saxophoneM
saxophone

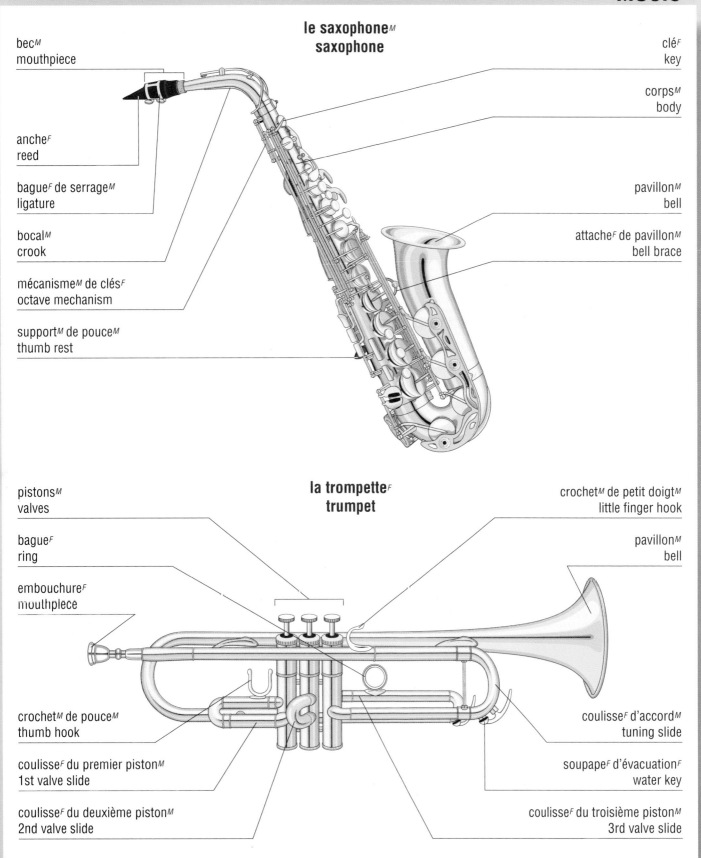

becM
mouthpiece

ancheF
reed

bagueF de serrageM
ligature

bocalM
crook

mécanismeM de clésF
octave mechanism

supportM de pouceM
thumb rest

cléF
key

corpsM
body

pavillonM
bell

attacheF de pavillonM
bell brace

la trompetteF
trumpet

pistonsM
valves

bagueF
ring

embouchureF
mouthpiece

crochetM de pouceM
thumb hook

coulisseF du premier pistonM
1st valve slide

coulisseF du deuxième pistonM
2nd valve slide

crochetM de petit doigtM
little finger hook

pavillonM
bell

coulisseF d'accordM
tuning slide

soupapeF d'évacuationF
water key

coulisseF du troisième pistonM
3rd valve slide

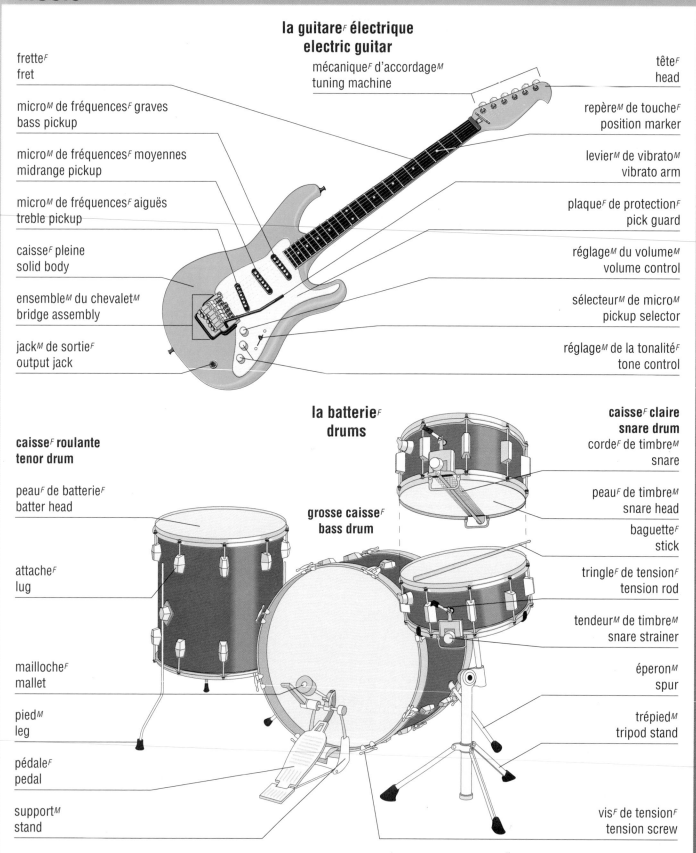

la guitare^F électrique
electric guitar

frette^F
fret

micro^M de fréquences^F graves
bass pickup

micro^M de fréquences^F moyennes
midrange pickup

micro^M de fréquences^F aiguës
treble pickup

caisse^F pleine
solid body

ensemble^M du chevalet^M
bridge assembly

jack^M de sortie^F
output jack

mécanique^F d'accordage^M
tuning machine

tête^F
head

repère^M de touche^F
position marker

levier^M de vibrato^M
vibrato arm

plaque^F de protection^F
pick guard

réglage^M du volume^M
volume control

sélecteur^M de micro^M
pickup selector

réglage^M de la tonalité^F
tone control

la batterie^F
drums

caisse^F claire
snare drum

corde^F de timbre^M
snare

caisse^F roulante
tenor drum

peau^F de batterie^F
batter head

grosse caisse^F
bass drum

peau^F de timbre^M
snare head

baguette^F
stick

attache^F
lug

tringle^F de tension^F
tension rod

tendeur^M de timbre^M
snare strainer

mailloche^F
mallet

éperon^M
spur

pied^M
leg

trépied^M
tripod stand

pédale^F
pedal

support^M
stand

vis^F de tension^F
tension screw

l'orchestre*M*
orchestra

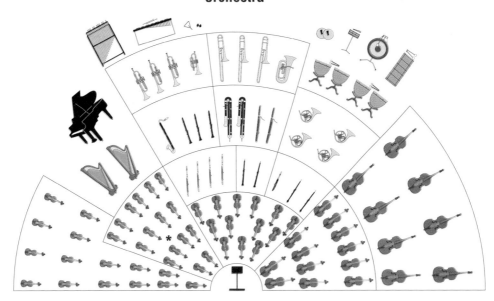

	pupitre*M* du chef*M* d'orchestre*M* conductor's podium		clarinette*F* basse bass clarinet		carillon*M* tubulaire tubular bells
	premier violon*M* first violin		clarinette*F* clarinet		xylophone*M* xylophone
*	second violon*M* second violin		contrebasson*M* contrabassoon		triangle*M* triangle
	alto*M* viola		basson*M* bassoon		castagnettes*F* castanets
	violoncelle*M* cello		cor*M* d'harmonie*F* French horn		cymbales*F* cymbals
	contrebasse*F* double bass		trompette*F* trumpet		caisse*F* claire snare drum
	flûte*F* flute		cornet*M* cornet		gong*M* gong
	hautbois*M* oboe		trombone*M* trombone		grosse caisse*F* bass drum
	piccolo*M* piccolo		tuba*M* tuba		harpe*F* harp
	cor*M* anglais English horn		timbale*F* timpani		piano*M* piano

LES SPORTS
SPORTS

le football*M*
soccer

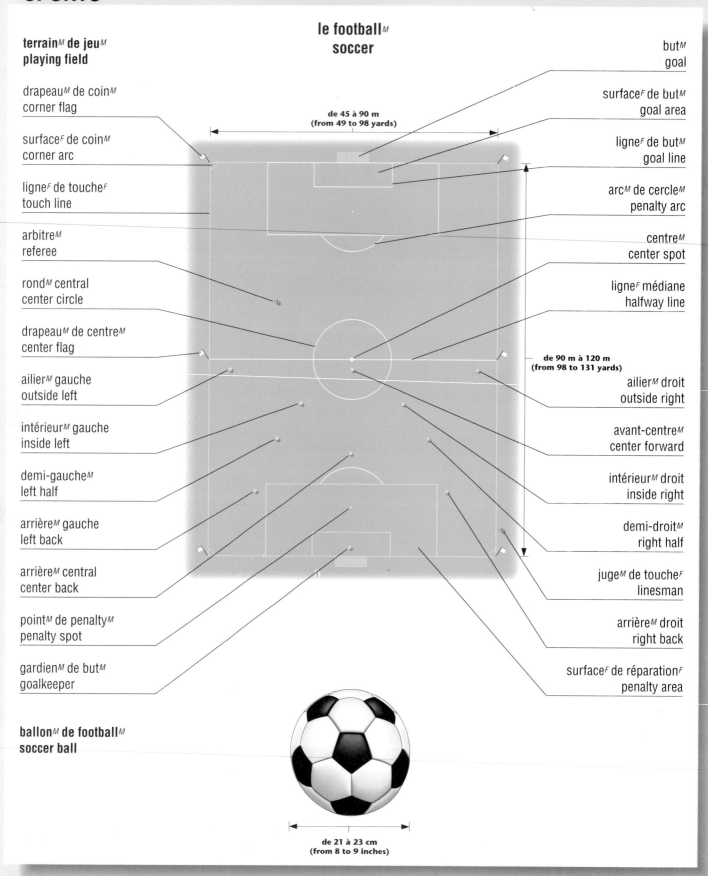

terrain*M* de jeu*M*
playing field

drapeau*M* de coin*M*
corner flag

surface*F* de coin*M*
corner arc

ligne*F* de touche*F*
touch line

arbitre*M*
referee

rond*M* central
center circle

drapeau*M* de centre*M*
center flag

ailier*M* gauche
outside left

intérieur*M* gauche
inside left

demi-gauche*M*
left half

arrière*M* gauche
left back

arrière*M* central
center back

point*M* de penalty*M*
penalty spot

gardien*M* de but*M*
goalkeeper

but*M*
goal

surface*F* de but*M*
goal area

ligne*F* de but*M*
goal line

arc*M* de cercle*M*
penalty arc

centre*M*
center spot

ligne*F* médiane
halfway line

ailier*M* droit
outside right

avant-centre*M*
center forward

intérieur*M* droit
inside right

demi-droit*M*
right half

juge*M* de touche*F*
linesman

arrière*M* droit
right back

surface*F* de réparation*F*
penalty area

de 45 à 90 m
(from 49 to 98 yards)

de 90 m à 120 m
(from 98 to 131 yards)

ballon*M* de football*M*
soccer ball

de 21 à 23 cm
(from 8 to 9 inches)

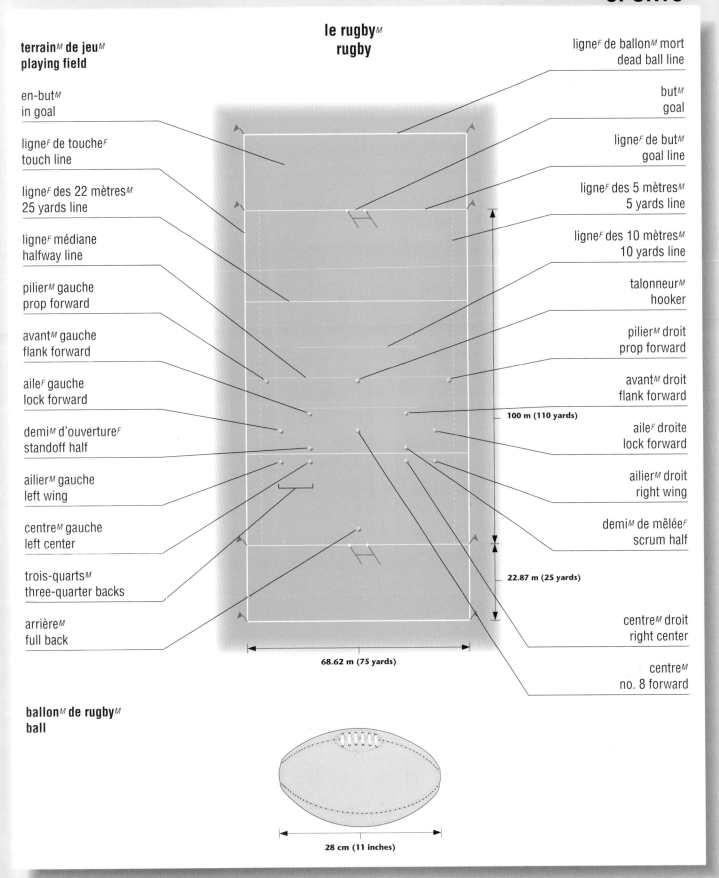

le rugby^M
rugby

terrain^M de jeu^M
playing field

en-but^M
in goal

ligne^F de touche^F
touch line

ligne^F des 22 mètres^M
25 yards line

ligne^F médiane
halfway line

pilier^M gauche
prop forward

avant^M gauche
flank forward

aile^F gauche
lock forward

demi^M d'ouverture^F
standoff half

ailier^M gauche
left wing

centre^M gauche
left center

trois-quarts^M
three-quarter backs

arrière^M
full back

ligne^F de ballon^M mort
dead ball line

but^M
goal

ligne^F de but^M
goal line

ligne^F des 5 mètres^M
5 yards line

ligne^F des 10 mètres^M
10 yards line

talonneur^M
hooker

pilier^M droit
prop forward

avant^M droit
flank forward

aile^F droite
lock forward

ailier^M droit
right wing

demi^M de mêlée^F
scrum half

centre^M droit
right center

centre^M
no. 8 forward

100 m (110 yards)

22.87 m (25 yards)

68.62 m (75 yards)

ballon^M de rugby^M
ball

28 cm (11 inches)

le football_M américain
football

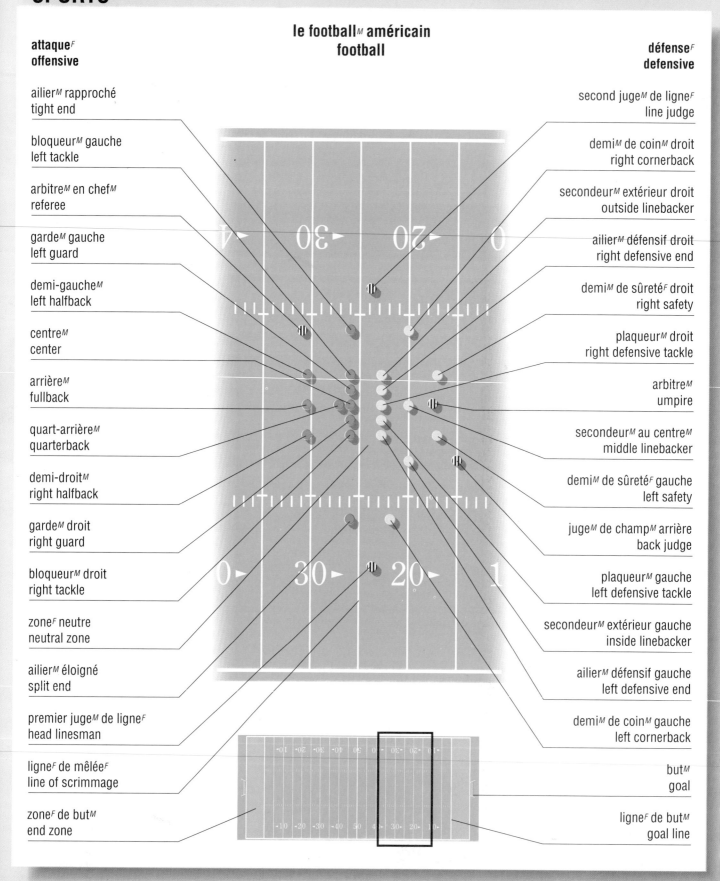

attaque_F
offensive

ailier_M rapproché
tight end

bloqueur_M gauche
left tackle

arbitre_M en chef_M
referee

garde_M gauche
left guard

demi-gauche_M
left halfback

centre_M
center

arrière_M
fullback

quart-arrière_M
quarterback

demi-droit_M
right halfback

garde_M droit
right guard

bloqueur_M droit
right tackle

zone_F neutre
neutral zone

ailier_M éloigné
split end

premier juge_M de ligne_F
head linesman

ligne_F de mêlée_F
line of scrimmage

zone_F de but_M
end zone

défense_F
defensive

second juge_M de ligne_F
line judge

demi_M de coin_M droit
right cornerback

secondeur_M extérieur droit
outside linebacker

ailier_M défensif droit
right defensive end

demi_M de sûreté_F droit
right safety

plaqueur_M droit
right defensive tackle

arbitre_M
umpire

secondeur_M au centre_M
middle linebacker

demi_M de sûreté_F gauche
left safety

juge_M de champ_M arrière
back judge

plaqueur_M gauche
left defensive tackle

secondeur_M extérieur gauche
inside linebacker

ailier_M défensif gauche
left defensive end

demi_M de coin_M gauche
left cornerback

but_M
goal

ligne_F de but_M
goal line

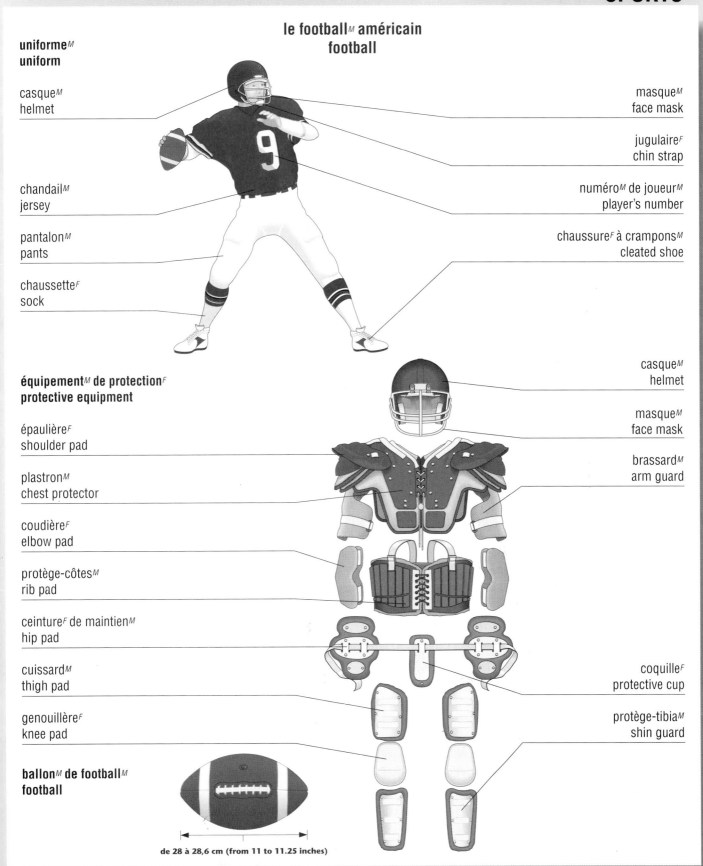

le football*M* américain
football

uniforme*M*
uniform

casque*M*
helmet

chandail*M*
jersey

pantalon*M*
pants

chaussette*F*
sock

masque*M*
face mask

jugulaire*F*
chin strap

numéro*M* de joueur*M*
player's number

chaussure*F* à crampons*M*
cleated shoe

équipement*M* **de protection***F*
protective equipment

épaulière*F*
shoulder pad

plastron*M*
chest protector

coudière*F*
elbow pad

protège-côtes*M*
rib pad

ceinture*F* de maintien*M*
hip pad

cuissard*M*
thigh pad

genouillère*F*
knee pad

casque*M*
helmet

masque*M*
face mask

brassard*M*
arm guard

coquille*F*
protective cup

protège-tibia*M*
shin guard

ballon*M* **de football***M*
football

de 28 à 28,6 cm (from 11 to 11.25 inches)

le base-ball^M
baseball

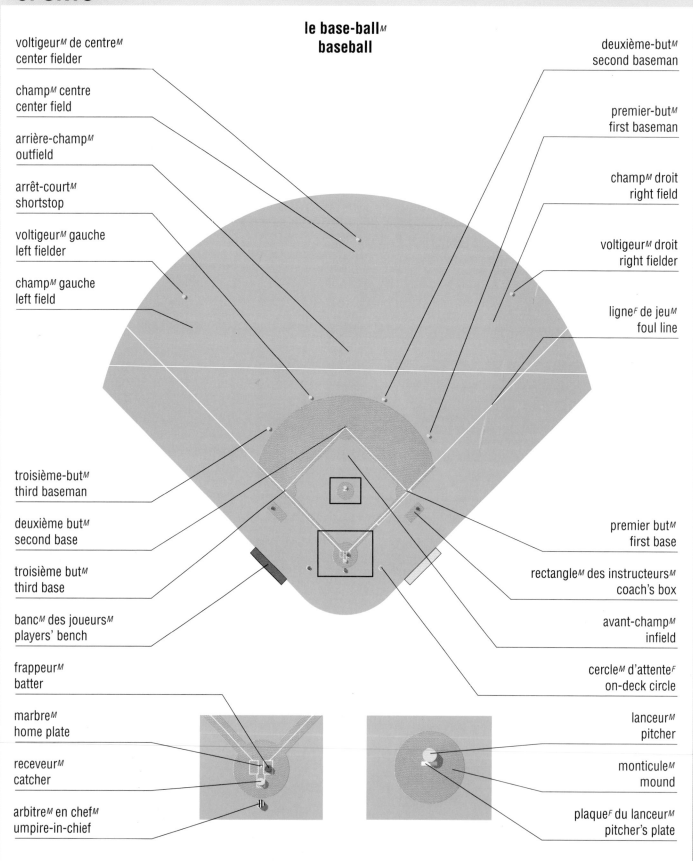

voltigeur^M de centre^M
center fielder

champ^M centre
center field

arrière-champ^M
outfield

arrêt-court^M
shortstop

voltigeur^M gauche
left fielder

champ^M gauche
left field

troisième-but^M
third baseman

deuxième but^M
second base

troisième but^M
third base

banc^M des joueurs^M
players' bench

frappeur^M
batter

marbre^M
home plate

receveur^M
catcher

arbitre^M en chef^M
umpire-in-chief

deuxième-but^M
second baseman

premier-but^M
first baseman

champ^M droit
right field

voltigeur^M droit
right fielder

ligne^F de jeu^M
foul line

premier but^M
first base

rectangle^M des instructeurs^M
coach's box

avant-champ^M
infield

cercle^M d'attente^F
on-deck circle

lanceur^M
pitcher

monticule^M
mound

plaque^F du lanceur^M
pitcher's plate

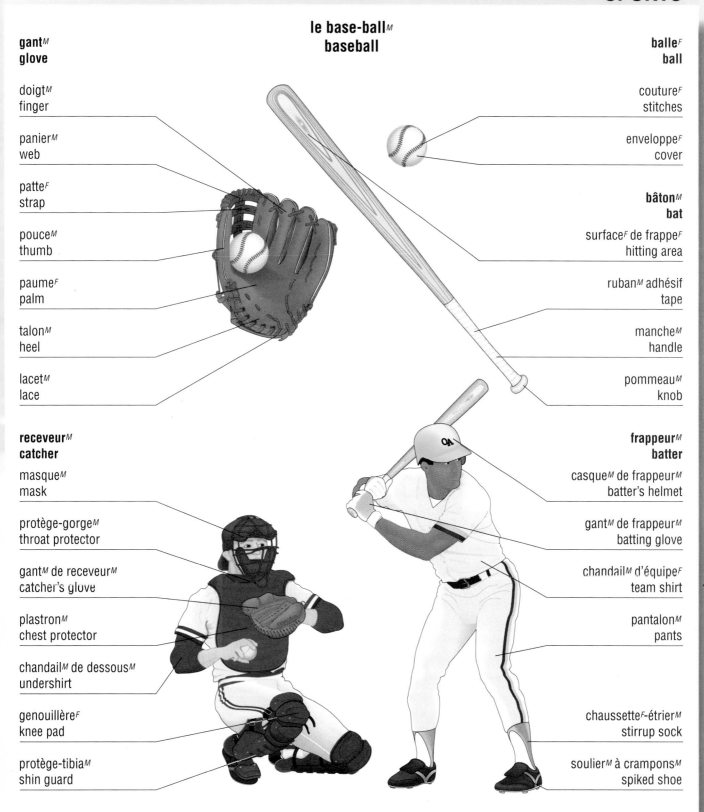

le base-ballM
baseball

gantM
glove

doigtM
finger

panierM
web

patteF
strap

pouceM
thumb

paumeF
palm

talonM
heel

lacetM
lace

balleF
ball

coutureF
stitches

enveloppeF
cover

bâtonM
bat

surfaceF de frappeF
hitting area

rubanM adhésif
tape

mancheM
handle

pommeauM
knob

receveurM
catcher

masqueM
mask

protège-gorgeM
throat protector

gantM de receveurM
catcher's glove

plastronM
chest protector

chandailM de dessousM
undershirt

genouillèreF
knee pad

protège-tibiaM
shin guard

frappeurM
batter

casqueM de frappeurM
batter's helmet

gantM de frappeurM
batting glove

chandailM d'équipeF
team shirt

pantalonM
pants

chaussetteF-étrierM
stirrup sock

soulierM à cramponsM
spiked shoe

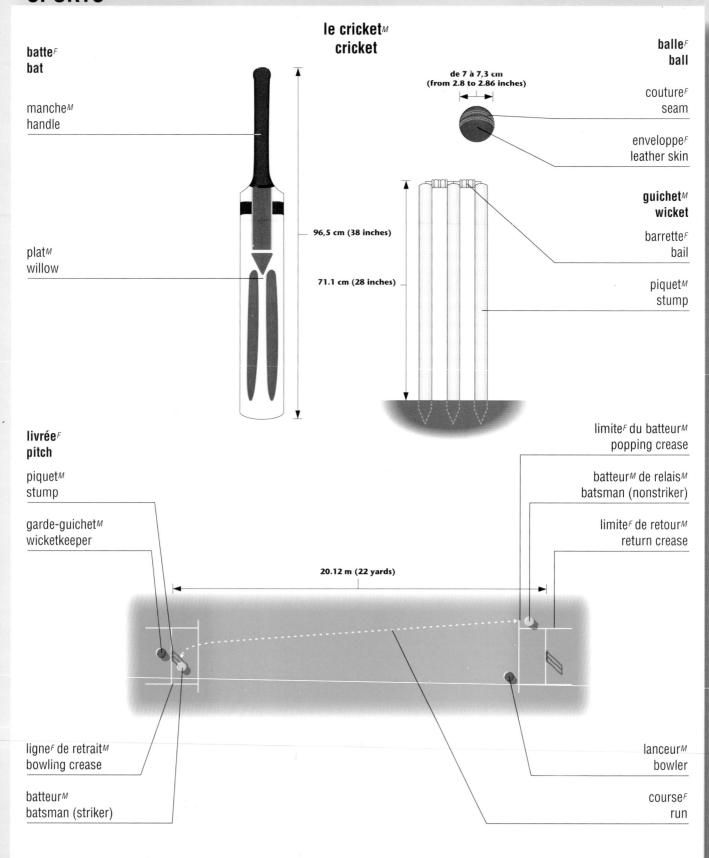

le cricket M
cricket

batte F
bat

manche M
handle

plat M
willow

96,5 cm (38 inches)

71.1 cm (28 inches)

balle F
ball

de 7 à 7,3 cm
(from 2.8 to 2.86 inches)

couture F
seam

enveloppe F
leather skin

guichet M
wicket

barrette F
bail

piquet M
stump

livrée F
pitch

piquet M
stump

garde-guichet M
wicketkeeper

ligne F de retrait M
bowling crease

batteur M
batsman (striker)

20.12 m (22 yards)

limite F du batteur M
popping crease

batteur M de relais M
batsman (nonstriker)

limite F de retour M
return crease

lanceur M
bowler

course F
run

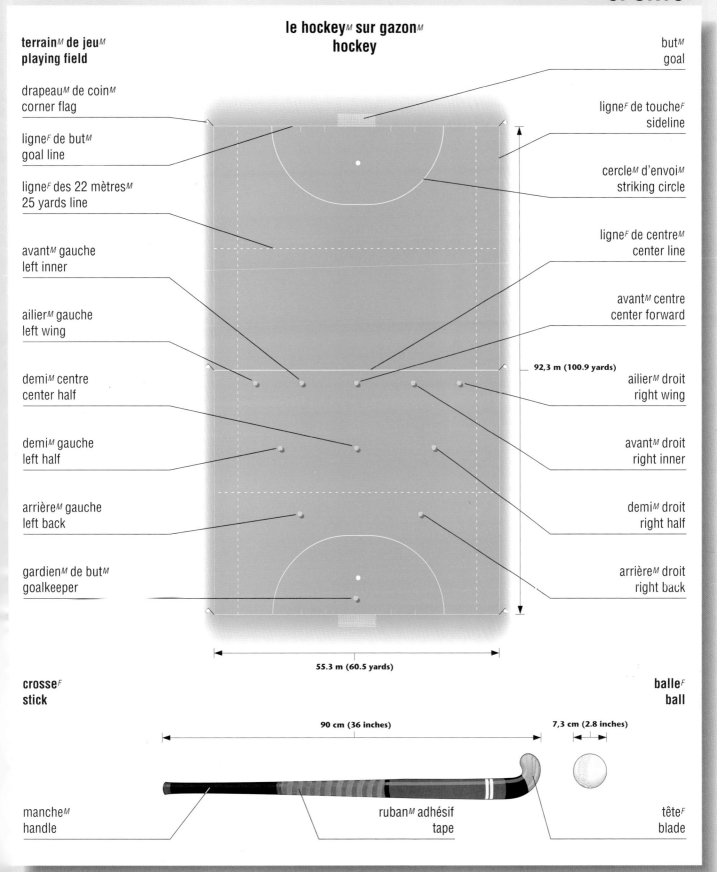

le hockey^M sur gazon^M
hockey

terrain^M de jeu^M
playing field

drapeau^M de coin^M
corner flag

ligne^F de but^M
goal line

ligne^F des 22 mètres^M
25 yards line

avant^M gauche
left inner

ailier^M gauche
left wing

demi^M centre
center half

demi^M gauche
left half

arrière^M gauche
left back

gardien^M de but^M
goalkeeper

but^M
goal

ligne^F de touche^F
sideline

cercle^M d'envoi^M
striking circle

ligne^F de centre^M
center line

avant^M centre
center forward

ailier^M droit
right wing

avant^M droit
right inner

demi^M droit
right half

arrière^M droit
right back

92,3 m (100.9 yards)

55.3 m (60.5 yards)

crosse^F
stick

balle^F
ball

90 cm (36 inches)

7,3 cm (2.8 inches)

manche^M
handle

ruban^M adhésif
tape

tête^F
blade

le hockey^M sur glace^F
ice hockey

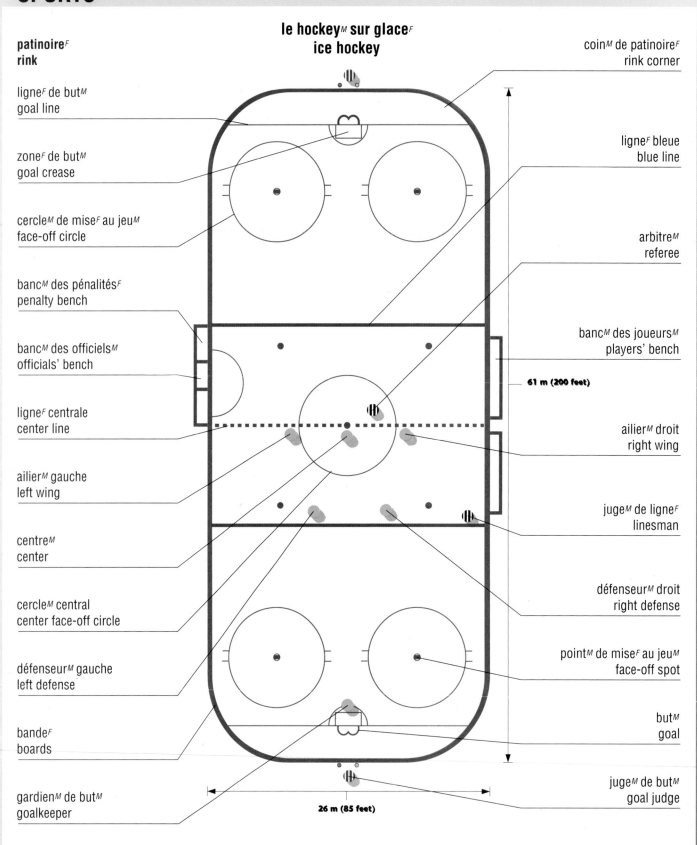

patinoire^F
rink

ligne^F de but^M
goal line

zone^F de but^M
goal crease

cercle^M de mise^F au jeu^M
face-off circle

banc^M des pénalités^F
penalty bench

banc^M des officiels^M
officials' bench

ligne^F centrale
center line

ailier^M gauche
left wing

centre^M
center

cercle^M central
center face-off circle

défenseur^M gauche
left defense

bande^F
boards

gardien^M de but^M
goalkeeper

coin^M de patinoire^F
rink corner

ligne^F bleue
blue line

arbitre^M
referee

banc^M des joueurs^M
players' bench

61 m (200 feet)

ailier^M droit
right wing

juge^M de ligne^F
linesman

défenseur^M droit
right defense

point^M de mise^F au jeu^M
face-off spot

but^M
goal

juge^M de but^M
goal judge

26 m (85 feet)

le hockey^M sur glace^F
ice hockey

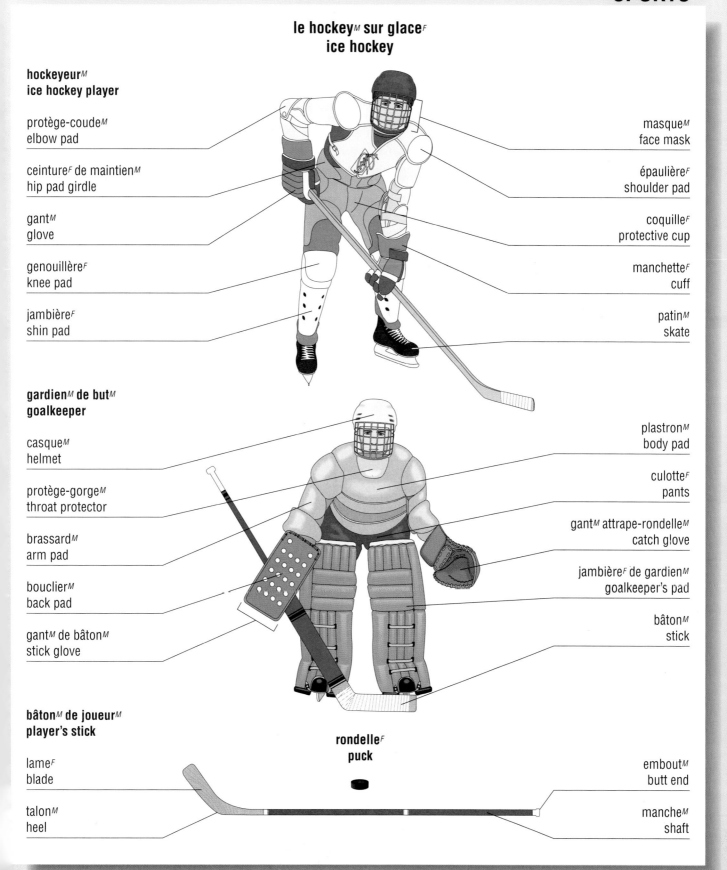

hockeyeur^M
ice hockey player

protège-coude^M
elbow pad

ceinture^F de maintien^M
hip pad girdle

gant^M
glove

genouillère^F
knee pad

jambière^F
shin pad

masque^M
face mask

épaulière^F
shoulder pad

coquille^F
protective cup

manchette^F
cuff

patin^M
skate

gardien^M de but^M
goalkeeper

casque^M
helmet

protège-gorge^M
throat protector

brassard^M
arm pad

bouclier^M
back pad

gant^M de bâton^M
stick glove

plastron^M
body pad

culotte^F
pants

gant^M attrape-rondelle^M
catch glove

jambière^F de gardien^M
goalkeeper's pad

bâton^M
stick

bâton^M de joueur^M
player's stick

rondelle^F
puck

lame^F
blade

talon^M
heel

embout^M
butt end

manche^M
shaft

le patinageM
skating

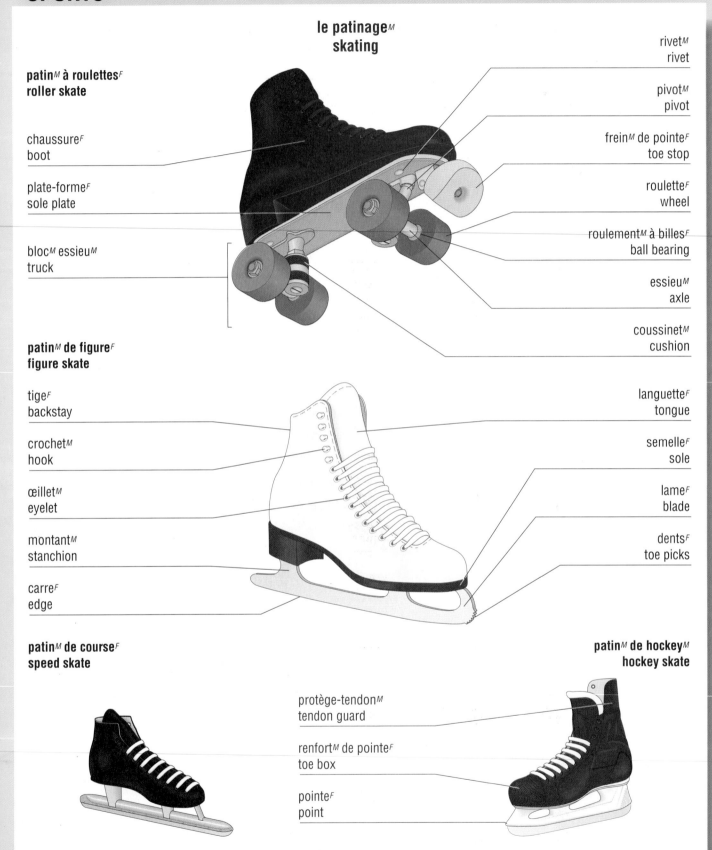

patinM **à roulettes**F
roller skate

chaussure**F**
boot

plate-forme**F**
sole plate

bloc**M** essieu**M**
truck

rivet**M**
rivet

pivot**M**
pivot

frein**M** de pointe**F**
toe stop

roulette**F**
wheel

roulement**M** à billes**F**
ball bearing

essieu**M**
axle

coussinet**M**
cushion

patinM **de figure**F
figure skate

tige**F**
backstay

crochet**M**
hook

œillet**M**
eyelet

montant**M**
stanchion

carre**F**
edge

languette**F**
tongue

semelle**F**
sole

lame**F**
blade

dents**F**
toe picks

patinM **de course**F
speed skate

patinM **de hockey**M
hockey skate

protège-tendon**M**
tendon guard

renfort**M** de pointe**F**
toe box

pointe**F**
point

le basket-ball^M
basketball

terrain^M de jeu^M
playing field

panier^M
basket

couloir^M de lancer^M franc
free-throw lane

banc^M des joueurs^M
players' bench

chronométreur^M
timekeeper

chronométreur^M des 30 secondes^F
clock operator

marqueur^M
scorer

avant^M gauche
left forward

centre^M
center

arrière^M gauche
left guard

ligne^F de lancer^M franc
free-throw line

ligne^F de fond^M
end line

zone^F réservée
restricted area

ligne^F de touche^F
sideline

demi-cercle^M
semicircle

cercle^M central
center circle

avant^M droit
right forward

ligne^F médiane
center line

28 m (91 feet 5 inches)

arbitre^M
referee

cercle^M restrictif
restricting circle

aide^M-arbitre^M
referee

arrière^M droit
right guard

deuxième espace^M
second space

premier espace^M
first space

15 m (49 feet 2 inches)

panier^M
basket

panneau^M
backboard

anneau^M
rim

filet^M
net

ballon^M
basketball

de 75 à 78 cm
(from 9.4 to 9.5 inches)

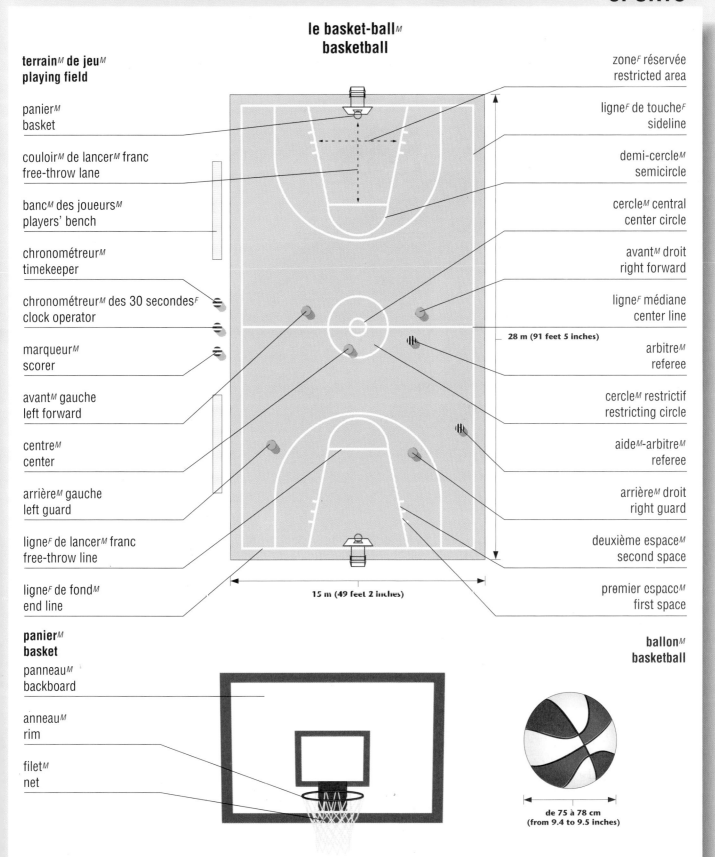

le tennis^M
tennis

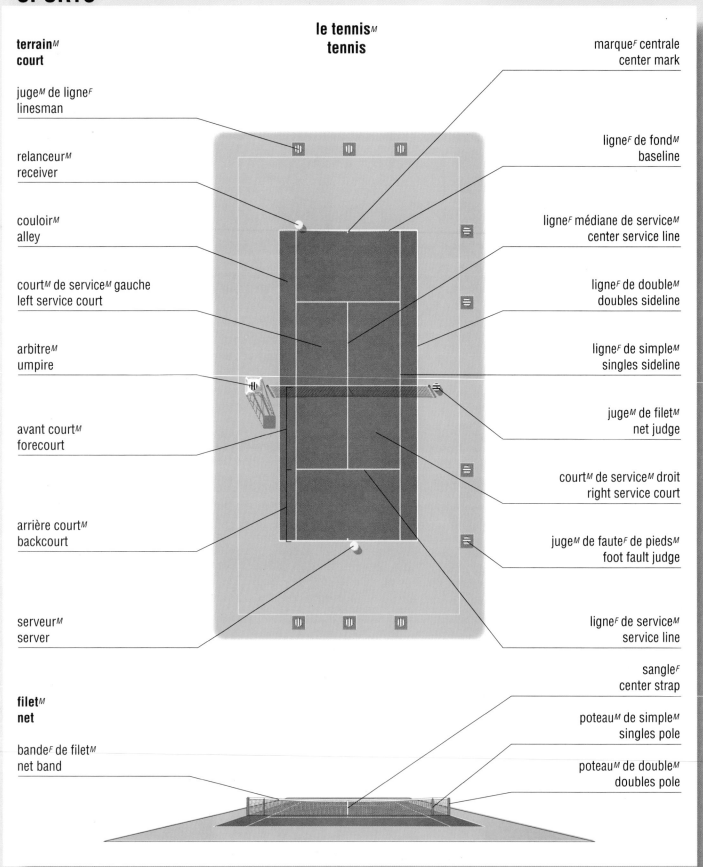

terrain^M
court

juge^M de ligne^F
linesman

relanceur^M
receiver

couloir^M
alley

court^M de service^M gauche
left service court

arbitre^M
umpire

avant court^M
forecourt

arrière court^M
backcourt

serveur^M
server

filet^M
net

bande^F de filet^M
net band

marque^F centrale
center mark

ligne^F de fond^M
baseline

ligne^F médiane de service^M
center service line

ligne^F de double^M
doubles sideline

ligne^F de simple^M
singles sideline

juge^M de filet^M
net judge

court^M de service^M droit
right service court

juge^M de faute^F de pieds^M
foot fault judge

ligne^F de service^M
service line

sangle^F
center strap

poteau^M de simple^M
singles pole

poteau^M de double^M
doubles pole

le tennis*M*
tennis

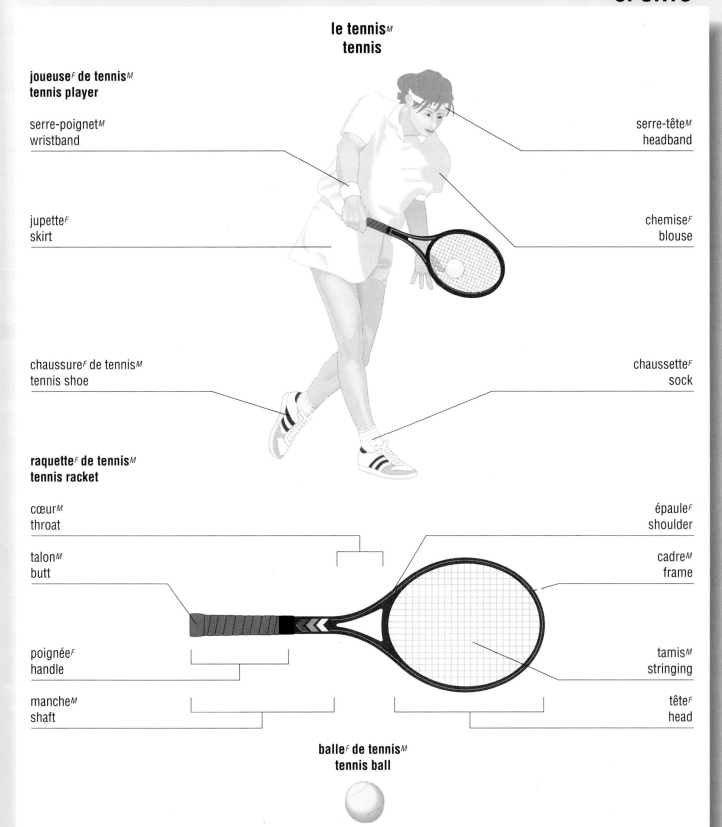

joueuse*F* de tennis*M*
tennis player

serre-poignet*M*
wristband

serre-tête*M*
headband

jupette*F*
skirt

chemise*F*
blouse

chaussure*F* de tennis*M*
tennis shoe

chaussette*F*
sock

raquette*F* de tennis*M*
tennis racket

cœur*M*
throat

épaule*F*
shoulder

talon*M*
butt

cadre*M*
frame

poignée*F*
handle

tamis*M*
stringing

manche*M*
shaft

tête*F*
head

balle*F* de tennis*M*
tennis ball

le ski^M alpin
alpine skiing

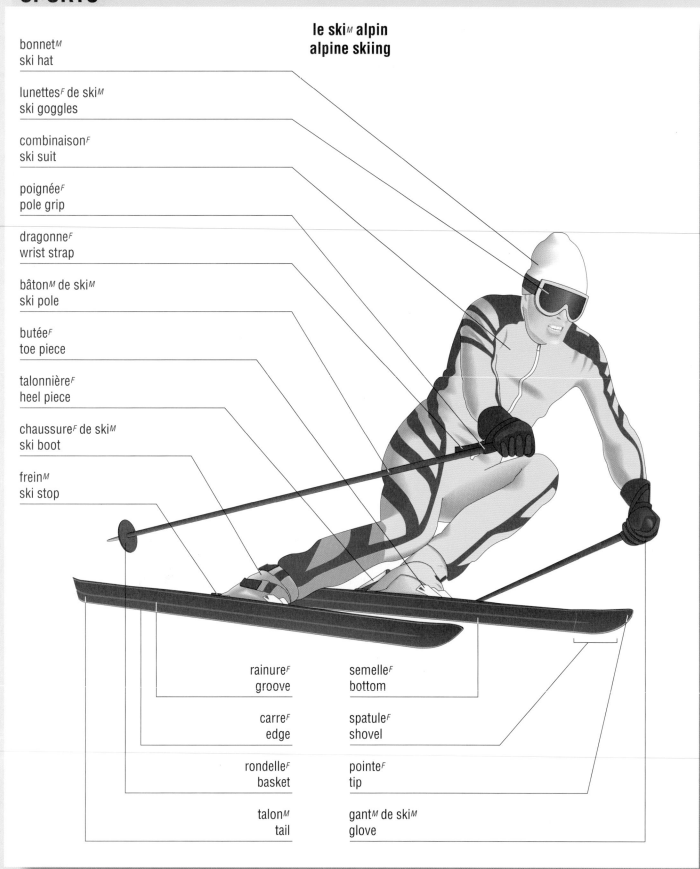

bonnet^M
ski hat

lunettes^F de ski^M
ski goggles

combinaison^F
ski suit

poignée^F
pole grip

dragonne^F
wrist strap

bâton^M de ski^M
ski pole

butée^F
toe piece

talonnière^F
heel piece

chaussure^F de ski^M
ski boot

frein^M
ski stop

rainure^F
groove

semelle^F
bottom

carre^F
edge

spatule^F
shovel

rondelle^F
basket

pointe^F
tip

talon^M
tail

gant^M de ski^M
glove

le skiᴹ **de fond**ᴹ
cross-country skiing

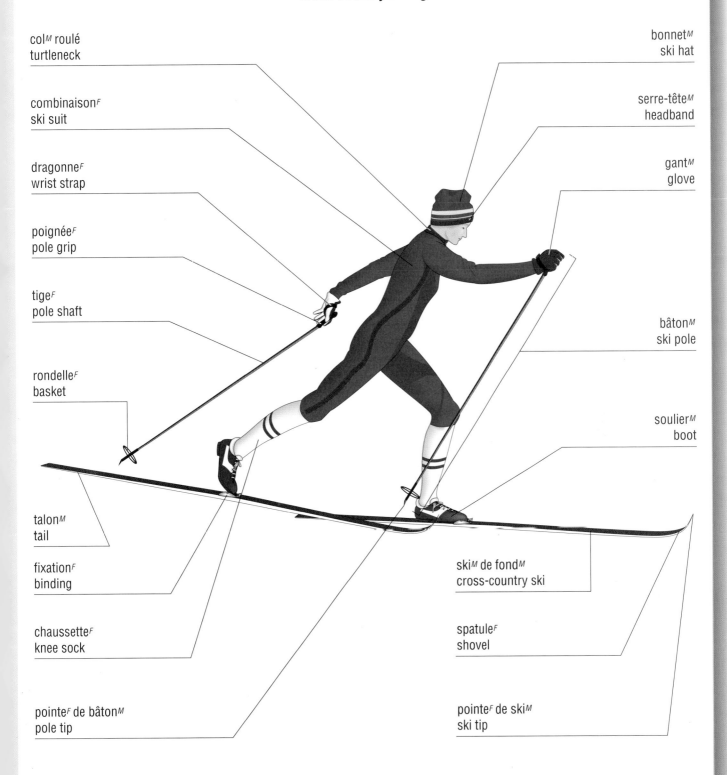

col ᴹ roulé
turtleneck

combinaison ᶠ
ski suit

dragonne ᶠ
wrist strap

poignée ᶠ
pole grip

tige ᶠ
pole shaft

rondelle ᶠ
basket

talon ᴹ
tail

fixation ᶠ
binding

chaussette ᶠ
knee sock

pointe ᶠ de bâton ᴹ
pole tip

bonnet ᴹ
ski hat

serre-tête ᴹ
headband

gant ᴹ
glove

bâton ᴹ
ski pole

soulier ᴹ
boot

ski ᴹ de fond ᴹ
cross-country ski

spatule ᶠ
shovel

pointe ᶠ de ski ᴹ
ski tip

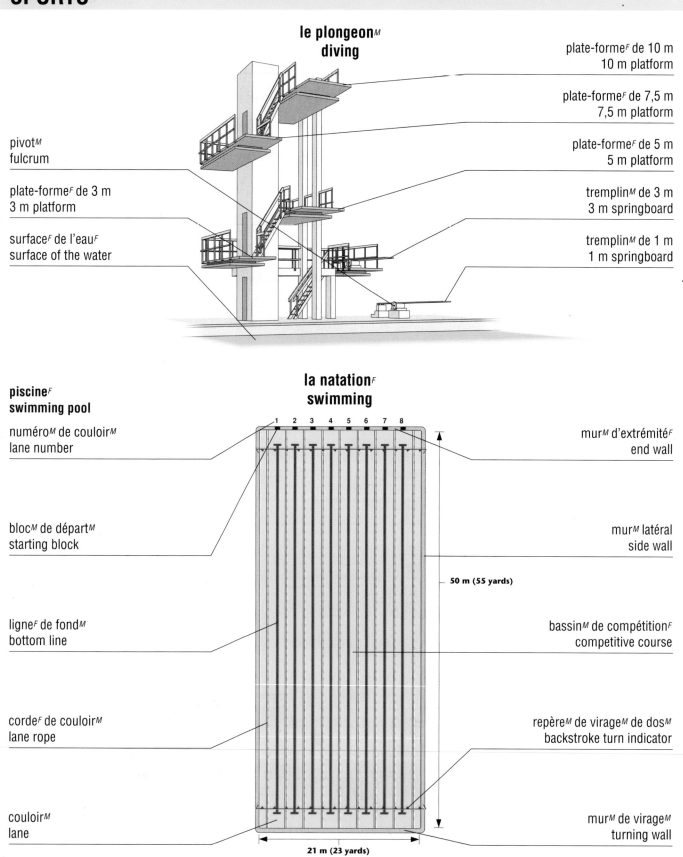

le plongeon^M
diving

plate-forme^F de 10 m
10 m platform

plate-forme^F de 7,5 m
7,5 m platform

pivot^M
fulcrum

plate-forme^F de 5 m
5 m platform

plate-forme^F de 3 m
3 m platform

tremplin^M de 3 m
3 m springboard

surface^F de l'eau^F
surface of the water

tremplin^M de 1 m
1 m springboard

la natation^F
swimming

piscine^F
swimming pool

numéro^M de couloir^M
lane number

mur^M d'extrémité^F
end wall

bloc^M de départ^M
starting block

mur^M latéral
side wall

50 m (55 yards)

ligne^F de fond^M
bottom line

bassin^M de compétition^F
competitive course

corde^F de couloir^M
lane rope

repère^M de virage^M de dos^M
backstroke turn indicator

couloir^M
lane

mur^M de virage^M
turning wall

21 m (23 yards)

la plongéeF **sous-marine**
skin diving

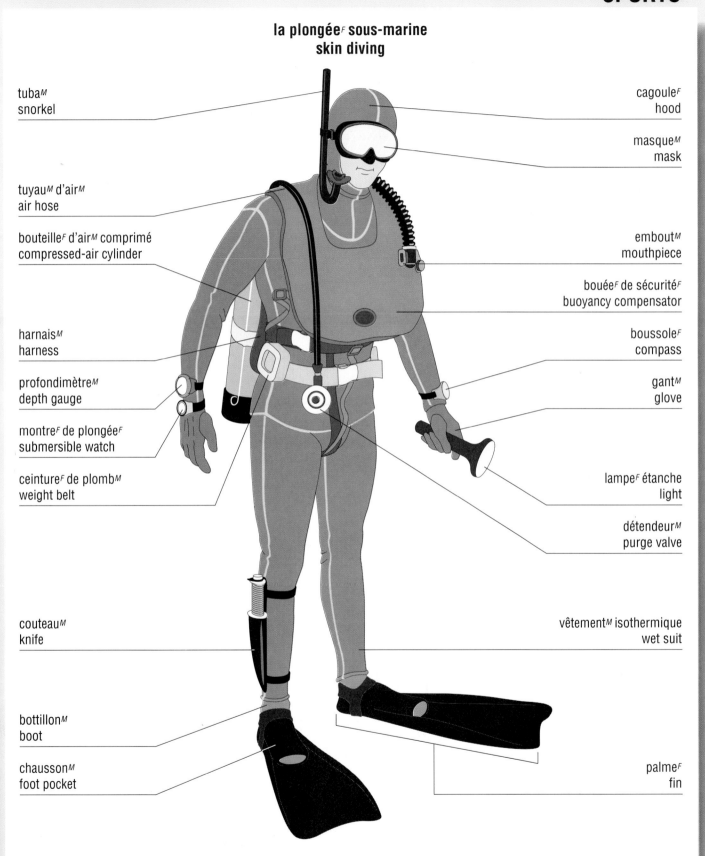

tuba*M*
snorkel

tuyau*M* d'air*M*
air hose

bouteille*F* d'air*M* comprimé
compressed-air cylinder

harnais*M*
harness

profondimètre*M*
depth gauge

montre*F* de plongée*F*
submersible watch

ceinture*F* de plomb*M*
weight belt

couteau*M*
knife

bottillon*M*
boot

chausson*M*
foot pocket

cagoule*F*
hood

masque*M*
mask

embout*M*
mouthpiece

bouée*F* de sécurité*F*
buoyancy compensator

boussole*F*
compass

gant*M*
glove

lampe*F* étanche
light

détendeur*M*
purge valve

vêtement*M* isothermique
wet suit

palme*F*
fin

la planche^F à voile^F
sailboard

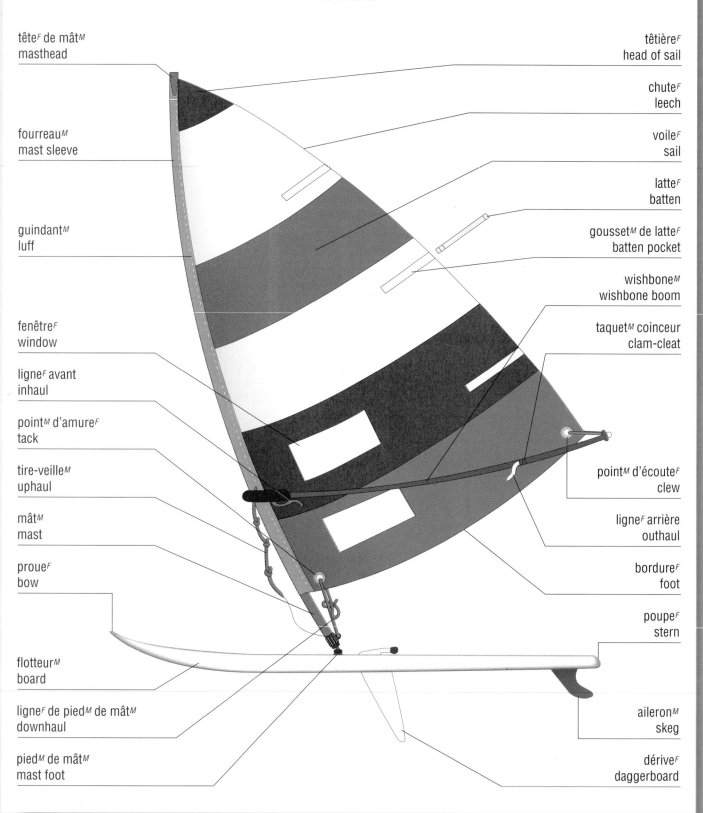

tête^F de mât^M
masthead

fourreau^M
mast sleeve

guindant^M
luff

fenêtre^F
window

ligne^F avant
inhaul

point^M d'amure^F
tack

tire-veille^M
uphaul

mât^M
mast

proue^F
bow

flotteur^M
board

ligne^F de pied^M de mât^M
downhaul

pied^M de mât^M
mast foot

têtière^F
head of sail

chute^F
leech

voile^F
sail

latte^F
batten

gousset^M de latte^F
batten pocket

wishbone^M
wishbone boom

taquet^M coinceur
clam-cleat

point^M d'écoute^F
clew

ligne^F arrière
outhaul

bordure^F
foot

poupe^F
stern

aileron^M
skeg

dérive^F
daggerboard

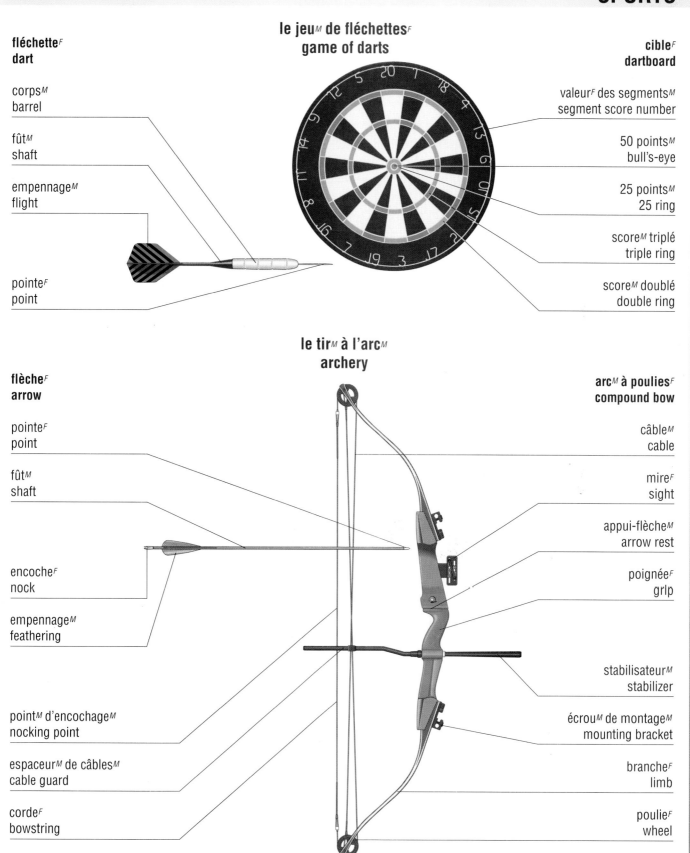

le jeuM **de fléchettes**F
game of darts

fléchetteF
dart

corps M
barrel

fût M
shaft

empennage M
flight

pointe F
point

cibleF
dartboard

valeur F des segments M
segment score number

50 points M
bull's-eye

25 points M
25 ring

score M triplé
triple ring

score M doublé
double ring

le tirM **à l'arc**M
archery

flècheF
arrow

pointe F
point

fût M
shaft

encoche F
nock

empennage M
feathering

point M d'encochage M
nocking point

espaceur M de câbles M
cable guard

corde F
bowstring

arcM **à poulies**F
compound bow

câble M
cable

mire F
sight

appui-flèche M
arrow rest

poignée F
grlp

stabilisateur M
stabilizer

écrou M de montage M
mounting bracket

branche F
limb

poulie F
wheel

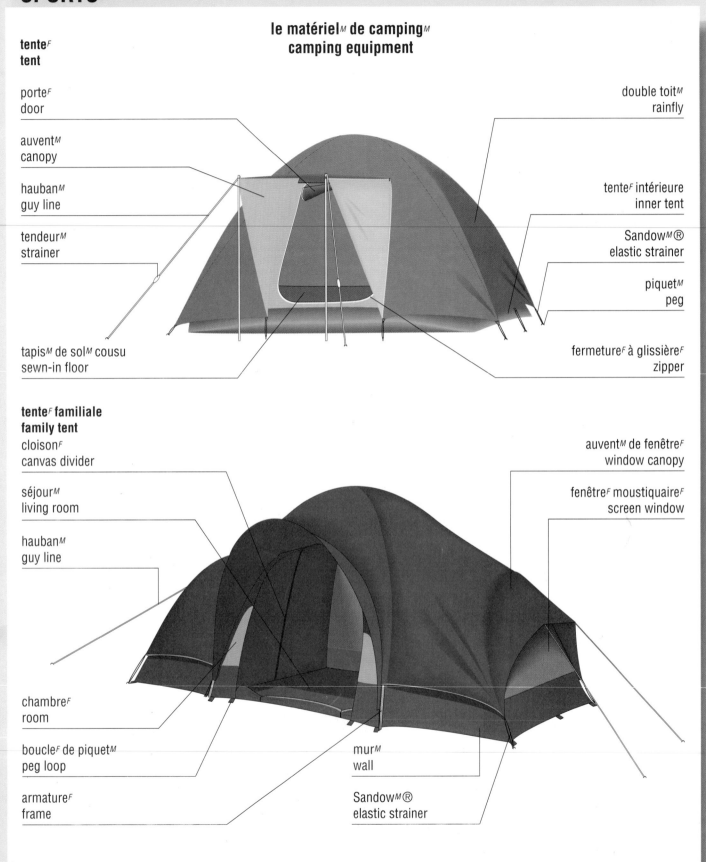

le matériel*M* de camping*M*
camping equipment

tente*F*
tent

porte*F*
door

auvent*M*
canopy

hauban*M*
guy line

tendeur*M*
strainer

tapis*M* de sol*M* cousu
sewn-in floor

double toit*M*
rainfly

tente*F* intérieure
inner tent

Sandow*M*®
elastic strainer

piquet*M*
peg

fermeture*F* à glissière*F*
zipper

tente*F* familiale
family tent

cloison*F*
canvas divider

séjour*M*
living room

hauban*M*
guy line

chambre*F*
room

boucle*F* de piquet*M*
peg loop

armature*F*
frame

auvent*M* de fenêtre*F*
window canopy

fenêtre*F* moustiquaire*F*
screen window

mur*M*
wall

Sandow*M*®
elastic strainer

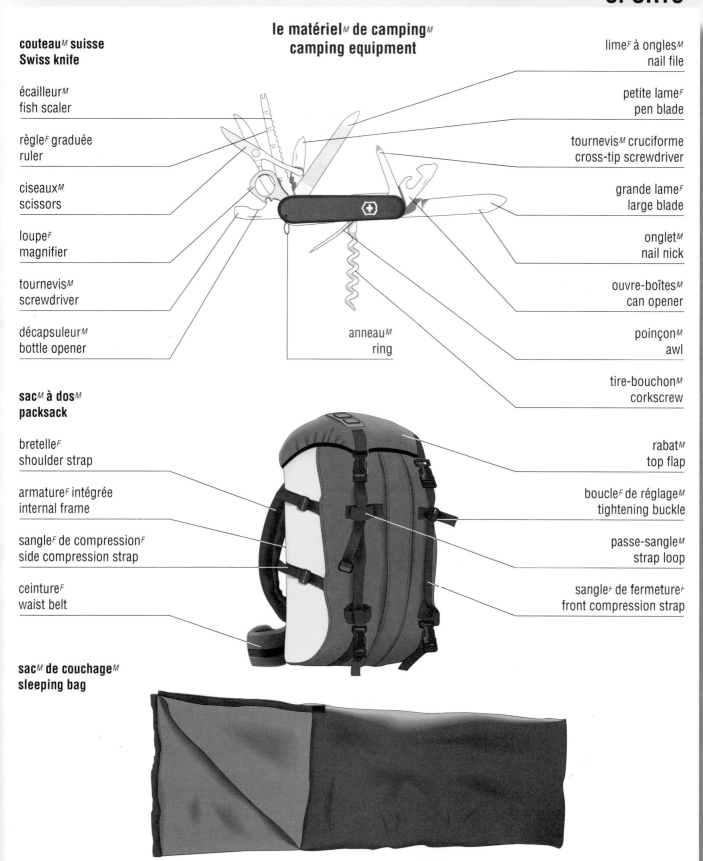

le matériel^M de camping^M
camping equipment

couteau^M suisse
Swiss knife

écailleur^M
fish scaler

règle^F graduée
ruler

ciseaux^M
scissors

loupe^F
magnifier

tournevis^M
screwdriver

décapsuleur^M
bottle opener

lime^F à ongles^M
nail file

petite lame^F
pen blade

tournevis^M cruciforme
cross-tip screwdriver

grande lame^F
large blade

onglet^M
nail nick

ouvre-boîtes^M
can opener

poinçon^M
awl

tire-bouchon^M
corkscrew

anneau^M
ring

sac^M à dos^M
packsack

bretelle^F
shoulder strap

armature^F intégrée
internal frame

sangle^F de compression^F
side compression strap

ceinture^F
waist belt

rabat^M
top flap

boucle^F de réglage^M
tightening buckle

passe-sangle^M
strap loop

sangle^F de fermeture^F
front compression strap

sac^M de couchage^M
sleeping bag

les jeux^M
indoor games

le jacquet^M
backgammon

jan^M extérieur
outer table

jan^M intérieur
inner table

dé^M doubleur
doubling die

cornet^M à dés^M
dice cup

Blancs^M
White

dé^M
die

Noirs^M
Black

cloison^F
bar

dames^F
men

postillon^M
runner

flèche^F
point

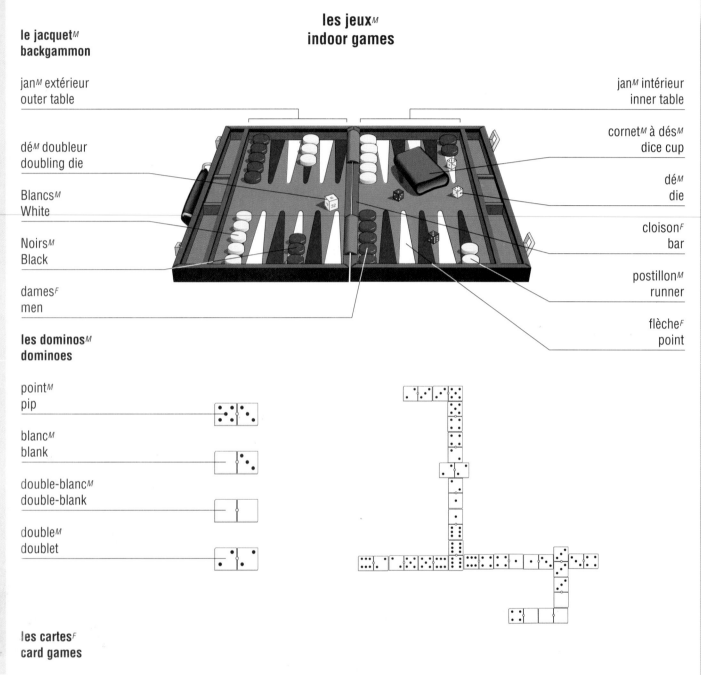

les dominos^M
dominoes

point^M
pip

blanc^M
blank

double-blanc^M
double-blank

double^M
doublet

les cartes^F
card games

Joker^M
Joker

As^M
Ace

Roi^M
King

Dame^F
Queen

Valet^M
Jack

carreau^M
diamond

cœur^M
heart

pique^M
spade

trèfle^M
club

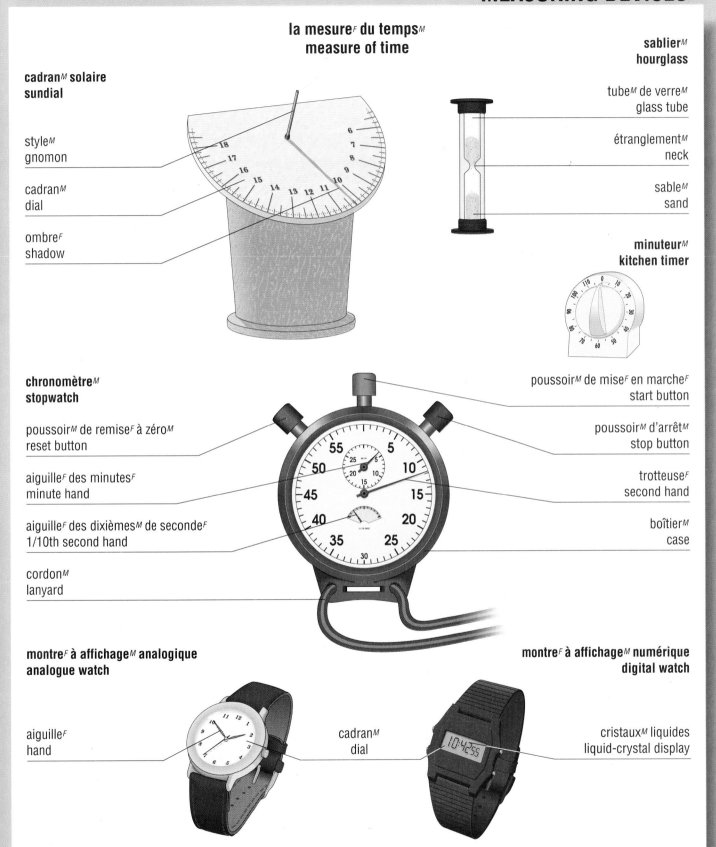

la mesureF **du temps**M
measure of time

cadranM **solaire**
sundial

style M
gnomon

cadran M
dial

ombre F
shadow

sablierM
hourglass

tube M de verre M
glass tube

étranglement M
neck

sable M
sand

minuteurM
kitchen timer

chronomètreM
stopwatch

poussoir M de remise F à zéro M
reset button

aiguille F des minutes F
minute hand

aiguille F des dixièmes M de seconde F
1/10th second hand

cordon M
lanyard

poussoir M de mise F en marche F
start button

poussoir M d'arrêt M
stop button

trotteuse F
second hand

boîtier M
case

montreF **à affichage**M **analogique**
analogue watch

aiguille F
hand

cadran M
dial

montreF **à affichage**M **numérique**
digital watch

cristaux M liquides
liquid-crystal display

LES APPAREILS DE MESURE
MEASURING DEVICES

la mesure^F de la masse^F
measure of weight

balance^F de Roberval
Roberval's balance

cadran^M
dial

aiguille^F
pointer

plateau^M
pan

fléau^M
beam

socle^M
base

balance^F électronique
electronic scales

afficheur^M
display

plateau^M
platform

touche^F de fonction^F
function keys

poids^M
weight

prix^M à l'unité^F
unit price

prix^M à payer
total

clavier^M numérique
numeric keyboard

code^M des produits^M
product codes

étiquette^F
ticket

pèse-personne^M
bathroom scales

plate-forme^F
weighing platform

afficheur^M
display

la mesure*F* de la température*F*
measure of temperature

thermomètre*M*
thermometer

échelle*F* Fahrenheit
Fahrenheit scale

échelle*F* Celsius
Celsius scale

°F
F degrees

°C
C degrees

colonne*F* de mercure*M*
mercury column

réservoir*M*
bulb

thermomètre*M* **médical**
clinical thermometer

chambre*F* d'expansion*F*
expansion chamber

tige*F*
stem

tube*M* capillaire
capillary bore

graduation*F*
scale

étranglement*M*
constriction

réservoir*M* de mercure*M*
mercury bulb

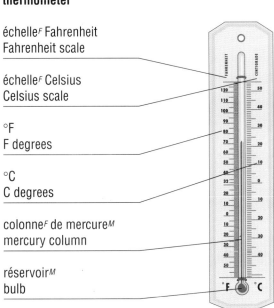

thermostat*M* **d'ambiance***F*
room thermostat

température*F* désirée
desired temperature

bouton*M* de réglage*M* de la température*F*
temperature set point knob

aiguille*F*
pointer

couvercle*M*
cover

socle*M*
backplate

température*F* réelle
actual temperature

la mesure*F* de la longueur*F*
measure of length

mètre*M* **à ruban***M*
tape measure

boîtier*M*
case

bouton*M* de blocage*M*
tape lock

ruban*M*
tape

crochet*M*
hook

la mesure*F* de la distance*F*
measure of distance

podomètre*M*
pedometer

pince*F*
clip

réglage*M* du pas*M*
step setting

aiguille*F*
pointer

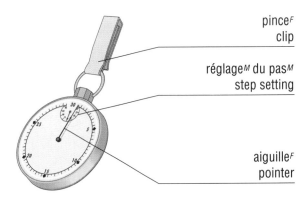

LES APPAREILS DE VISION
OPTICAL INSTRUMENTS

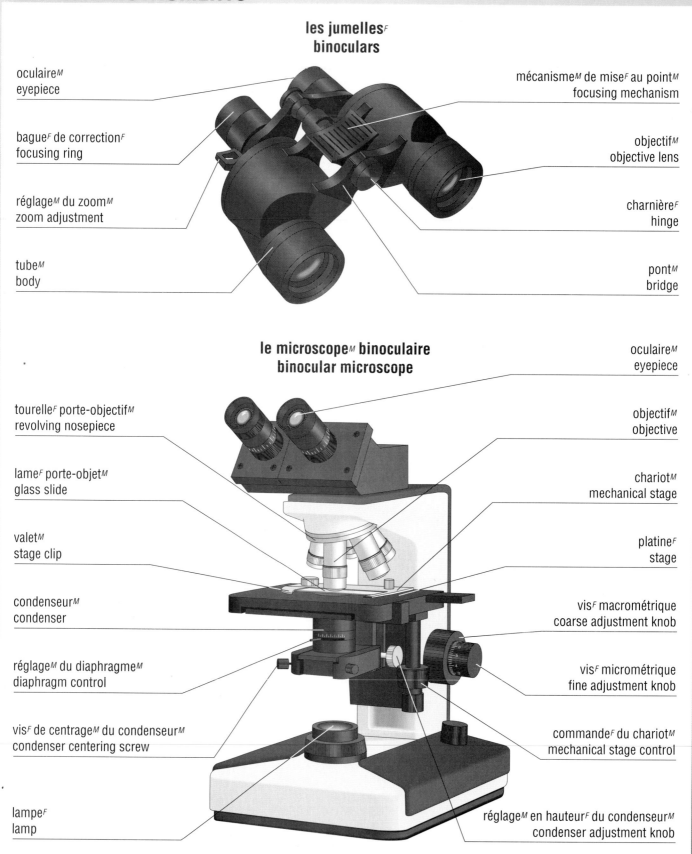

les jumelles^F
binoculars

oculaire^M
eyepiece

bague^F de correction^F
focusing ring

réglage^M du zoom^M
zoom adjustment

tube^M
body

mécanisme^M de mise^F au point^M
focusing mechanism

objectif^M
objective lens

charnière^F
hinge

pont^M
bridge

le microscope^M binoculaire
binocular microscope

oculaire^M
eyepiece

tourelle^F porte-objectif^M
revolving nosepiece

lame^F porte-objet^M
glass slide

valet^M
stage clip

condenseur^M
condenser

réglage^M du diaphragme^M
diaphragm control

vis^F de centrage^M du condenseur^M
condenser centering screw

lampe^F
lamp

objectif^M
objective

chariot^M
mechanical stage

platine^F
stage

vis^F macrométrique
coarse adjustment knob

vis^F micrométrique
fine adjustment knob

commande^F du chariot^M
mechanical stage control

réglage^M en hauteur^F du condenseur^M
condenser adjustment knob

le télescopeM
reflecting telescope

chercheurM
finder

mise F au point M
focusing knob

support M de fixation F
support

oculaire M
eyepiece

vis F de blocage M (azimut M)
azimuth clamp

tube M
main tube

vis F de blocage M (latitude F)
altitude clamp

bride F de fixation F
cradle

oculaire M
eyepiece

lumière F
light

miroir M plan
flat mirror

miroir M primaire parabolique
main mirror

la lunette F astronomique
refracting telescope

oculaire M
eyepiece

pare-soleil M
dew cap

réglage M micrométrique (azimut M)
azimuth fine adjustment

contrepoids M
counterweight

réglage M micrométrique (latitude F)
altitude fine adjustment

trépied M
tripod

fourche F
fork

plateau M
tray

oculaire M
eyepiece

lentille F convergente
objective lens

tube M
main tube

lumière F
light

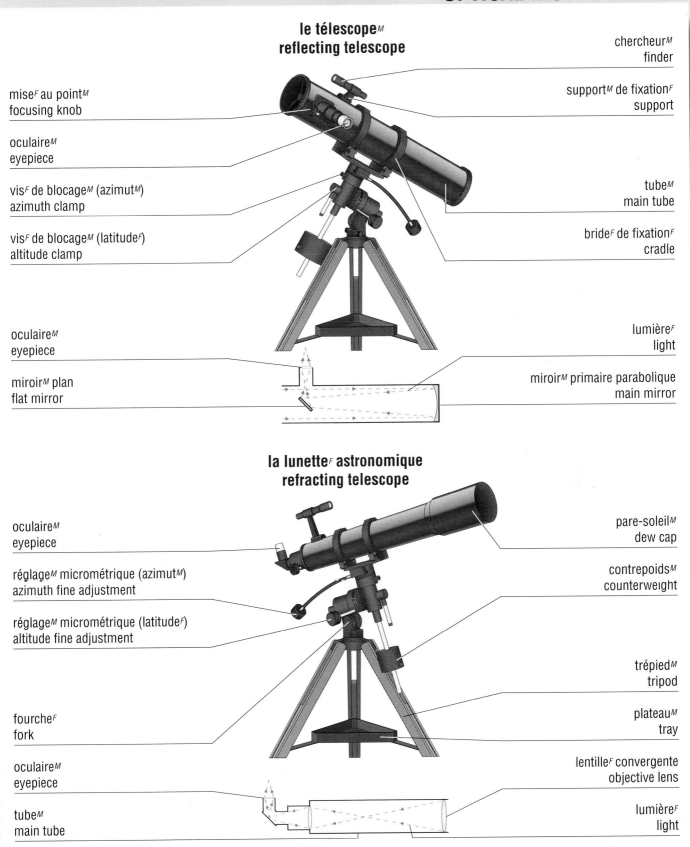

LES ENGINS ET MACHINES
HEAVY MACHINERY

les véhicules*M* d'incendie*M*
fire engines

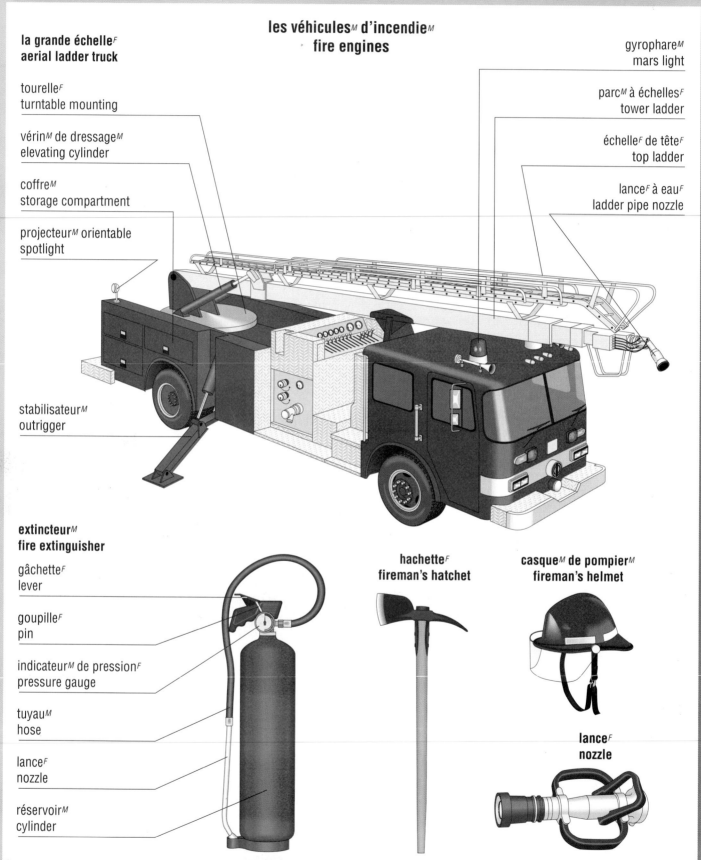

la grande échelle*F*
aerial ladder truck

tourelle*F*
turntable mounting

vérin*M* de dressage*M*
elevating cylinder

coffre*M*
storage compartment

projecteur*M* orientable
spotlight

stabilisateur*M*
outrigger

gyrophare*M*
mars light

parc*M* à échelles*F*
tower ladder

échelle*F* de tête*F*
top ladder

lance*F* à eau*F*
ladder pipe nozzle

extincteur*M*
fire extinguisher

gâchette*F*
lever

goupille*F*
pin

indicateur*M* de pression*F*
pressure gauge

tuyau*M*
hose

lance*F*
nozzle

réservoir*M*
cylinder

hachette*F*
fireman's hatchet

casque*M* de pompier*M*
fireman's helmet

lance*F*
nozzle

les véhicules^M d'incendie^M
fire engines

le fourgon-pompe^M
pumper

projecteur^M orientable
spotlight

volant^M de manœuvre^F
control wheel

lance^F-canon^M
deluge gun

pièce^F de jonction^F
fitting

lance^F
nozzle

panneau^M de commande^F
control panel

rampe^F de signalisation^F
light bar

tuyau^M d'aspiration^F
suction hose

corne^F de feu^M
horn

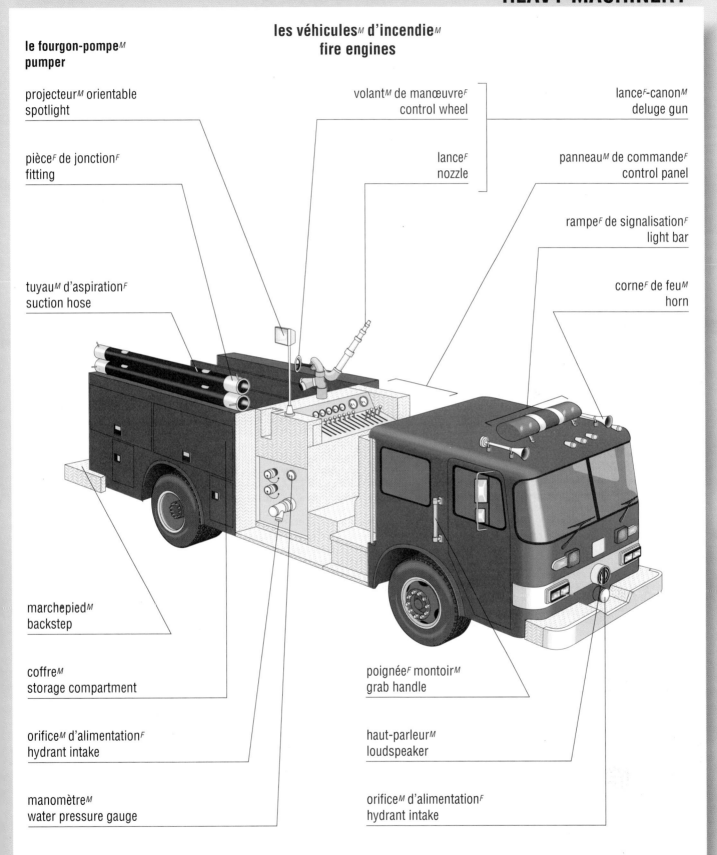

marchepied^M
backstep

coffre^M
storage compartment

poignée^F montoir^M
grab handle

orifice^M d'alimentation^F
hydrant intake

haut-parleur^M
loudspeaker

manomètre^M
water pressure gauge

orifice^M d'alimentation^F
hydrant intake

LES ENGINS ET MACHINES
HEAVY MACHINERY

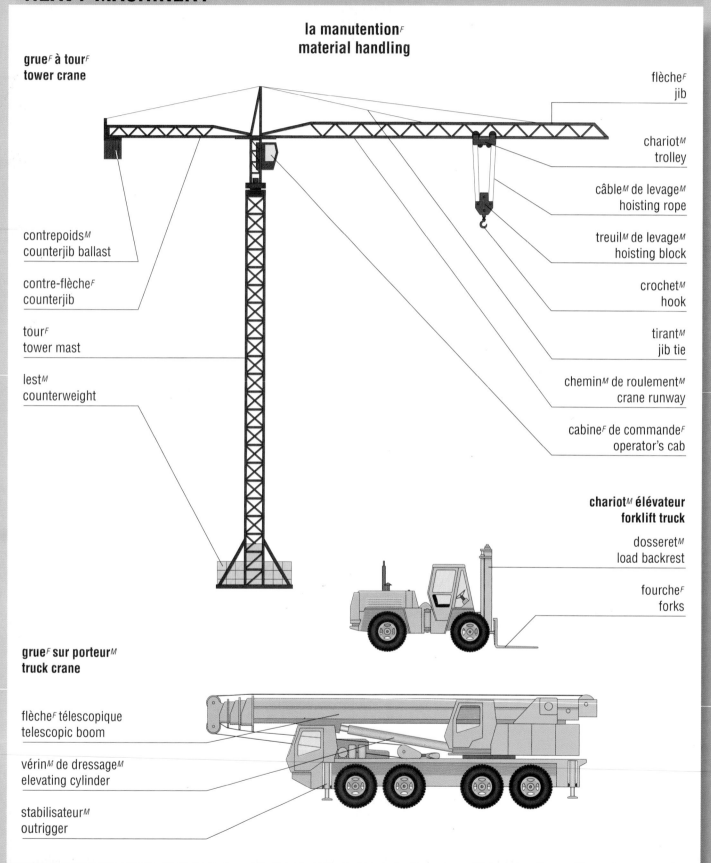

la manutentionF
material handling

grueF **à tour**F
tower crane

flèche**F
jib

chariot**M
trolley

contrepoids**M
counterjib ballast

câble**M de levage**M
hoisting rope

contre-flèche**F
counterjib

treuil**M de levage**M
hoisting block

crochet**M
hook

tour**F
tower mast

tirant**M
jib tie

lest**M
counterweight

chemin**M de roulement**M
crane runway

cabine**F de commande**F
operator's cab

chariotM **élévateur**
forklift truck

dosseret**M
load backrest

fourche**F
forks

grueF **sur porteur**M
truck crane

flèche**F télescopique
telescopic boom

vérin**M de dressage**M
elevating cylinder

stabilisateur**M
outrigger

le bouteurM
bulldozer

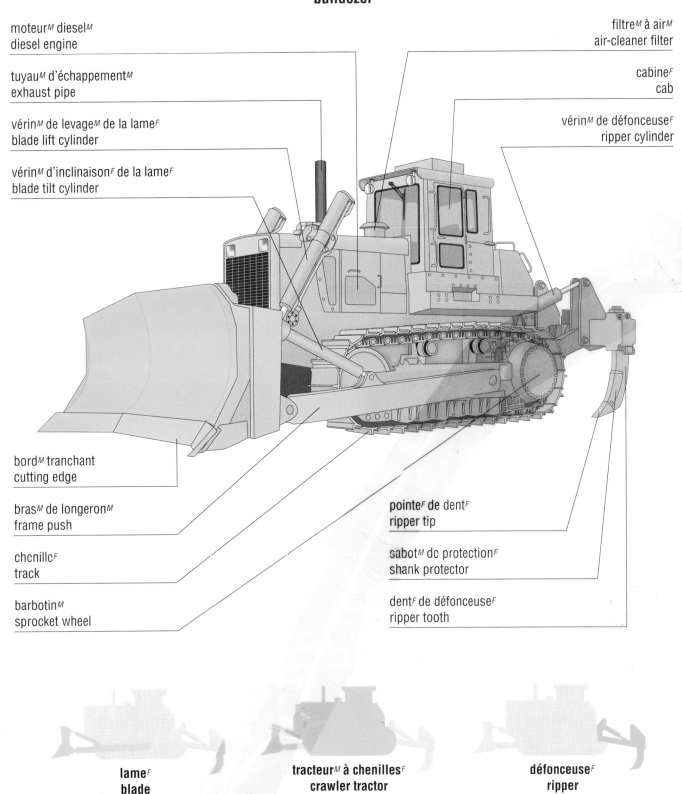

moteurM dieselM
diesel engine

tuyauM d'échappementM
exhaust pipe

vérinM de levageM de la lameF
blade lift cylinder

vérinM d'inclinaisonF de la lameF
blade tilt cylinder

bordM tranchant
cutting edge

brasM de longeronM
frame push

chcnillcF
track

barbotinM
sprocket wheel

filtreM à airM
air-cleaner filter

cabineF
cab

vérinM de défonceuseF
ripper cylinder

pointeF de dentF
ripper tip

sabotM dc protectionF
shank protector

dentF de défonceuseF
ripper tooth

lameF
blade

tracteurM **à chenilles**F
crawler tractor

défonceuseF
ripper

la chargeuse-pelleteuse[F]
wheel loader

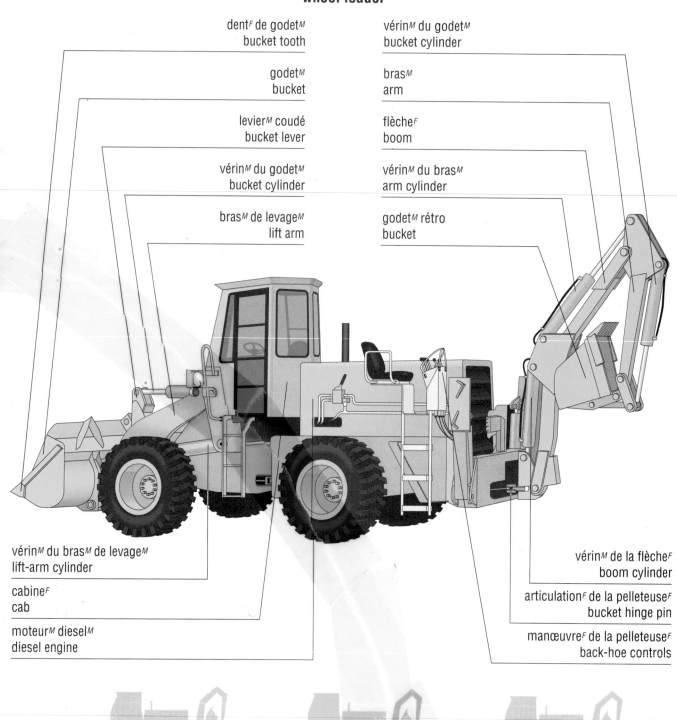

dent[F] de godet[M]
bucket tooth

vérin[M] du godet[M]
bucket cylinder

godet[M]
bucket

bras[M]
arm

levier[M] coudé
bucket lever

flèche[F]
boom

vérin[M] du godet[M]
bucket cylinder

vérin[M] du bras[M]
arm cylinder

bras[M] de levage[M]
lift arm

godet[M] rétro
bucket

vérin[M] du bras[M] de levage[M]
lift-arm cylinder

vérin[M] de la flèche[F]
boom cylinder

cabine[F]
cab

articulation[F] de la pelleteuse[F]
bucket hinge pin

moteur[M] diesel[M]
diesel engine

manœuvre[F] de la pelleteuse[F]
back-hoe controls

chargeuse[F] frontale
front-end loader

tracteur[M]
tractor

pelleteuse[F]
back-hoe

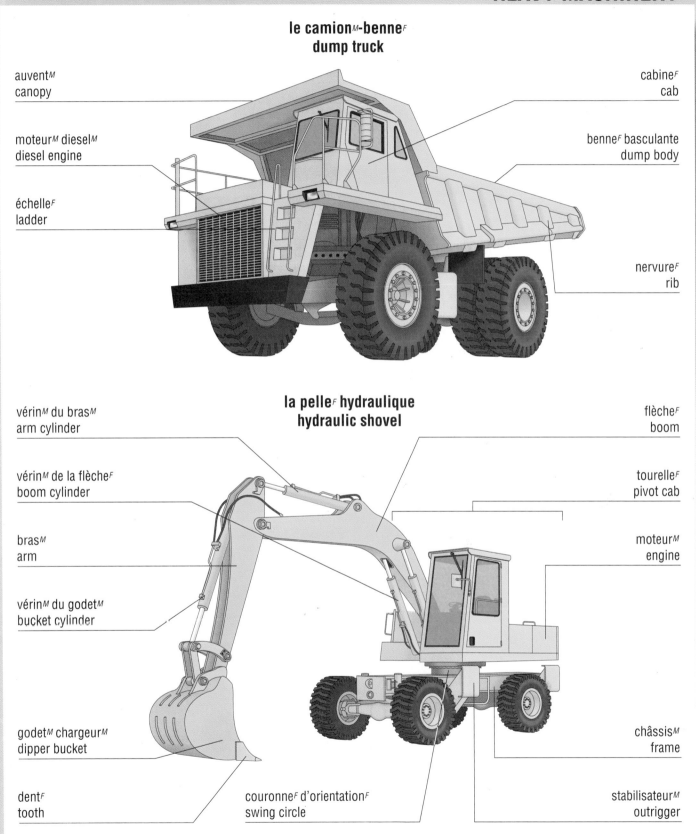

le camion^M-benne^F
dump truck

auvent^M
canopy

moteur^M diesel^M
diesel engine

échelle^F
ladder

cabine^F
cab

benne^F basculante
dump body

nervure^F
rib

la pelle^F hydraulique
hydraulic shovel

vérin^M du bras^M
arm cylinder

vérin^M de la flèche^F
boom cylinder

bras^M
arm

vérin^M du godet^M
bucket cylinder

godet^M chargeur^M
dipper bucket

dent^F
tooth

couronne^F d'orientation^F
swing circle

flèche^F
boom

tourelle^F
pivot cab

moteur^M
engine

châssis^M
frame

stabilisateur^M
outrigger

LES SYMBOLES
SYMBOLS

symboles*M* d'usage*M* courant
public signs

téléphone*M*
telephone

renseignements*M*
informations

handicapés*M*
handicapped

défense*F* de fumer
no smoking

toilettes*F*
toilets

poste*M* de carburant*M*
service station

restaurant*M*
restaurant

hôpital*M*
hospital

matières*F* toxiques
poison

matières*F* inflammables
flammable

matières*F* explosives
explosive

danger*M* électrique
electrical hazard

principaux signaux*M* routiers
major road signs

limitation*F* de vitesse*F*
speed limit

stationnement*M* interdit
no parking

sens*M* interdit
no entry

stop*M*
stop

direction*F* obligatoire
one-way traffic

piste*F* cyclable
bicycle lane

virage*M* à droite*F*
right turn

céder le passage*M*
yield

école*F*
school

annonce*F* de feux*M*
traffic lights

danger*M*
danger

passage*M* pour piétons*M*
pedestrian crossing

INDEX FRANÇAIS
ENGLISH INDEX

°C 143.
°F 143.
25 points(m) 137.
50 points(m) 137.

A

abat-jour(m) 63.
abattant(m) 60.
abdomen(m) 24, 25, 26.
abeille(f) 25.
abricot(m) 43.
accès(m) au garage(m) 56.
accotoir(m) 61.
addition(f) 74.
addition(f) en mémoire(f) 74.
aérateur(m) de toit(m) 93.
aérateur(m) latéral 93.
affichage(m) 74.
affichage(m) des données(f) 89.
afficheur(m) 142.
afficheur(m) prix(m) 96.
afficheur(m) totaliseur 96.
afficheur(m) volume(m) 96.
Afrique(f) 12.
agneau(m) 50.
agrafe(m) 72, 83.
agrafes(f) 73.
agrafeuse(f) 73.
agrumes(m) 44.
aide(m)-arbitre(m) 129.
aiguille(f) 13, 141, 142, 143.
aiguille(f) des dixièmes(m) de seconde(f) 141
aiguille(f) des minutes(f) 141.
aiguillon(m) 25.
ail(m) 41.
aile(f) 22, 24, 90, 104, 107.
aile(f) antérieure 24, 25.
aile(f) de quartier(m) 78.
aile(f) droite 119.
aile(f) du nez(m) 36.
aile(f) gauche 119.
aile(f) postérieure 24, 25.
aileron(m) 136.
ailier(m) défensif droit 120.
ailier(m) défensif gauche 120.
ailier(m) droit 118, 119, 125, 126.
ailier(m) éloigné 120.
ailier(m) gauche 118, 119, 125, 126.
ailier(m) rapproché 120.
aine(f) 31.
aire(f) de ravitaillement(m) 96.
airelle(f) 44.
alimentation(f) solaire 74.
allée(f) 51.
altérations(f) 112.
alto(m) 117.
alvéole(f) 25.
amande(f) 46.
amanite(f) tue-mouches 19.
amanite(f) vireuse 19.
Amérique(f) centrale 12.
Amérique(f) du Nord(m) 12.
Amérique(f) du Sud(m) 12.
amortisseur(m) 95.
amplificateur(m) 89.
ampoule(f) 63.
amygdale(f) 34.
analyseur(m) d'image(f) 89.
ananas(m) 45.
anche(f) 115.
ancre(f) 102.
animaux(m) de la ferme(f) 50.
animaux(m) sauvages 29, 30.
anneau(m) 19, 129, 139.
annonce(f) de feux(m) 152.
annulaire(m) 36.
anse(f) 53.
Antarctique(m) 12.
antenne(f) 24, 25, 26, 86, 90, 104, 111.
antenne(f) radar(m) 102, 103.
antenne(f) radio 103.
antennule(f) 26.
anthère(f) 17.
appareil(m) photographique 87.
appareils(m) électroménagers 68.
appartement(m) du commandant(m) 102.
applique(f) 63.
applique(f) d'extérieur(m) 56.

appui-flèche(m) 137.
arachide(f) 46.
arbalète(f) 109.
arbitre(m) 118, 120, 126, 129, 130.
arbitre(m) en chef(m) 120, 122.
arbre(m) de transmission(f) 105.
arbre(m), les parties(f) d'un 18.
arbrier(m) 109.
arbuste(m) 51.
arc(m) 97, 109.
arc(m) à poulies(f) 137.
arc(m) de cercle(m) 118.
arc-en-ciel(m) 15.
arceau(m) 51.
arche(f) naturelle 13.
archet(m) 114.
Arctique(m) 12.
arête(f) 14.
armature(f) 77, 138.
armature(f) de la clé(f) 112.
armature(f) intégrée 139.
armes(f) blanches 109.
armet(m) 108.
armure(f) 108.
arrache-clou(m) 75.
arrêt(m) 88.
arrêt-court(m) 122.
arrêtoir(m) de chargeur(m) 110.
arrière court(m) 130.
arrière(m) 119, 120.
arrière(m) central 118.
arrière(m) droit 118, 125, 129.
arrière(m) gauche 118, 125, 129.
arrière-champ(m) 122.
arroseur(m) rotatif 53.
arrosoir(m) 53.
artichaut(m) 41.
articulation(f) de la pelleteuse(f) 150.
As(m) 140.
Asie(f) 12.
asperge(f) 39.
assiette(f) à dessert(m) 64.
assiette(f) à salade(f) 64.
assiette(f) creuse 64.
assiette(f) plate 64.
astéroïdes(m) 9.
atelier(m) de mécanique(f) 96.
atmosphère(f) solaire 10.
attache(f) 84, 116.
attache(f) de pavillon(m) 115.
attaque(f) 120.
aubergine(f) 42.
aubier(m) 18.
auriculaire(m) 36.
aurore(f) polaire 11.
Australie(f) 12.
auto-caravane(f) 93.
auto-inversion(f) 86.
autocuiseur(m) 67.
automobile(f) 90, 91.
autruche(f) 30.
auvent(m) 138, 151.
auvent(m) de fenêtre(f) 138.
avance(f) 86.
avance(f) rapide 86, 88.
avant court(m) 130.
avant(m) centre 125.
avant(m) droit 119, 125, 129.
avant(m) gauche 119, 125, 129.
avant-bras(m) 21, 32.
avant-centre(m) 118.
avant-champ(m) 122.
aven(m) 14.
avertisseur(m) 91.
avertisseur(m) sonore 94.
avion(m) long-courrier(m) 104.
avocat(m) 45.
axe(m) du pédalier(m) 99.

B

babines(f) 21.
bâbord(m) 102.
bac(m) 77.
bac(m) à glaçons(m) 70.
bac(m) à herbe 53.
bac(m) à légumes(m) 70.
bac(m) à plante(f) 51.
bac(m) à viande(f) 70.

bague(f) 115.
bague(f) de correction(f) 144.
bague(f) de mise(f) au point(m) 87.
bague(f) de serrage(m) 115.
baguette(f) 79, 114, 116.
baguette(f) épi(m) 37.
baguette(f) parisienne 37.
baies(f) 44.
baignoire(f) 59.
bain-marie(m) 67.
baïonnette(f) 109.
baladeur(m) 86.
balai(m) à feuilles(f) 52.
balance(f) de Roberval 142.
balance(f) électronique 142.
balconnet(m) 70.
baleine(f) 84.
ballast(m) 100.
balle(f) de tennis(m) 131.
balle(f), baseball(m) 123.
balle(f), cricket(m) 124.
balle(f), hockey(m) sur gazon(m) 125.
ballon(m) de football(m) 118, 121.
ballon(m) de rugby(m) 119.
ballon(m), basket-ball(m) 129.
banane(f) 45.
banc(m) des joueurs(m) 122, 126, 129.
banc(m) des officiels(m) 126.
banc(m) des pénalités(f) 126.
bande(f) 126.
bande(f) de filet(m) 130.
bandoulière(f) 84.
banquette(f) 59.
bar(m) 102.
barbe(f) 39.
barbotin(m) 111, 149.
barillet(m) 110.
barquette(f) 48.
barre(f) de mesure(f) 112.
barre(f) de repos(m) des marteaux(m) 113.
barre(f) de retenue(f) 70.
barreau(m) 58, 60.
barrette(f) 124.
base(f) 98.
base-ball(m) 122, 123.
base-ball(m), balle(f) 123.
basket-ball(m) 129.
basket-ball(m), ballon(m) 129.
basket-ball(m), terrain(m) 129.
bassin(m) 51.
bassin(m) de compétition(f) 134.
basson(m) 117.
bâton(m) 127.
bâton(m) de joueur(m) 127.
bâton(m) de ski(m) 132.
bâton(m), baseball(m) 123.
bâton(m), ski(m) de fond(m) 133.
bâtonnet(m) de colle(f) 73.
batraciens(m) 27.
batte(f) 124.
batterie(f) 116.
batterie(f) de cuisine(f) 67.
batteur(m) 124.
batteur(m) de relais(m) 124.
batteur(m) sur socle(m) 68.
bavette(f) 83.
bavette(f) garde-boue(m) 94.
bavolet(m) 79.
bec(m) 22, 65, 115.
bec(m) corné 28.
bécarre(m) 112.
bêche(f) 52.
becs(m), principaux types(m) de 23.
beignet(m) 48.
bémol(m) 112.
benne(f) basculante 151.
béquet(m) 95.
béquille(f) centrale 95.
béquille(f) d'appui(m) 93.
béquille(f) latérale 95.
bergerie(f) 49.
berline(f) 92.
bermuda(m) 83.
bette(f) à carde(f) 39.
betterave(f) 40.
beurrier(m) 64.
bicyclette(f) 98, 99.

bidet(m) 59.
bidon(m) 98.
bille(f) 72.
blanc(m) 140.
blanc(m) de l'œil(m) 35.
blanche(f) 112.
Blancs(m) 140.
bleu(m) 71.
blindage(m) 111.
bloc(m) d'équipement(m) 106.
bloc(m) de départ(m) 134.
bloc(m) essieu(m) 128.
bloc(m)-moteur(m) 68.
bloc-notes(m) 73.
blocage(m) 76.
bloqueur(m) droit 120.
bloqueur(m) gauche 120.
blouson(m) 80.
bocal(m) 115.
bogie(m) 100.
boîte(f) à aquarelle(f) 73.
boîte(f) à gants(m) 91.
boîtier(m) 76, 87, 141, 143.
bol(m) 64, 68.
bol(m) à salade(f) 64.
bombe(f) volcanique 13.
bonnet(m) 132, 133.
bord(m) 17, 79.
bord(m) tranchant 149.
bord-côte(m) 81, 83.
bordure(f) 136.
bordure(f) d'allée(f) 51.
borne(f) de gonflage(m) 96.
botte(f) 39.
bottillon(m) 135.
bouche(f) 26, 27, 34, 110.
bouche(f) d'air(m) 91.
bouchon(m) du réservoir(m) 94.
bouchon(m)-mesure(f) 68.
boucle(f) 79.
boucle(f) de piquet(m) 138.
boucle(f) de réglage(m) 139.
bouclier(m) 90, 127.
bouclier(m) thermique 107.
bouée(f) de sécurité(f) 135.
boulon(m) 76.
bourdalou(m) 79.
bourgeon(m) 17.
bourgeon(m) axillaire 16.
bourgeon(m) terminal 16.
boussole(f) 135.
bout(m) 65.
bout(m) du nez(m) 20.
bouteille(f) d'air(m) comprimé 135.
bouteur(m) 149.
bouton(m) 114.
bouton(m) de blocage(m) 143.
bouton(m) de commande(f) 69.
bouton(m) de mise(f) au point(m) manuelle 87.
bouton(m) de réglage(m) de la température(f) 143.
bouton(m) de remboursement(m) 85.
bouton(m) floral 16.
bouton(m) moleté 77.
bouton(m)-poussoir(m) 72.
bouton(m)-poussoir(m) à impulsion(f) 68.
bouton-pression(m) 80.
boutonnière(f) 81.
braconnière(f) 108.
braguette(f) 80, 83.
brancard(m) 53.
branche(f) 39, 76, 84, 137.
branche(f) maîtresse(f) 18.
bras(m) 20, 32, 53, 150, 151.
bras(m) de levage(m) 150.
bras(m) de longeron(m) 149.
bras(m) télécommandé 107.
brassard(m) 108, 121, 127.
bretelle(f) 83, 139.
bride(f) de fixation(f) 145.
bride(f) de suspension(f) 81.
brocoli(m) 41.
brouette(f) 53.
brouillard(m) 15.
brume(f) 15.
bûche(f) de Noël 48.
bulbe(m) 39.

bureau(m) 96.
but(m) 118, 119, 120, 125, 126.
butée(f) 97, 132.
bœuf(m) 50.

C

cabine(f) 102, 105, 149, 150, 151.
cabine(f) de commande(f) 148.
cabine(f) de conduite(f) 100.
cabine(f) de douche(f) 59.
câble(m) 76, 137.
câble(m) de commande(f) 99.
câble(m) de frein(m) 98.
câble(m) de levage(m) 148.
câble(m) du clavier(m) 74.
câble(m) porteur 97.
cabriolet(m) 92.
cache-cœur(m) 82.
cadenas(m) 99.
cadran(m) 141, 142.
cadran(m) solaire 141.
cadre(m) 25, 95, 98, 131.
cadre(m) métallique 113.
cafetière(f) filtre(m) 68.
cagoule(f) 135.
cahier(m) 73.
caisse(f) 53, 113, 114.
caisse(f) claire 116.
caisse(f) claire 117.
caisse(f) pleine 116.
caisse(f) roulante 116.
calandre(f) 90, 94.
calculette(f) 74.
cale-pied(m) 98.
calice(m) 17.
Callisto 9.
calotte(f) 22, 79.
cambium(m) 18.
camembert(m) 47.
caméra(f) vidéo 89.
camion(m)-benne(f) 151.
camionnette(f) 92.
camping(m), matériel(m) 138, 139.
canal(m) à venin(m) 28.
canapé(m) 61.
canard(m) 50.
canine(f) 34.
canneberge(f) 44.
canon(m) 20, 110, 111.
canon(m) d'avant-bras(m) 108.
cantaloup(m) 42.
capot(m) 90.
capteur(m) de télécommande(f) 88.
capuchon(m) 72.
carapace(f) 26, 28.
caravane(f) 93.
caravane(f) tractée 93.
carde(f) 39.
cardigan(m) 81.
cardon(m) 39.
carénage(m) 95.
carillon(m) tubulaire 117.
carnet(m) 73.
carotte(f) 40.
carpe(f) 33.
carré(m) 128, 132.
carré(m) 71.
carreau(m) 57, 140.
carreau(m) d'arbalète(f) 109.
carrosserie(f) 90.
carrosseries(f), types(m) de 92.
cartes(f) 140.
cartouche(f) 72, 110.
case(f) 54.
casier(m) à beurre(m) 70.
casier(m) à munitions(f) 111.
casier(m) laitier 70.
casque(m) 99.
casque(m) 121, 127.
casque(m) d'écoute(f) 86.
casque(m) de frappeur(m) 123.
casque(m) de pompier(m) 146.
casquette(f) 79.
casserole(f) 67.
cassette(f) 86.
cassette(f) messages(m) 85.
cassis(m) 44.

castagnettes(f) 117.
caténaire(f) 100.
causeuse(f) 61.
céder le passage(m) 152.
ceinture(f) 60, 61, 79, 139.
ceinture(f) de maintien(m) 121, 127.
ceinture(f) de plomb(m) 135.
ceinture(f) élastique 80.
ceinture(f) montée 80, 83.
ceinture(f) sangle(f) 83.
céleri(m) 39.
céleri-rave(m) 40.
cellule(f) photoélectrique 87.
centre(m) 118, 119, 120, 126, 129.
centre(m) droit 119.
centre(m) gauche 119.
céphalothorax(m) 26.
cercle(m) 71, 84.
cercle(m) annuel 18.
cercle(m) central 126, 129.
cercle(m) d'attente(f) 122.
cercle(m) d'envoi(m) 125.
cercle(m) de mise(f) au jeu(m) 126.
cercle(m) restrictif 129.
cerf(m) de Virginie(f) 30.
cerise(f) 43.
chaîne(f) 98, 99.
chaîne(f) de sûreté(f) 93.
chaîne(f) stéréo 89.
chaise(f) 60.
chaloupe(f) de sauvetage(m) 102.
chambranle(m) 57.
chambre(f) 138.
chambre(f) d'expansion(f) 143.
chambre(f) des machines(f) 103.
chambre(f) des torpilles(f) 103.
chameau(m) 30.
champ(m) centre 122.
champ(m) droit 122.
champ(m) gauche 122.
champignon(m) comestible 19.
champignon(m) mortel 19.
champignon(m) vénéneux 19.
champignon(m), les parties(f) d'un 19.
chandail(m) 121.
chandail(m) d'équipe(f) 123.
chandail(m) de dessous(m) 123.
chanfrein(m) 20.
chapeau(m) 19.
chapeau(m) de feutre(m) 79.
chapelle(f) 55.
char(m) d'assaut(m) 111.
charge(f) utile 106.
chargeur(m) 110.
chargeuse(f) frontale 150.
chargeuse-pelleteuse(f) 150.
chariot(m) 144, 148.
chariot(m) élévateur 148.
charlotte(f) 48.
charnière(f) 144.
chasse-pierre(m) 100.
châssis(m) 96, 151.
châssis(m) de bogie(m) 100.
chat(m) 21.
châtaigne(f) 20.
château fort(m) 55.
chatière(f) 56.
chaudière(f) 103.
chaussette(f) 121, 131, 133.
chaussette(f)-étrier(m) 123.
chausson(m) 48, 135.
chaussure(f) 128.
chaussure(f) à crampons(m) 121.
chaussure(f) de ski(m) 132.
chaussure(f) de sport(m) 78.
chaussure(f) de tennis(m) 131.
chemin(m) de ronde(f) 55.
chemin(m) de ronde(f) couvert 55.
chemin(m) de roulement(m) 148.
cheminée(f) 13, 56.
cheminée(f) antisuie 102.
cheminée(f) d'échappement(m) 94.
chemise(f) 80, 131.
chemisette(f) 83.
chemisier(m) classique 82.
chemisiers(m) 82.
chenille(f) 24.

chenille(f) 111, 149.
chercheur(m) 145.
chérimole(f) 45.
cheval(m) 20.
chevalet(m) 113, 114.
chevelu(m) 18.
chevelure(f) 11.
cheveux(m) 32.
cheville(f) 31, 114.
cheville(f) d'accord(m) 113.
chevillier(m) 114.
chèvre(f) 50.
chèvre(m) 47.
chicorée(f) 38.
chien(m) 21.
chien(m) 110.
chope(f) à café(m) 64.
chou(m) à la crème(f) 48.
chou(m) chinois 38.
chou(m) frisé 38.
chou(m) pommé blanc 38.
chou(m) pommé vert 38.
chou-fleur(m) 41.
chou-rave(m) 40.
choux(m) de Bruxelles 38.
chronomètre(m) 141.
chronométreur(m) 129.
chronométreur(m) des 30
  secondes(f) 129.
chrysalide(f) 24.
chute(f) 14, 136.
cible(f) 137.
ciboulette(f) 41.
cil(m) 35.
cime(f) 18.
cinéma(m) 102.
cisaille(f) à haies(f) 52.
ciseaux(m) 139.
citron(m) 44.
citrouille(f) 42.
clafoutis(m) 48.
clarinette(f) 117.
clarinette(f) basse 117.
classeur(m) 73.
clavicule(f) 33.
clavier(m) 74, 85, 113.
clavier(m) numérique 142.
clayette(f) 70.
clé(f) 115.
clé(f) à molette(f) 76.
clé(f) d'ut(m) 112.
clé(f) de fa(m) 112.
clé(f) de sol(m) 112.
clés(f) 112.
clignotant(m) 95.
climatiseur(m) 93.
cloison(f) 138, 140.
clôture(f) électrique 49.
clôture(f) en lattis(m) 51.
clou(m) 75.
coach(m) 92.
coccyx(m) 33.
code(m) des produits(m) 142.
cœur(m) 18, 131, 140.
coffre(m) 90, 146, 147.
coffre(m) à bagages(m) 93.
coffre(m) de rangement(m) 94.
coffret(m) 88.
coiffe(f) 16.
coiffeuse(f) 59.
coin(m) de patinoire(f) 126.
coing(m) 43.
col(m) 14, 78, 80.
col(m) roulé 81.
col(m) roulé 133.
col(m) transformable 79.
collet(m) 16, 65.
colline(f) 14.
colonne(f) 14.
colonne(f) de direction(f) 91.
colonne(f) de mercure(f) 143.
combinaison(f) 132, 133.
combiné(m) 85.
comète(f) 11.
commande(f) d'essuie-glace(m) 91.
commande(f) de marche(f) arrière 87.
commande(f) de marche(f) avant 87.

commande(f) de température(f) 70.
commande(f) de vitesse(f) 68.
commande(f) de volume(m) du haut-
  parleur(m) 85.
commande(f) du chariot(m) 144.
commandes(f) de chauffage(m) 91.
commissure(f) des lèvres(f) 34.
commutateur(m) 87.
commutateur(m) de sonnerie(f) 85.
compartiment(m) touriste 104.
compartiment(m) à fret(m) 104.
compartiment(m) bagages(m) 100.
compartiment(m) de première classe(f) 104.
compartiment(m)-couchette(f) 94.
compte-tours(m) 91.
compteur(m) kilométrique 91.
concombre(m) 42.
condenseur(m) 144.
conduit(m) auditif 35.
cône(m) 13, 71.
cône(m) adventif 13.
congélateur(m) 70.
console(f) centrale 91.
console(f) d'accotoir(m) 61.
constellations(f) 11.
contact(m) 91.
continents(m) 12.
contre-flèche(f) 148.
contrebasse(f) 117.
contrebasson(m) 117.
contrefort(m) 14, 78.
contremarche(f) 58.
contrepoids(m) 145, 148.
contrevent(m) 57.
contrôle(m) de la stéréophonie(f) 86.
contrôles(m) de tonalité(f) 86.
contrôles(m) du lecteur(m) de cassette(f) 86.
coq(m) 50.
coque(f) 93.
coquille(f) 26, 61, 121, 127.
cor(m) anglais 117.
cor(m) d'harmonie(f) 117.
corbeille(f) à pollen(m) 25.
corbeille(f) suspendue 51.
corde(f) 109, 114, 137.
corde(f) de couloir(m) 134.
corde(f) de timbre(m) 116.
corde(f) de tirage(m) 77.
cordes(f) 113.
cordier(m) 114.
cordon(m) 86, 141.
cordon(m) d'alimentation(f) 53.
cordon(m) de combiné(m) 85.
corne(f) de feu(m) 147.
cornes(f) 26.
cornet(m) 117.
cornet(m) à dés(m) 140.
corniche(f) 56, 57.
corolle(f) 17.
corps(m) 115, 137.
corps(m) de garde(f) 55.
corps(m) de ruche(f) 25.
corps(m), vu de dos(m) 32.
corps(m), vu de face(f) 31.
corsage(m)-culotte(f) 82.
côte(f) 33.
cottage cheese(m) 47.
cotte(f) de mailles(f) 108.
cotylédon(m) 16.
cou(m) 28, 31.
couche(f) de cendres(f) 13.
couche(f) de laves(f) 13.
couchette(f) 103.
coude(m) 20, 21, 32.
coudière(f) 121.
coulant(m) 84.
coulée(f) de laves(f) 13.
coulisse(f) d'accord(m) 115.
coulisse(f) d'entrée(f) 25.
coulisse(f) du deuxième piston(m) 115.
coulisse(f) du premier piston(m) 115.
coulisse(f) du troisième piston(m) 115.
couloir(m) 130, 134.
couloir(m) de lancer franc 129.
coupe-bordures(m) 52.
coupe-fil(m) 76.
cour(f) 49, 55.

Les termes en **caractères gras** renvoient à une illustration.

courge(f) 42.
courgette(f) 42.
couronne(f) 10.
couronne(f) d'orientation(f) 151.
course(f) 124.
court(m) de service(m) droit 130.
court(m) de service(m) gauche 130.
courtine(f) 55.
coussin(m) carré 62.
coussin(m) cylindrique 62.
coussin(m) d'air(m) 78.
coussinet(f) 21, 128.
couteau(m) 65.
couteau(m) 68, 135.
couteau(m) de combat(m) 109.
couteau(m) suisse 139.
couture(f) 123, 124.
couture(f) d'assemblage(m) 79.
couvercle(m) 59, 67, 68, 143.
couvercle(m) de réservoir(m) 59.
couvercle(m) du chargeur(m) 87.
couvert(m) 65.
couverture(f) 62.
cracker(m) de seigle(m) 37.
cracker(m) scandinave 37.
crampon(m) 78.
cran(m) 80.
cran(m) de mire(f) 110.
crâne(m) 33.
cratère(m) 13.
cravate(f) 80.
crayon(m) 72.
crayon(m) gomme(f) 72.
crémaillère(f) 67, 70.
crème(f) caramel(m) 48.
crème(f) de gruyère(m) 47.
crémier(m) 64.
créneau(m) 55.
crêpe(f) Suzette 48.
cresson(m) de fontaine(f) 38.
crête(f) 14.
creux(m) 65.
cricket(m) 124.
cricket(m), balle(f) 124.
crinière(f) 20.
cristaux(m) de neige(f) 15.
cristaux(m) liquides 141.
croche(f) 112.
crochet(m) 57, 128, 143, 148.
crochet(m) à venin(m) 28.
crochet(m) de petit doigt(m) 115.
crochet(m) de pouce(m) 115.
crocodile(m) 29.
croissant(m) 37.
Croix(f) du Sud(m) 11.
crosse(f) 125.
crosse(f) 110.
croupe(f) 20.
croûte(f) fleurie 47.
croûte(f) lavée 47.
croûte(f) naturelle 47.
crustacé(m) 26.
cube(m) 71.
cubitière(f) 108.
cubitus(m) 33.
cuiller(f) 65.
cuiller(f) à égoutter 66.
cuiller(f) à glace(f) 66.
cuilleron(m) 65.
cuillers(f) doseuses 66.
cuisinière(f) électrique 69.
cuissard(m) 108, 121.
cuisse(f) 20, 21, 32.
culée(f) 97.
culot(m) à baïonnette(f) 63.
culot(m) à vis(f) 63.
culotte(f) 127.
cuvette(f) 59.
cylindre(m) 71.
cymbales(f) 117.

D
dalle(f) 51.
Dame(f) 140.
dames(f) 140.
danablu(m) (bleu(m)) 47.
danger(m) 152.
danger(m) électrique 152.

datte(f) 43.
dé(m) 140.
dé(m) doubleur 140.
débardeur(m) 81.
décapsuleur(m) 66, 139.
déclencheur(m) 87, 89.
défense(f) 120.
défense(f) de fumer 152.
défenseur(m) droit 126.
défenseur(m) gauche 126.
déflecteur(m) 94.
défonceuse(f) 149.
dégageur(m) de fumée(f) 111.
Deimos 9.
demeure(f) seigneuriale 55.
demi(m) centre 125.
demi(m) d'ouverture(f) 119.
demi(m) de coin(m) droit 120.
demi(m) de coin(m) gauche 120.
demi(m) de mêlée(f) 119.
demi(m) de sûreté(f) droit 120.
demi(m) de sûreté(f) gauche 120.
demi(m) droit 118,120,125.
demi(m) gauche 118,120,125.
demi-cercle(m) 129.
demi-pause(f) 112.
demi-soupir(m) 112.
dent(f) 28, 34, 65, 151.
dent(f) de défonceuse(f) 149.
dent(f) de godet(m) 150.
dent(f) de sagesse(f) 34.
dents(f) 75, 128.
denture(f) humaine 34.
dérailleur(m) arrière 98, 99.
dérailleur(m) avant 98, 99.
dérive(f) 105, 136.
dernier croissant(m) 10.
dernier quartier(m) 10.
descente(f) de gouttière(f) 56.
desserts(m) 48.
détendeur(m) 135.
détente(f) 96, 109, 110.
deuxième but(m) 122.
deuxième espace(m) 129.
deuxième étage(m) 106.
deuxième-but(m) 122.
dévidoir(m) 72.
dévidoir(m) sur roues(f) 53.
diapositive(f) 87.
dièse(m) 112.
dindon(m) 50.
direction(f) obligatoire 152.
dispositif(m) de blocage(m) 77.
disquette(f) 74.
distance(f), mesure(f) de la 143.
distributeur(m) d'essence(f) 96.
distributeur(m) d'essence(f) 96.
distributeur(m) de boissons(f) 96.
distributeur(m) de glaçons(m) 96.
division(f) 74.
document(m) imprimé 74.
doigt(m) 21, 22, 23, 27, 79, 123.
doigt(m) lobé 23.
doigt(m) palmé 23, 27.
doline(f) 14.
dominos 140.
dormant(m) 57.
dos(m) 20, 21, 22, 32, 65, 75.
dos(m) du nez(m) 36.
dosseret(m) 69, 148.
dossier(m) 60.
dossière(f) 28.
double boutonnage(m) 79.
double croche(f) 112.
double toit(m) 138.
double(m) 140.
double-blanc(m) 140.
double-plateau(m) 99.
doublure(f) 78, 83.
douchette(f) 59.
douve(f) 55.
dragonne(f) 132, 133.
drap(m) 62.
drap-housse(f) 62.
drapeau(m) de centre(m) 118.
drapeau(m) de coin(m) 118, 125.

dune(f) 13.
dynamo(f) 98.

E
écaille(f) 23, 27, 28.
écailleur(m) 139.
échalote(f) (*à maturité* (f)) 41.
échalote(f) nouvelle 41.
échappement(m) diesel(m) 103.
échelle(f) 93, 151.
échelle(f) Celsius 143.
échelle(f) coulissante 77.
échelle(f) de tête(f) 146.
échelle(f) Fahrenheit 143.
échelon(m) 77.
éclair(m) 15.
éclairage(m)/clignotant(m) 91.
éclisse(f) 114.
école(f) 152.
écorce(f) 18.
écoute(f) 85.
écouteur(m) 86.
écoutille(f) 111.
écran(m) 74, 88.
écran(m) de contrôle(m) 87.
écrou(m) 76.
écrou(m) de montage(m) 137.
écumoire(f) 66.
édredon(m) 62.
effacement(m) de mémoire(f) 74.
effacement(m) partiel 74.
effacement(m) total 74.
égaliseur(m) graphique 89.
éjecteur(m) de fouets(m) 68.
éjection(f) 88.
éléphant(m) 29.
élevon(m) 107.
embouchure(f) 115.
embout(m) 127, 135.
embout(m) de baleine(f) 84.
embout(m) gomme(f) 72.
emmental(m) 47.
emmental(m) fondu 47.
empeigne(f) 78.
empennage(m) 137.
empennage(m) de stabilisation(f) 106.
en-but(m) 119.
enceinte(f) acoustique 89.
encoche(f) 137.
encolure(f) 20.
encolure(f) en V 81.
endive(f) 38.
enjoliveur(m) de roue(f) 90.
enregistrement(m) 88.
ensemble(m) de la mécanique(f) 113.
ensemble(m) du chevalet(m) 116.
entonnoir(m) 66.
entre-nœud(m) 16.
entredent(m) 65.
entrée(f) 25.
entrée(f) d'air(m) 105.
entrejambe(m) 60.
entretoise(f) 77.
enveloppe(f) 123, 124.
épaule(f) 20, 21, 31, 131.
épaulière(f) 108, 121, 127.
épée(f) à deux mains(f) 109.
éperon(m) 116.
épi(m) 39.
épinard(m) 38.
épiscope(m) du tireur(m) 111.
équerre(f) 72.
ergot(m) 21.
éruption(f) 10.
escabeau(m) 77.
escalier(m) 58.
escargot(m) 26.
espaceur(m) de câbles(m) 137.
essieu(m) 128.
essoreuse(f) à salade(f) 66.
essuie-glace(m) 90.
estuaire(m) 13.
étable(f) 49.
étage(m) 56.
étamine(f) 17.
étiquette(f) 142.
étoile(f) filante 11.

étoile(f) Polaire 11.
étoiles(f) 11.
étranglement(m) 141, 143.
étrier(m) 95, 109.
étuveuse(f) 67.
Europe 9.
Europe(f) 12.
évent(m) de pignon(m) 56.
extincteur(m) 146.

F
fa(m) 112.
face(f) 65.
facule(f) 10.
faitout(m) 67.
falaise(f) 13, 14.
familiale(f) 92.
fanon(m) 20.
faucille(f) 52.
fauteuil(m) 61.
fauteuil(m) club(m) 61.
fémur(m) 33.
fenêtre(f) 57.
fenêtre(f) 136.
fenêtre(f) de sous-sol(m) 56.
fenêtre(f) en baie(f) 56.
fenêtre(f) en saillie(f) 56.
fenêtre(f) moustiquaire(f) 138.
fenouil(m) 39.
fente(f) 68, 75, 79.
fente(f) à monnaie(f) 85.
fente(f) de vision(f) 108.
fente(f) porte-cartes(f) 84.
ferme(f) 49.
fermeture(f) à glissière(f) 138.
fermeture(f) Velcro® 84.
ferret(m) 78, 84.
fesse(f) 32.
feu(m) anticollision 104.
feu(m) arrière 95, 98.
feu(m) de gabarit(m) 94.
feu(m) de navigation(f) 104.
feu(m) de plaque(f) 92.
feu(m) stop(m) 92.
feuillage(m) 18.
feuille(f) 16, 39.
feuille(f) d'acanthe(f) 61.
feuille(f) de vigne(f) 18.
feuille(f), les parties(f) d'une 17.
feuilles(f) mobiles 73.
feutre(m) d'étouffoir(m) 113.
feux(m) 92.
feux(m) arrière 92.
feux(m) avant 92.
feux(m) clignotants 92.
feux(m) de brouillard(m) 92.
feux(m) de croisement(m) 92.
feux(m) de gabarit(m) 92.
feux(m) de recul(m) 92.
feux(m) de route(m) 92.
feux(m) rouges arrière 92.
feux(m) stop(m) 92.
fèves(f) 39.
fiche(f) 76.
figue(f) de Barbarie 45.
filament(m) 10, 63.
filet(m) 130.
filet(m) 17, 75, 114, 129.
filtre(m) 67.
filtre(m) à air(m) 149.
fixation(f) 133.
flanc(m) 20, 22.
flash(m) électronique 87.
fléau(m) 142.
flèche(f) 137.
flèche(f) 140, 148, 150, 151.
flèche(f) littorale 13.
flèche(f) télescopique 148.
fléchette(f) 137.
fléchettes(f), jeu(m) 137.
fleur(f) 16.
fleur(f), les parties(f) d'une 17.
flexible(m) de distribution(f) 96.
flotteur(m) 136.
flûte(f) 117.
fond(m) d'yeux(m) 65.
football(m) 118.
football(m) américain 120, 121.

Les termes en **caractères gras** renvoient à une illustration.

football(m) américain, équipement(m) 121.
football(m) américain, uniforme(m) 121.
football(m), ballon(m) 118, 121.
football(m), terrain(m) 118.
forêt(f) 14.
fossette(f) 28.
fouet(m) 68.
four(m) 69.
fourche(f) 98, 145, 148.
fourche(f) à bêcher 52.
fourche(f) à fleurs(f) 52.
fourche(f) télescopique 95.
fourchette(f) 65.
fourchette(f) 79.
fourgon-pompe(m) 147.
fourgonnette(f) 92.
fournitures(f) scolaires 72, 73.
fourreau(m) 21, 136.
fourreau(m) de la langue(f) 28.
frappeur(m) 123.
frappeur(m) 122.
frein(m) 132.
frein(m) à disque(m) 95.
frein(m) arrière 98.
frein(m) avant 98.
frein(m) de pointe(f) 128.
frette(f) 114, 116.
friteuse(f) 67.
fromages(m) 47.
front(m) 22, 31.
fruit(m) 16.
fruits(m) à noyau(m) 43.
fruits(m) à pépins(m) 43.
fruits(m) tropicaux 45.
fumerolle(f) 13.
fusée(f) 106.
fuselage(m) 104.
fût(m) 75, 137.

gâchette(f) 146.
gaine(f) 17.
galaxie(f) 11.
galerie(f) sèche 14.
galet(m) tendeur(m) 99.
galon(m) 79.
gamme(f) 112.
gant(m) 127, 133, 135.
gant(m) attrape-rondelle(m) 127.
gant(m) de bâton(m) 127.
gant(m) de frappeur(m) 123.
gant(m) de receveur(m) 123.
gant(m) de ski(m) 132.
gant(m), base-ball(m) 123.
gantelet(m) 108.
gants(m) 79.
Ganymède 9.
garage(m) 56.
garant(m) 78.
garde(m) droit 120.
garde(m) gauche 120.
garde-boue(m) 95, 98.
garde-corps(m) 77, 97, 100.
garde-guichet(m) 124.
gardien(m) de but(m) 127.
gardien(m) de but(m) 118, 125, 126.
garrot(m) 20, 21.
gastéropode(m) 26.
gâteau(m) 48.
gaufre(f) 48.
gazon(m) 51.
genou(m) 20, 31.
genouillère(f) 108, 121, 123, 127.
germes(m) de soja(m) 39.
geyser(m) 13.
gilet(m) 80.
gilet(m) de laine(f) 81.
girafe(f) 29.
glace(f) 90.
glande(f) à venin(m) 28.
glissière(f) 110.
glissière(f) d'auvent(m) 93.
globe(m) oculaire 27.
glotte(f) 28.
godet(m) 150.
godet(m) chargeur(m) 151.
godet(m) rétro 150.
gombo(m) 42.

gomme(f) 72.
gond(m) 57.
gong(m) 117.
gorge(f) 14, 22, 76.
gorgonzola(m) 47.
gouffre(m) 14.
goupille(f) 146.
gousset(m) 80.
gousset(m) de latte(f) 136.
goût(m), sens(m) du 34.
goutte(f) de pluie(f) 15.
gouttière(f) 56.
gouvernail(m) 102, 107.
gouvernail(m) de direction(f) 103.
gouvernail(m) de plongée(f) arrière 103.
gouvernail(m) de plongée(f) avant 103.
gouverne(f) de direction(f) 104.
gouverne(f) de profondeur(f) 104.
goyave(f) 45.
graduation(f) 143.
grain(m) 39.
grains(m) de soja(m) 39.
grande échelle(f) 146.
grande lame(f) 139.
grange(f) 49.
granulation(f) 10.
grattoir(m) 77.
grêle(f) 15.
grêlon(m) 15.
grenade(f) 45.
grenouillère(f) 83.
grenouille(f) 27.
grève(f) 108.
griffe(f) 21, 22, 24, 28.
griffe(f) à fleurs(f) 52.
griffe(f) porte-accessoires(m) 87, 89.
grille(f) 69.
grille(f) à reine(f) 25.
grille-pain(m) 68.
groseille(f) à grappes(f) 44.
groseille(f) à maquereau(m) 44.
grosse caisse(f) 116.
grosse caisse(f) 117.
grotte(f) 14.
grotte(f) 13.
grue(f) à tour(f) 148.
grue(f) sur porteur(m) 148.
gruyère(m) 47.
guichet(m) 124.
guide(m) 68.
guide-chaîne(m) 99.
guidon(m) 53, 98, 110.
guindant(m) 136.
guitare classique 114.
guitare(f) électrique 116.
gyrophare(m) 146.

habitation(f) 49.
hachette(f) 146.
haie(f) 51.
hanche(f) 32.
handicapés(m) 152.
hangar(m) 49.
haricot(m) vert 42.
harnais(m) 135.
harpe(f) 117.
hauban(m) 138.
hausse(f) 25, 114.
haut-parleur(m) 85, 86, 147.
haut-parleur(m) d'aigus(m) 89.
haut-parleur(m) de graves(m) 89.
haut-parleur(m) de médium(m) 89.
hautbois(m) 117.
hélice(f) 102, 103.
hélicoptère(m) 105.
hockey(m) sur gazon(m) 125.
hockey(m) sur gazon(m), balle(f) 125.
hockey(m) sur gazon(m),
   terrain(m) 125.
hockey(m) sur glace(f) 126, 127.
hockeyeur(m) 127.
homard(m) 26.
hôpital(m) 152.
houppier(m) 18.
housse(f) d'oreiller(m) 62.
hublot(m) 69, 102, 104.
hublot(m) d'observation(f) 107.

huitième(m) de soupir(m) 112.
humérus(m) 33.
hutte(f) 54.

igloo(m) 54.
Île(f) de sable(m) 13.
îlot(m) rocheux 13.
imprimante(f) 74.
incisives(f) 34.
index(m) 36.
index(m) de composition(f) automatique 85.
indicateur(m) de niveau(m) de carburant(m) 91.
indicateur(m) de pression(f) 146.
indicateur(m) de température(f) 91.
indicateur(m) de vitesse(f) 91.
indigo(m) 71.
instruments(m) de bord(m) 91.
instruments(m) de bord(m) 91.
intérieur(m) droit 118.
intérieur(m) gauche 118.
interligne(m) 112.
interrupteur(m) 68, 76.
interrupteur(m) d'alimentation(f) 88.
interrupteur(m) de mise(f) au point(m) automatique 87.
interrupteur(m) disjoncteur(m) 53.
interrupteur(m) du magnétoscope(m) 88.
interrupteur(m) du téléviseur(m) 88.
Io 9.
iris(m) 35.
isba(f) 54.

jachère(f) 49.
jack(m) de sortie(f) 116.
jacquet(m) 140.
jambe(f) 20, 32.
jambière(f) 127.
jambière(f) de gardien(m) 127.
jan(m) extérieur 140.
jan(m) intérieur 140.
jante(f) 95, 98.
jardin(m) d'agrément(m) 51.
jardin(m) potager 49.
jarret(m) 20, 21.
jaune(m) 71.
jean(m) 83.
jet(m) d'eau(f) 57.
jeu(m) d'ustensiles(m) 66.
jeu(m) de crayons(m) de couleur(f) 73.
jeux(m) 140.
joint(m) à coulisse(f) 76.
joint(m) magnétique 70.
Joker(m) 140.
joue(f) 21, 31, 75.
juge(m) de but(m) 126.
juge(m) de champ(m) arrière 120.
juge(m) de faute(f) de pieds(m) 130.
juge(m) de filet(m) 130.
juge(m) de ligne(f) 126, 130.
juge(m) de touche(f) 118.
jugulaire(f) 121.
jumelles(f) 144.
jupe(f) droite 82.
jupe(f) plissée 82.
jupe-culotte(f) 82.
jupes(f) 82.
jupette(f) 131.
Jupiter 9.

kaki(m) 45.
kangourou(m) 30.
kiosque(m) 96, 103.
kiwi(m) 45.
kumquat(m) 44.

la(m) 112.
laboratoire(m) spatial 107.
lac(m) 14.
lacet(m) 78, 123.
lacet(m) de serrage(m) 84.
lagune(f) 13.
laiterie(f) 49.
laitue(f) pommée 38.
lame(f) 149.
lame(f) 65, 75, 127, 128.
lame(f) amovible 77.
lame(f) porte-objet(m) 144.

lamelle(f) 19.
lampadaire(m) 63.
lampe(f) 144.
lampe(f) à incandescence(f) 63.
lampe(f) de table(f) 63.
lampe(f) étanche 135.
lampes(f) témoins(m) 88, 91.
lance(f) 146.
lance(f) 146, 147.
lance(f) à eau(f) 146.
lance(f) d'arrosage(f) 53.
lance(f)-canon(f) 147.
lance-pots(m) fumigènes 111.
lanceur(m) 122, 124.
langue(f) 28, 34.
languette(f) 78, 128.
lanterne(f) 51.
latte(f) 136.
lavabo(m) 59.
lave-auto(m) 96.
lecteur(m) de cassette(f) 86.
lecteur(m) de disque(m) compact 89.
lecteur(m) de disquette(f) 74.
lecture(f) 88.
légumes(m) bulbes(m) 41.
légumes(m) feuilles(f) 38.
légumes(m) fleurs(f) 41.
légumes(m) fruits(f) 42.
légumes(m) graines(f) 39.
légumes(m) racines(f) 40.
légumes(m) tiges(f) 39.
légumes(m) tubercules(m) 40.
légumier(m) 64.
lentille(f) convergente 145.
lentilles(f) 39.
lest(m) 148.
levier(m) coudé 150.
levier(m) d'embrayage(m) 95.
levier(m) de frein(m) à main(f) 91.
levier(m) de hauteur(f) de coupe(f) 53.
levier(m) de vibrato(m) 116.
levier(m) de vitesse(f) 91.
levier(m) de zoom(m) 89.
lèvre(f) 20, 21.
lèvre(f) inférieure 34.
lèvre(f) supérieure 34.
liber(m) 18.
ligne(f) 112.
ligne(f) arrière 136.
ligne(f) avant 136.
ligne(f) bleue 126.
ligne(f) centrale 126.
ligne(f) de ballon(m) mort 119.
ligne(f) de but(m) 118, 119, 120, 125, 126.
ligne(f) de centre(m) 125.
ligne(f) de double(m) 130.
ligne(f) de fond(m) 129, 130, 134.
ligne(f) de jeu(m) 122.
ligne(f) de lancer(m) franc 129.
ligne(f) de mêlée(f) 120.
ligne(f) de pied(m) de mât(m) 136.
ligne(f) de retrait(m) 124.
ligne(f) de service(m) 130.
ligne(f) de simple(m) 130.
ligne(f) de touche(f) 118, 119, 125, 129.
ligne(f) des 10 mètres(m) 119.
ligne(f) des 22 mètres(m) 119, 125.
ligne(f) des 5 mètres(m) 119.
ligne(f) médiane 118, 119, 129.
ligne(f) médiane de service(m) 130.
lignes(f) supplémentaires 112.
limbe(m) 17.
lime(f) à ongles(f) 139.
limitation(f) de vitesse(f) 152.
limite(f) de retour(m) 124.
limite(f) du batteur(m) 124.
limon(m) 58.
limousine(f) 92.
lion(m) 29.
lit(m) 62.
litchi(m) 45.
literie(f) 62.
littoral(m) 13.
livrée(f) 124.
lobe(m) 23, 35.
lobe(m) du nez(m) 36.
locomotive(f) diesel-électrique 100.

Les termes en **caractères gras** renvoient à une illustration.

logement(m) de la cassette(f) 88.
logement(m) de la vidéocassette(f) 89.
logement(m) de rangement(m) 87.

logis(m) de domestiques(m) 55.
longueur(f), mesure(f) de la 143.
losange(m) 71.
louche(f) 66.
loupe(f) 139.
luette(f) 34.
lumière(f) 145.
lumière(f) blanche 71.
luminaires(m) 63.
Lune(f) 9.
lune(f) gibbeuse 10.
Lune(f), phases(f) de la 10.
lunette(f) astronomique 145.
lunettes(f) de ski(m) 132.
lunettes(f) de soleil(m) 84.
lunule(f) 36.
lustre(m) 63.

M mâche(f) 38.
machette(f) 109.
mâchoire(f) fixe 76.
mâchoire(f) incurvée 76.
mâchoire(f) mobile 76.
magma(m) 13.
magnétoscope(m) 88.
maillet(m) 75.
mailloche(f) 116.
main(f) 32, 36.
main(f) courante 58.
maïs(m) 39.
maïs(m) fourrager 49.
maison(f) sur pilotis(m) 54.
maison(f), extérieur(m) d'une 56.
maisons(f) traditionnelles 54.
majeur(m) 36.
mamelon(m) 31.
manche(f) montée 81, 83.
manche(f) raglan(m) 79.
manche(m) 65, 75, 76, 77, 84, 114, 123,
124, 125, 127, 131.
manche(m) à balai(m) 105.
manchette(f) 127.
manchon(m) 77.
manchon(m) de câble(m) 76.
mandarine(f) 44.
mandibule(f) 24, 25, 27.
mandrin(m) 76.
manette(f) 68.
manette(f) de chasse(f) d'eau(f) 59.
manette(f) de dérailleur(m) 98, 99.
mangue(f) 43.
manivelle(f) 99, 109.
manœuvre(f) de la pelleteuse(f) 150.
manomètre(m) 147.
manteaux(m) 82.
manutention(f) 148.
marais(m) salant 13.
marbre(m) 122.
marche(f) 58, 77.
marche(f) de départ(m) 58.
marche(f)/arrêt(m) 74, 86.
marche(f)/arrêt(m)/volume(f) 86.
marchepied(m) 77.
marchepied(m) 94, 100, 105, 147.
marchepied(m) escamotable 93.
marmite(f) 67.
marque(f) centrale 130.
marqueur(m) 72.
marqueur(m) 129.
marron(m) 46.
Mars 9.
marteau(m) 113.
marteau(m) de charpentier(m) 75.
marteau(m) de menuisier(m) 75.
masque(m) 121, 123, 127, 135.
masse(f), mesure(f) de la 142.
massif(m) de fleurs(f) 51.
mât(m) 136.
matelas(m) 62.
matières(f) explosives 152.
matières(f) inflammables 152.
matières(f) toxiques 152.
maxillaire(m) 27.

mécanique(f) d'accordage(m) 116.
mécanisme(m) de clés(f) 115.
mécanisme(m) de mise(f) au point(m) 144.
mécanisme(m) de propulsion(f) 99.
mèche(f) 114.
mélangeur(m) 68.
melon(m) brodé 42.
membrane(f) 89.
membrure(f) inférieure 97.
membrure(f) supérieure 97.
menton(m) 22, 31.
mentonnière(f) 108.
menuiserie(f) 75.
mer(f) de Chine(f) 12.
mer(f) des Antilles(f) 12.
mer(f) Méditerranée(f) 12.
mer(f) Noire(f) 12.
mer(f) Rouge 12.
Mercure 9.
merlon(m) 55.
mesure(f) 112.
mesure(f) de la distance(f) 143.
mesure(f) de la longueur(f) 143.
mesure(f) de la masse(f) 142.
mesure(f) de la température(f) 143.
mesure(f) du temps(m) 141.
métacarpe(m) 33.
métatarse(m) 33.
mètre(m) à ruban(m) 143.
meurtrière(f) 55.
mi(m) 112.
micro(m) de fréquences(f) aiguës 116.
micro(m) de fréquences(f) graves 116.
micro(m) de fréquences(f) moyennes116.
micro-ordinateur(m) 74.
microphone(m) 89.
microprocesseur(m) 74.
microscope(m) binoculaire 144.
mine(f) 72.
minuterie(f) 67.
minuteur(m) 141.
mire(f) 137.
miroir(m) 59.
miroir(m) de courtoisie(f) 91.
miroir(m) plan 145.
miroir(m) primaire parabolique 145.
mise(f) au point(m) 145.
mise(f) en marche(f) 85.
missile(m) 103.
mitrailleuse(f) 111.
mitre(f) 65.
mitron(m) 56.
mode(m) d'entraînement(m) du film(m) 87.
mode(m) d'exposition(f) 87.
module(m) de commande(f) 106.
module(m) de service(m) 106.
module(m) lunaire 106.
moelle(f) 18.
molaires(f) 34.
molette(f) 76.
mollet(m) 32.
montagne(f) 14.
montant(m) 57, 60, 77, 128.
monticule(m) 122.
montre(f) 91.
montre(f) de plongée(f) 135.
montres(f) à affichage(m) analogique 141.
montres(f) à affichage(m) numérique 141.
monture(f) 76.
morille(f) 19.
mors(m) 76.
moteur(m) 53, 95, 111, 151.
moteur(m) de manœuvre(f) 107.
moteur(m) diesel(m) 149, 150, 151.
moteur(m) F-1 106.
moteur(m) J-2 106.
moteurs(m) 107.
moteurs(m) principaux 107.
motif(m) 83.
moto(f) 95.
motrice(f) 100.
mouchoir(m) 83.
moufle(f) 109.
moulure(f) de protection(f) 93.
moustache(f) 22.
moustaches(f) 21.
mouton(m) 50.

moyeu(m) 98.
moyeu(m) du rotor(m) 105.
multiplication(f) 74.
munster(m) 47.
mur(m) 138.
mur(m) d'enceinte(f) 55.
mur(m) d'extrémité(f) 134.
mur(m) de virage(m) 134.
mur(m) latéral 134.
museau(m) 21, 27.
myrtille(f) 44.

N nageoire(f) anale 27.
nageoire(f) pectorale 27.
nageoire(f) ventrale 27.
nappe(f) phréatique 14.
narine(f) 22, 27, 28, 36.
naseau(m) 20.
natation(f) 134.
navet(m) 41.
navette(f) spatiale 107.
nébuleuse(f) 11.
nectarine(f) 43.
nèfle(f) du Japon 43.
neige(f) 15.
neiges(f) éternelles 14.
Neptune 9.
nervure(f) 24, 151.
nervure(f) principale 17.
nervure(f) secondaire 17.
nez(m) 36, 104.
nid(m) à couvain(m) 25.
niveau(m) d'eau(f) 68.
nœud(m) 16.
noire(f) 112.
Noirs(m) 140.
noisette(f) 46.
noix(f) 46.
noix(f) 46, 109.
noix(f) de cajou(m) 46.
noix(f) de coco(m) 46.
noix(f) de pacane(f) 46.
noix(f) du Brésil(m) 46.
nombril(m) 31.
notation(f) musicale 112.
nouvelle lune(f) 10.
noyau(m) 10, 11.
nuage(m) 15.
nuage(m) de cendres(f) 13.
numéro(m) de couloir(m) 134.
numéro(m) de joueur(m) 121.
nuque(f) 22, 32.

O objectif(m) 87, 144.
objectif(m) zoom(m) 89.
objets(m) personnels 84.
océan(m) Atlantique 12.
océan(m) Indien 12.
océan(m) Pacifique 12.
Océanie(f) 12.
oculaire(m) 144, 145.
odorat(m), sens(m) de l' 36.
œil(m) 22, 26, 28, 35, 75.
œil(m) composé 24, 25.
œil(m) simple 24, 25.
œillet(m) 78, 84, 128.
œilleton(m) 89.
œufrier(m) 70.
office(m) 104.
oie(f) 50.
oignon(m) 41.
oignon(m) d'Espagne 41.
oiseau(m) 22.
oiseau(m) aquatique 23.
oiseau(m) aquatique 23.
oiseau(m) de proie(f) 23.
oiseau(m) de proie(f) 23.
oiseau(m) échassier(m) 23.
oiseau(m) granivore 23.
oiseau(m) insectivore 23.
oiseau(m) percheur 23.
olive(f) 43.
ombre(f) 141.
omoplate(f) 32, 33.
ongle(m) 36.
onglet(m) 139.
opercule(m) 27.

orange(f) 44.
orangé(m) 71.
orchestre(m) 117.
oreille(f) 35, 60.
oreiller(m) 62.
orifice(m) d'alimentation(f) 147.
orifice(m) de l'intestin(m) 26.
orifice(m) du gosier(m) 34.
orifice(m) du poumon(m) 26.
orifice(m) génital 26.
orteil(m) 31.
os(m) iliaque 33.
oseille(f) 38.
ouïe(f) 114.
ouïe(f), sens(m) de l' 35.
ourlet(m) 35.
ours(m) polaire 30.
outillage(m) 52, 53, 76.
ouverture(f) du barillet(m) 110.
ouvre-boîtes(m) 66, 139.
ovaire(m) 17.
ovule(m) 17.

P **pain(m) 37.**
pain(m) *chapati* indien 37.
pain(m) *naan* indien 37.
pain(m) *pumpernickel* 37.
pain(m) *tchallah* juif 37.
pain(m) au lait(m) 37.
pain(m) azyme 37.
pain(m) bâtard(m) 37.
pain(m) blanc 37.
pain(m) complet 37.
pain(m) de blé(m) entier 37.
pain(m) de campagne(f) 37.
pain(m) de maïs(m) américain 37.
pain(m) de mie(f) 37.
pain(m) de seigle(m) allemand 37.
pain(m) de seigle(m) danois 37.
pain(m) de seigle(m) noir 37.
pain(m) de seigle(m)/graines(f) de carvi(m) 37
pain(m) grec 37.
pain(m) irlandais 37.
pain(m) noir russe 37.
pain(m) parisien 37.
pain(m) pita(m) 37.
pain(m) pita(m)/graines(f) de sésame(m) 37.
pale(f) 105.
paletot(m) 82.
palier(m) 58.
palme(f) 135.
palmette(f) 61.
palmure(f) 23, 27.
palpe(m) labial 24.
pamplemousse(m) 44.
pan(m) de chemise(f) 80.
panais(m) 40.
panier(m) 129.
panier(m) 67, 123, 129.
panier(m) de projection(f) 87.
panier(m)/filtre(m) 68.
panneau(m) 57, 129.
panneau(m) d'affichage(m) 88.
panneau(m) de commande(f) 147.
pantalon(m) 80.
pantalon(m) 121, 123.
pantographe(m) 100.
papaye(f) 45.
papillon(m) 24.
paquebot(m) 102.
parallélépipède(m) 71.
parallélogramme(m) 71.
parapet(m) 55.
parapluie(m) 84.
paratonnerre(m) 56.
parc(m) à échelles(f) 146.
pardessus(m) 82.
pare-brise(m) 90, 95.
pare-chocs(m) 90.
pare-soleil(m) 89, 91, 93, 145.
parmesan(m) 47.
passage(m) inférieur 97.
passage(m) pour piétons(m) 152.
passage(m) supérieur 97.
passant(m) 79.
passant(m) tunnel(m) 80.
passe-sangle(m) 139.

passerelle(f) 55, 103.
passerelle(f) de navigation(f) 102.
passoire(f) 66.
pastèque(f) 42.
patate(f) 40.
pâte(f) cuite 47.
pâte(f) fondue 47.
pâte(f) fraîche 47.
pâte(f) molle 47.
pâte(f) persillée 47.
patère(f) 61.
patin(m) 105, 127.
patin(m) à roulettes(f) 128.
patin(m) antidérapant 77.
patin(m) de chenille(f) 111.
patin(m) de course(f) 128.
patin(m) de figure(f) 128.
patin(m) de hockey(m) 128.
patinage(m) 128.
patinoire(f) 126.
patte(f) 22, 28, 123.
patte(f) antérieure 24, 25.
patte(f) avant 21.
patte(f) boutonnée 80.
patte(f) d'épaule(f) 79.
patte(f) de boutonnage(m) 83.
patte(f) de serrage(m) 79.
patte(f) médiane 24, 25.
patte(f) postérieure 24, 25, 27.
pattes(f) 24.
pattes(f) ambulatoires 26.
pattes(f) natatoires 26.
pattes(f) ventouses(f) 24.
pattes(f), principaux types(m) de 23.
pattes(f)-mâchoires(f) 26.
pâturage(m) 49.
paturon(m) 20.
paume(f) 36, 123.
paupière(f) 28.
paupière(f) inférieure 27, 35.
paupière(f) supérieure 27, 35.
pause(f) 112.
pause(f)/arrêt(m) sur l'image(f) 88.
pavillon(m) 35, 115.
peau(f) 27.
peau(f) de batterie(f) 116.
peau(f) de timbre(m) 116.
pêche(f) 43.
pédale(f) 98, 99, 116.
pédale(f) d'accélérateur(m) 91.
pédale(f) de débrayage(m) 91.
pédale(f) de frein(m) 91.
pédale(f) de sourdine(f) 113.
pédale(f) douce 113.
pédale(f) forte 113.
pédoncule(m) 17.
peinture(f) 77.
pelle(f) 52, 66.
pelle(f) hydraulique 151.
pelleteuse(f) 150.
pénis(m) 31.
perceuse(f) électrique 76.
perforation(f) 78.
pergola(f) 51.
périscope(m) 103.
péroné(m) 33.
perron(m) 56.
persienne(f) 57.
pèse-personne(m) 142.
pétales(f) 17.
petit bois(m) 57.
petit montant(m) 57.
petit-suisse(m) 47.
petite lame(f) 139.
Petite Ourse(f) 11.
petits pois(m) 39.
phare(m) 90, 95, 100, 111.
phare(m) central 100.
phare(m) d'atterrissage(m) 105.
phases(f) de la Lune(f) 10.
Phobos 9.
phoque(m) 30.
piano(m) 117.
piano(m) droit 113.
pic(m) 14.
piccolo(m) 117.
pichet(m) 64.

pièce(f) de jonction(f) 147.
pied(m) 19, 22, 26, 32, 39, 53, 60, 62, 63, 116
pied(m) arrière 60.
pied(m) avant 60.
pied(m) de fixation(f) 87.
pied(m) de lit(m) 62.
pied(m) de mât(m) 136.
pied-de-biche(m) 61.
piétement(m) 60.
pignon(m) 46, 56.
pilastre(m) 58.
pile(f) 89, 97.
pilier(m) droit 119.
pilier(m) gauche 119.
pilon(m) 66.
piment(m) 42.
pince(f) 76.
pince(f) 26, 66, 83, 143.
pince-notes(m) 73.
pinceau(m) 77.
pinceau(m) 73.
pique(m) 140.
piquet(m) 124, 138.
piscine(f) 134.
piscine(f) 102.
pissenlit(m) 38.
pistache(f) 46.
piste(f) cyclable 152.
pistil(m) 17.
pistolet(m) 110.
pistolet(m) de distribution(f) 96.
pistons(m) 115.
pivot(m) 128, 134.
plafonnier(m) 63.
plage(f) 13.
planche(f) à voile(f) 136.
planche(f) de vol(m) 25.
planètes(f) du système(m) solaire 9.
plante(f) grimpante 51.
plante(f), les parties(f) d'une 16.
plaque(f) 28.
plaque(f) chauffante 68.
plaque(f) d'instructions(f) 76.
plaque(f) de protection(f) 116.
plaque(f) du lanceur(m) 122.
plaque(f) signalétique 76.
plaqueur(m) droit 120.
plaqueur(m) gauche 120.
plastron(m) 28, 108, 121, 123, 127.
plat(m) 124.
plat(m) à poisson(m) 64.
plat(m) de dos(m) 61.
plat(m) ovale 64.
plate-bande(f) 51.
plate-forme(f) 77, 128, 142.
plate-forme(f) de 10 m 134.
plate-forme(f) de 3 m 134.
plate-forme(f) de 5 m 134.
plate-forme(f) de 7,5 m 134.
plateau(m) 14, 60, 142, 145.
plateau(m) de clavier(m) 113.
plateau(m) tournant 68.
platine(f) 144.
platine(f) cassette(f) 89.
platine(f) tourne-disque(m) 89.
plats(m) à four(m) 67.
pleine lune(f) 10.
pli(m) 80.
plinthe(f) 58.
plongée(f) sous-marine 135.
plongeon(m) 134.
pluie(f) 15.
plume(f) 22.
Pluton 9.
pneu(m) 98.
poche(f) 80, 83.
poche(f) à rabat(m) 80.
poche(f) billet(m) 84.
poche(f) cavalière 83.
poche(f) frontale 84.
poche(f) gilet(m) 80.
poche(f) gousset(m) 83.
poche(f) passepoilée 81.
poche(f) plaquée 83.
poche(f) poitrine(f) 83.
poche(f) raglan(m) 79.
poche(f) repose-bras 80.

pochette(f) 80.
podomètre(m) 143.
poêle(f) à frire 67.
poids(m) 142.
poignard(m) 109.
poignée(f) 68, 69, 70, 75, 84, 86, 93, 95,
    114, 131, 132, 133, 137.
poignée(f) auxiliaire 76.
poignée(f) de frein(m) 98.
poignée(f) de porte(f) 57, 90.
poignée(f) montoir(m) 94, 147.
poignée(f) pistolet(m) 76.
poignet(m) 21, 32, 36.
poignet(m) de chemise(f) 80.
poils(m) absorbants 16.
poinçon(m) 139.
point(m) 140.
point(m) d'amure(f) 136.
point(m) d'écoute(f) 136.
point(m) d'encochage(m) 137.
point(m) de mise(f) au jeu(m) 126.
point(m) de penalty(m) 118.
pointe(f) 13, 17, 26, 39, 65, 75, 114, 128,
    132, 137.
pointe(f) de bâton(m) 133.
pointe(f) de dent(f) 149.
pointe(f) de ski(m) 133.
poire(f) 43.
poireau(m) 41.
pois(m) chiches 39.
pois(m) mange-tout 39.
poisson(m) 27.
poitrail(m) 20.
poitrine(f) 22, 31.
poivrière(f) 64.
poivron(m) 42.
polo(m) 81.
pomme(f) 43, 53.
pomme(f) de douche(f) 59.
pomme(f) de terre(f) 40.
pommeau(m) 123.
pompe(f) 98.
pont(m) 84, 144.
pont(m) "bain(m) de soleil(m)" 102.
pont(m) à poutre(f) simple 97.
pont(m) arrière 102.
pont(m) avant 102.
pont(m) cantilever 97.
pont(m) du réacteur(m) 103.
pont(m) en arc(m) 97.
pont(m) supérieur 104.
pont(m) suspendu 97.
pont-levis(m) 55.
pont-promenade(m) 102.
pontet(m) 110.
ponts(m) 97.
porc(m) 50.
porcherie(f) 49.
porte(f) 70, 93, 104, 138.
porte(f) coulissante 59.
porte(f) de la soute(f) 107.
porte(f) étagère(f) 70.
porte(f) extérieure 57.
porte-bagages(m) 93, 98.
porte-bidon(m) 98.
porte-gomme(f) 72.
porte-mine(f) 72.
porte-monnaie(m) 84.
porte-monnaie(m) 84.
porte-rouleau(m) 59.
porte-savon(m) 59.
porte-serviettes(m) 59.
portée(f) 112.
portefeuille(m) 84.
portière(f) 90.
poste(m) à clavier(m) 85.
poste(m) de carburant(m) 152.
poste(m) de commandement(m) 111.
poste(m) de contrôle(m) 103.
poste(m) de pilotage(m) 104, 105, 107, 111.
poste(m) sans cordon(m) 85.
poste(m) téléphonique 85.
postillon(m) 50.
pot(m) d'échappement(m) 95.
poteau(m) de double(f) 130.
poteau(m) de simple(m) 130.
potence(f) 98.

potiron(m) 42.
pouce(m) 22, 23, 36, 79, 123.
poulailler(m) 49.
poulaine(f) 108.
poule(f) 50.
poulie(f) 77, 109, 137.
poupe(f) 102, 136.
pourcentage(m) 74.
pousse(f) 16.
poussin(m) 50.
poussoir(m) d'arrêt(m) 141.
poussoir(m) de mise(f) en marche(f) 141.
poussoir(m) de remise(f) à zéro(m) 141.
poutre(f) cantilever 97.
poutre(f) de queue(f) 105.
poutre(f) de rigidité(f) 97.
poutre(f) suspendue 97.
prairie(f) 49.
préblindage(m) 111.
premier but(m) 122.
premier croissant(m) 10.
premier espace(m) 129.
premier étage(m) 106.
premier juge(m) de ligne(f) 120.
premier quartier(m) 10.
premier violon(m) 117.
premier-but(m) 122.
première nageoire(f) dorsale 27.
prémolaires(f) 34.
presse-agrumes(m) 66.
pression(f) 83.
pression(f) à l'entrejambe(m) 83.
prise(f) chronométrée 69.
prise(f) de télécommande(f) 87.
prise(f) du casque(m) 86.
prise(f) électrique 93.
prisme(m) 71.
prix(m) à l'unité(f) 142.
prix(m) à payer 142.
profiterole(f) 48.
profondimètre(m) 135.
programmateur(m) 69.
projecteur(m) de diapositives(f) 87.
projecteur(m) orientable 146, 147.
propulseur(m) d'étrave(f) 102.
protège-côtes(m) 121.
protège-coude(m) 127.
protège-gorge(m) 123, 127.
protège-matelas(m) 62.
protège-tendon(m) 128.
protège-tibia(m) 121, 123.
protubérance(f) 10.
proue(f) 102, 136.
prune(f) 43.
pubis(m) 31.
punaises(f) 73.
pupille(f) 35.
pupille(f) verticale 28.
pupitre(m) du chef(m) d'orchestre(m) 117.
pylône(m) 97.
pyramide(f) 71.

quadruple croche(f) 112.
quart(m) de soupir(m) 112.
quart-arrière(m) 120.
quartier(m) 78.
queue(f) 17, 20, 21, 22, 26, 27, 28, 104.
queue(f) de gaz(m) 11.
queue(f) de poussières(f) 11.

rabat(m) 84, 139.
raccord(m) de robinet(m) 53.
raccord(m) de signalisation(f) 93.
racine(f) 16.
racine(f) 16.
racine(f) carrée 74.
racine(f) du nez(m) 36.
racine(f) pivotante 18.
racine(f) principale 16.
racine(f) secondaire 16.
racines(f) 18.
radar(m) 104.
radicelle(f) 16.
radio(f) 86.
radiocassette(f) 86.
radis(m) 40.

radius(m) 33.
raifort(m) 40.
rail(m) 100.
rainure(f) 109, 132.
raisin(m) 44.
ralenti(m) 88.
rameau(m) 16, 18.
ramequin(m) 64.
ramille(f) 18.
rampe(f) 58.
rampe(f) d'éclairage(m) 63.
rampe(f) de signalisation(f) 147.
ramure(f) 18.
râpe(f) 66.
rapière(f) 109.
rappel(m) de mémoire(f) 74.
raquette(f) de tennis(m) 131.
ras-de-cou(m) 81.
râteau(m) 52.
ravier(m) 64.
rayon(m) 18, 84, 98.
rayon(m) de miel(m) 25.
rayon(m) épineux 27.
rayon(m) mou 27.
ré(m) 112.
réacteur(m) 103.
rebobinage(m) 87, 88.
rebord(m) 69.
réceptacle(m) 17.
receveur(m) 123.
receveur(m) 122.
recherche(f) des canaux(m) 88.
récipient(m) 68.
rectangle(m) 71.
rectangle(m) des instructeurs(m) 122.
réflecteur(m) 87.
réfrigérateur(m) 70.
réfrigérateur(m) 70.
réglage(m) de la tonalité(f) 116.
réglage(m) du diaphragme(m) 144.
réglage(m) du four(m) 69.
réglage(m) du pas(m) 143.
réglage(m) du volume(m) 86, 88, 116.
réglage(m) du zoom(m) 144.
réglage(m) en hauteur(f) 87.
réglage(m) en hauteur(f) du
  condenseur(m) 144.
réglage(m) micrométrique de
  l'azimut(m) 145.
réglage(m) micrométrique de la
  latitude(f) 145.
réglages(m) du viseur(m) électronique 89.
règle(f) graduée 72.
règle(f) graduée 139.
régulateur(m) de pression(f) 67.
reins(m) 20, 32.
rejet(m) 18.
relanceur(m) 130.
remise(f) 51.
remorque(f) 94, 100.
renfort(m) de pointe(f) 128.
renseignements(m) 152.
repère(m) de touche(f) 114, 116.
repère(m) de virage(m) de dos(m) 134.
repose-pied(m) 95.
réservoir(m) 68, 143, 146.
réservoir(m) à carburant(m) 105.
réservoir(m) à essence(f) 90, 95.
réservoir(m) d'hydrogène(m) liquide 106.
réservoir(m) d'oxygène(m) liquide 106.
réservoir(m) de carburant(m) 94, 100, 111.
réservoir(m) de chasse(f) d'eau(f) 59.
réservoir(m) de kérosène(m) 106.
réservoir(m) de mercure(m) 143.
réservoir(m) magmatique 13.
réservoir(m) propane(m) 93.
réservoirs(m) 107.
restaurant(m) 152.
retour(m) rapide 86.
rétroviseur(m) 91, 94, 95.
rétroviseur(m) extérieur 90.
revers(m) 80.
revolver(m) 110.
rez-de-chaussée(m) 56.
rhinocéros(m) 29.
rhubarbe(f) 39.
ricotta(f) 47.

rinceau(m) 61.
rivet(m) 128.
rivière(f) souterraine 14.
robinet(m) 59.
rocaille(f) 51.
Roi(m) 140.
romaine(f) 38.
rond(m) central 118.
ronde(f) 112.
rondelle(f) 127.
rondelle(f) 132, 133.
rosace(f) 114.
rosée(f) 15.
rotor(m) anticouple 105.
rotule(f) 33, 76.
roue(f) 53, 90, 111.
roue(f) libre 99.
rouge(f) 71.
roulé(m) 48.
rouleau(m) 77.
roulement(m) à billes(f) 128.
roulette(f) 128.
ruban(m) 143.
ruban(m) adhésif 72.
ruban(m) adhésif·123, 125.
ruche(f) 25.
rugby(m) 119.
rugby(m), ballon(m) 119.
rugby(m), terrain(m) 119.
rutabaga(m) 40.

S
sable(m) 141.
sablier(m) 141.
sabot(m) 20.
sabot(m) de protection(f) 149.
sabre(m) 109.
sac(m) à dos(m) 139.
sac(m) à main(f) 84.
sac(m) de couchage(m) 139.
sacoche(f) 99.
salade(f) de fruits(m) 48.
saladier(m) 64.
salière(f) 64.
salle(f) à manger 102.
salle(f) de bains(m) 59.
salle(f) de bal(m) 102.
salle(f) de jeux(m) 102.
salle(f) des machines(f) 102.
salopette(f) 83.
salsifis(m) 40.
Sandow(m)® 138.
sangle(f) 130.
sangle(f) de compression(f) 139.
sangle(f) de fermeture(f) 139.
sas(m) 107.
sas(m) d'accès(m) arrière 103.
Saturne 9.
saucière(f) 64.
saxophone(m) 115.
scarole(f) 38.
schnorchel(m) hissable 103.
scie(f) égoïne(f) 75.
score(m) doublé 137.
score(m) triplé 137.
scorsonère(f) 40.
sébile(f) de remboursement(m) 85.
second juge(m) de ligne(f) 120.
second violon(m) 117.
seconde nageoire(f) dorsale 27.
secondeur(m) au centre(m) 120.
secondeur(m) extérieur droit 120.
secondeur(m) extérieur gauche 120.
segment(m) abdominal 24.
sein(m) 31.
seizième(m) de soupir(m) 112.
séjour(m) 138.
sélecteur(m) de canaux(m) 88.
sélecteur(m) de durée(f) de l'annonce(f) 85.
sélecteur(m) de durée(f) du message(m) 85.
sélecteur(m) de fonctions(m) 87.
sélecteur(m) de micro(m) 116.
sélecteur(m) de stations(f) 86.
sélecteur(m) de vitesse(f) 95.
sélecteur(m) télé(f)/vidéo(m) 88.
sélecteurs(m) de mode(m) 86.
selle(f) 84, 98.
selle(f) biplace 95.

selle(f) de rail(m) 100.
sellette(f) d'attelage(m) 94.
semelle(f) 128, 132.
semelle(f) antidérapante 83.
semelle(f) d'usure(f) 78.
semelle(f) de chargeur(m) 110.
semelle(f) intercalaire 78.
semi-remorque(f) 94.
sens(m) interdit 152.
sensibilité(f) du film(m) 87.
sépales(m) 17.
serpent(m) venimeux 28.
serpentin(m) 69.
serre(f) 23, 49.
serre-joint(m) 76.
serre-poignet(m) 131.
serre-tête(m) 86, 131, 133.
serrure(f) 57, 90.
serveur(m) 130.
service(m) d'entretien(m) 96.
seuil(m) 57.
si(m) 112.
siège(m) 60, 61.
signaux(m) routiers, principaux 152.
sillet(m) 113, 114.
sillon(m) 36.
silo(m)-couloir(m) 49.
silo(m)-tour(f) 49.
siphon(m) 14.
ski(m) alpin 132.
ski(m) de fond(m) 133.
ski(m) de fond(m) 133.
socle(m) 68, 96, 142, 143.
soie(f) 65.
soies(f) 77.
sol(m) 112.
Soleil(m) 10.
Soleil(m) 9.
soleret(m) 108.
sommet(m) 14.
sommier(m) 62, 113.
sorbet(m) 48.
sortie(f) 25.
souche(f) 18.
souche(f) 56.
soucoupe(f) 64.
soufflé(m) 48.
soufflet(m) 84.
soulier(m) 133.
soulier(m) à crampons(m) 123.
soupape(f) 67.
soupape(f) d'évacuation(f) 115.
soupière(f) 64.
soupir(m) 112.
sourcil(m) 35.
sourcils(m) 21.
souris(f) 74.
sous-marin(m) 103.
sous-sol(m) 56.
sous-taie(f) 62.
soustraction(f) 74.
soustraction(f) en mémoire(f) 74.
soute(f) à bagages(m) 105.
spatule(f) 66, 132, 133.
spectre(m) solaire 71.
sphère(f) 71.
sphère(f) d'hélium(m) 106.
spicule(m) 10.
spores(f) 19.
squelette(m) 33.
stabilisateur(m) 105, 137, 146, 148, 151.
stabilisateur(m) de roulis(m) 102.
stalactite(f) 14.
stalagmite(f) 14.
station-service(f) 96.
stationnement(m) interdit 152.
sternum(m) 33.
stigmate(m) 17, 24.
stilton(m) 47.
stipule(f) 17.
stop(m) 21, 152.
style(m) 17, 141.
stylo(m) à bille(f) 72.
stylo(m) à plume(f) 72.
sucrier(m) 64.
support(m) 63, 116.
support(m) de fixation(f) 145.

support(m) de pouce(m) 115.
surface(f) de but(m) 118.
surface(f) de coin(m) 118.
surface(f) de cuisson(f) 69.
surface(f) de frappe(f) 123.
surface(f) de l'eau(f) 134.
surface(f) de réparation(f) 118.
surface(f) solaire 10.
surfaces(f) 71.
surligneur(m) 72.
surpiqûre(f) 78, 83.
suspension(f) 63.
suspente(f) 97.
symboles(m) d'usage(m) courant 152.
système(m) audio 91.
système(m) solaire 9.

T
tabatière(f) 56.
table(f) à abattants(m) 60.
table(f) d'harmonie(f) 113, 114.
tableau(m) de bord(m) 91.
tableau(m) de bord(m) 95.
tablette(f) 77.
tablette(f) d'appui(f) 57.
tablette(f) de verre(m) 70.
tablier(m) 97.
tache(f) 10.
taie(f) d'oreiller(m) 62.
taille(f) 32.
taille-crayon(m) 73.
talon(m) 32, 78, 114, 123, 127, 131, 132, 133.
talonneur(m) 119.
talonnière(f) 132.
tamis(m) 131.
tapis(m) de sol(m) cousu 138.
taquet(m) coinceur 136.
tarse(m) 33.
tarte(f) 48.
tartelette(f) 48.
tasse(f) à café(m) 64.
tasse(f) à thé(m) 64.
tassette(f) 108.
tee-shirt(m) 83.
T.G.V. 100.
télécommande(f) 88.
télécommande(f) 87.
téléphone(m) 152.
téléphone(m) cellulaire portatif 85.
téléphone(m) public 85.
téléphone(m)-répondeur(m) 85.
télescope(m) 145.
téléviseur(m) 88.
témoin(m) d'ouverture(f) de porte(f) 91.
témoin(m) de ceinture(f) de sécurité(f) 91.
témoin(m) de charge(f) 91.
témoin(m) de niveau(m) d'huile(f) 91.
température(f) désirée 143.
température(f) réelle 143.
température(f), mesure(f) de la 143.
temps(m) 15.
temps(m), mesure(f) du 141.
tendeur(m) 138.
tendeur(m) de timbre(m) 116.
tennis(m) 130, 131.
tennis(m), balle(f) 131.
tennis(m), joueuse(f) 131.
tennis(m), terrain(m) 130.
tente(f) 138.
tente(f) familiale 138.
tente(f) intérieure 138.
terrasse(f) 51.
terrasse(f) extérieure 102.
Terre(f) 9.
tête(f) 21.
tête(f) 11, 24, 25, 26, 32, 75, 76, 114,
  116, 125, 131.
tête(f) basculante 68.
tête(f) d'attelage(m) 93, 100.
tête(f) de frappe(f) 75.
tête(f) de lit(m) 62.
tête(f) de mât(m) 136.
tête(f) du rotor(m) 105.
têtes(f) 75.
têtière(f) 136.
théière(f) 64.
thermomètre(m) 143.
thermomètre(m) médical 143.

Les termes en **caractères gras** renvoient à une illustration.

INDEX FRANÇAIS

thermostat(m) 67, 68.
thermostat(m) d'ambiance(f) 143.
thorax(m) 24, 31.
tibia(m) 33.
tige(f) 16.
tige(f) 16, 39, 75, 128, 133, 143.
tige(f) de selle(f) 98.
tige(f) filetée 76.
timbale(f) 117.
timon(m) 93.
tipi(m) 54.
tir(m) à l'arc(m) 137.
tirant(m) 148.
tire-bouchon(m) 66, 139.
tire-racines(m) 52.
tire-veille(f) 136.
tiroir(m) 60, 69.
Titan 9.
toile(f) 84.
toilette(f) 59.
toilettes(f) 152.
toit(m) 25, 56.
toit(m) ouvrant 90.
toiture(f) 25.
tomate(f) 42.
tomme(f) au raisin(m) 47.
tondeuse(f) à gazon(m) 53.
topinambour(m) 40.
torpille(f) 103.
torrent(m) 14.
tortue(f) 28.
totalisateur(m) journalier 91.
touche(f) 113, 114.
touche(f) d'enregistrement(m) 89.
touche(f) de décimale(f) 74.
touche(f) de fonction(f) 142.
touche(f) de résultat(m) 74.
touche(f) de sélection(f) manuelle 87.
touche(f) numérique 74.
toucher(m), sens(m) du 36.
touches(f) de préréglage(m) 88.
tour(f) 148.
tour(f) de flanquement(m) 55.
tour(f) de guet(m) 55.
tour(f) de sauvetage(m) 106.
tour(m) de coquille(f) 26.
tourelle(f) 146, 151.
tourelle(f) mobile 111.
tourelle(f) porte-objectif(m) 144.
tournevis(m) 75.
tournevis(m) 139.
tournevis(m) cruciforme 139.
tours(f) d'angle(m) 55.
tracteur(m) 94, 150.
tracteur(m) 94.
tracteur(m) à chenilles(f) 149.
train(m) à grande vitesse(f) (T.G.V.) 100.
train(m) d'atterrissage(m) avant 104.
train(m) d'atterrissage(m) principal 104.
train(m) routier 94.
tranchant(m) 65.

transplantoir(m) 52.
trapèze(m) 71.
travée(f) centrale 97.
travée(f) latérale 97.
traverse(f) 60, 100.
traverse(f) inférieure 57.
traverse(f) intermédiaire 57.
traverse(f) supérieure 57.
traversin(m) 62.
trèfle(m) 140.
treillis(m) 51.
tremplin(m) de 1 m 134.
tremplin(m) de 3 m 134.
trench(f) 79.
trépied(m) 116, 145.
tréteau(m) 60.
treuil(m) de levage(m) 148.
triangle(m) 71, 117.
tribord(m) 102.
tricots(m) 81.
tringle(f) de pédale(f) 113.
tringle(f) de tension(f) 116.
triple croche(f) 112.
Triton 9.
trois-portes(f) 92.
trois-quarts(m) 119.
troisième but(m) 122.
troisième étage(m) 106.
troisième-but(m) 122.
trombone(m) 117.
trombones(m) 72.
trompe(f) 24.
trompette(f) 115.
trompette(f) 117.
tronc(m) 18, 32.
tronc(m), coupe(f) du 18.
trop-plein(m) 59.
trotteuse(f) 141.
truffe(f) 21.
truie(f) 50.
tuba(m) 117, 135.
tube(m) 144, 145.
tube(m) capillaire 143.
tube(m) de verre(m) 141.
tube(m) lance-missiles(m) 103.
tuner(m) 89.
tunnel(m) de communication(f) 107.
turbine(f) 103.
turboréacteur(m) 104.
tuteur(m) 51.
tuyau(m) 146.
tuyau(m) d'air(m) 135.
tuyau(m) d'arrosage(m) 53.
tuyau(m) d'aspiration(f) 147.
tuyau(m) d'échappement(m) 149.
tuyère(f) 105, 106.
tympan(m) 27, 28.
type(m) de carburant(m) 96.

 unité(f) centrale 74.
Uranus 9.

ustensiles(m) de cuisine(f) 66.

 vache(f) 50.
vaisselle(f) 64.
Valet(m) 140, 144.
valeur(f) des notes(f) 112.
valeur(f) des segments(m) 137.
valeur(f) des silences(m) 112.
vallée(f) 14.
valve(f) 98.
veau(m) 50.
véhicule(m) tout-terrain(m) 92.
véhicules(m) d'incendie(m) 146, 147.
ventilateur(m) des radiateurs(m) 100.
ventre(m) 20, 22, 31.
Vénus 9.
verger(m) 49.
vérin(m) d'inclinaison(f) de la lame(f) 149.
vérin(m) de défonceuse(f) 149.
vérin(m) de dressage(m) 146, 148.
vérin(m) de la flèche(f) 150, 151.
vérin(m) de levage(m) de la lame(f) 149.
vérin(m) du bras(m) 150.
vérin(m) du bras(m) de levage(m) 150.
vérin(m) du godet(m) 150, 151.
vérin(m) hydraulique 93.
verre(m) teinté 84.
verseuse(f) 68.
versant(m) 14.
vert(m) 71.
vertèbre(f) 33.
veste(f) 82.
veste(f) droite 80.
veste(f) droite 80.
vêtement(m) isothermique 135.
vêtements(m) d'enfant(m) 83.
vêtements(m) d'homme(m) 79, 80.
vêtements(m) de femme(f) 82.
violet(m) 71.
violon(m) 114.
violoncelle(m) 117.
virage(m) à droite(f) 152.
virole(f) 65, 77.
vis(f) 75.
vis(f) 114.
vis(f) de blocage(m) (azimut(m)) 145.
vis(f) de blocage(m) (latitude(f)) 145.
vis(f) de centrage(m) du condenseur(m) 144.
vis(f) de serrage(m) 76.
vis(f) de tension(m) 116.
vis(f) macrométrique 144.
vis(f) micrométrique 144.
visage(m) 31.
viseur(m) électronique 89.
viseur(m) périscopique 111.
visière(f) 79.
Voie(f) lactée 11.
voile(f) 136.
voile(m) du palais(m) 34.
voiture(f) 100.
voiture(f) sport 92.

volant(m) 62, 91.
volant(m) de manœuvre(f) 147.
volcan(m) 13.
volcan(m) au repos(m) 13.
volet(m) 107.
voltigeur(m) de centre(m) 122.
voltigeur(m) droit 122.
voltigeur(m) gauche 122.
volumes(m) 71.
volute(f) 61, 114.
volve(f) 19.
voûte(f) du palais(m) 34.
voyant(m) 67, 68, 69.
voyant(m) de mise(f) en circuit(m) 85.
voyant(m) de réception(f) de messages(m) 85.
vue(f), sens(m) de la 35.
vulve(f) 31.

 **wagon(m) à bestiaux(m) 101.**
wagon(m) couvert 101.
wagon(m) de queue(f) 101.
wagon(m) plat 101.
wagon(m) plat à parois(f) 101.
wagon(m) plat surbaissé 101.
wagon(m) porte-automobiles(m) 101.
wagon(m) porte-conteneurs(m) 101.
wagon(m) rail(m)-route(f) 101.
wagon(m) réfrigérant 101.
wagon-citerne(m) 101.
wagon-tombereau(m) 101.
wagon-trémie(m) 101.
wagons(m), types(m) de 101.
wigwam(m) 54.
wishbone(m) 136.

X xylophone(m) 117.

Y **yourte(f) 54.**

Z **zèbre(m) 29.**
zone(f) de but(m) 120, 126.
zone(f) de convection(f) 10.
zone(f) de radiation(f) 10.
zone(f) neutre 120.
zone(f) réservée 129.

1 m springboard 134.
1/10th second hand 141.
10 m platform 134.
10 yards line 119.
1st valve slide 115.
25 ring 137.
25 yards line 119, 125.
2nd valve slide 115.
3 m platform 134.
3 m springboard 134.
3rd valve slide 115.
5 m platform 134.
5 yards line 119.
7,5 m platform 134.

A

a 112.
abdomen 24, 25, 26, 31.
abdominal segment 24.
abutment 97.
acanthus leaf 61.
accessory shoe 87, 89.
accidentals 112.
Ace 140.
action assembly 113.
actual temperature 143.
add in memory 74.
add key 74.
adhesive tape 72.
adjustable wrench 76.
adjusting screw 76.
aerial ladder truck 146.
Africa 12.
air hose 135.
air inlet 105.
air lock 103.
air unit 78.
air-cleaner filter 149.
ala 36.
alighting board 25.
alley 130.
almond 46.
alpine skiing 132.
alternator warning light 91.
altitude clamp 145.
altitude fine adjustment 145.
AM-FM cassette player 86.
AM-FM cassette recorder 86.
AM-FM tuner 86, 89.
American corn bread 37.
American white bread 37.
ammunition stowage 111.
amplifier 89.
anal fin 27.
analogue watch 141.
anchor 102.
ankle 31.
announcement time selector 85.
annual ring 18.
Antarctica 12.
antenna 24, 25, 26, 86, 90, 104, 111
antennule 26.
anther 17.
anti-slip shoe 77.
anti-torque tail rotor 105.
anticollision light 104.
apple 43.
apricot 43.
apron 60, 61.
aquatic bird 23.
aquatic bird 23.
arbor 51.
arch 97.
arch bridge 97.
archery 137.
Arctic 12.
arm 20, 32, 53, 150, 151.
arm cylinder 150, 151.
arm guard 121.
arm pad 127.
arm stump 61.
armchair 61.
armor 108.
armor 111.
armored plate 111.
armrest 61.
arrow 137.
arrow rest 137.

artichoke 41.
articulated road train 94.
ash layer 13.
Asia 12.
asparagus 39.
assist handle 93.
asteroids 9.
Atlantic Ocean 12.
audio system 91.
auricle 35.
Australia 12.
auto dialer index 85.
auto reverse 86.
auto-off switch 53.
autofocus on/off switch 87.
automatic drip coffee maker 68.
automobile 90, 91.
automobile car 101.
autumn squash 42.
auxiliary handle 76.
avocado 45.
awl 139.
awning channel 93.
axillary bud 16.
axle 128.
azimut clamp 145.
azimut fine adjustment 145.

B

b 112.
back 20, 21, 22, 32, 60, 65, 75.
back judge 120.
back pad 127.
back-hoe 150.
back-hoe controls 150.
backboard 129.
backcourt 130.
backgammon 140.
backguard 69.
backstay 128.
backstep 147.
backstroke turn indicator 134.
backup light 92.
baggage compartment 100, 105.
baguette 37.
bail 124.
bailey 55.
ball bearing 72, 128.
ball, (rugby) 119.
ball, baseball 123.
ball, cricket 124.
ball, hockey 125.
ball, soccer 118.
ball, tennis 131.
ballast 100.
ballpoint pen 72.
ballroom 102.
baluster 58.
banana 45.
bar 140.
bar line 112.
barn 49.
barrel 110, 137.
base 142.
baseball 122, 123.
baseball, ball 123.
baseboard 58.
baseline 130.
basement 56.
basement window 56.
basket 129.
basket 67, 68, 129, 132, 133.
basketball 129.
basketball, field 129.
basketball, game 129.
bass clarinet 117.
bass drum 116.
bass drum 117.
bass pickup 116.
bassoon 117.
bat, baseball 123.
bat, cricket 124.
bathroom 59.
bathroom scales 142.
bathtub 59.
batrachian 27.
batsman 124.
batten 136.

batten pocket 136.
batter 123.
batter 122.
batter head 116.
batter's helmet 123.
battery 89.
batting glove 123.
battlement 55.
bay window 56.
bayonet 109.
bayonet base 63.
beach 13.
beam 142.
bean sprouts 39.
beater 68.
beater ejector 68.
beaver 108.
bed 62.
beet 40.
bell 115.
bell brace 115.
belly 20, 22.
belt 79, 83.
belt buckle 79.
belt loop 80.
Bermuda shorts 83.
berries 44.
bib 83.
bicycle 98, 99.
bicycle bag 99.
bicycle lane 152.
bidet 59.
bill 22.
bill compartment 84.
bills, major types of 23.
binding 79, 133.
binocular microscope 144.
binoculars 144.
bird 22.
bird of prey 23.
bird of prey 23.
Black 140.
black currant 44.
black rye bread 37.
black salsify 40.
Black Sea 12.
blade 149.
blade 17, 65, 75, 125, 127, 128.
blade lift cylinder 149.
blade tilt cylinder 149.
blank 140.
blanket 62.
blender 68.
blouse 131.
blouses 82.
blue 71.
blue cheese 47.
blue line 126.
blueberry 44.
board 136.
boarding step 105.
boards 126.
boat-shape pastry 48.
bodies, types of 92.
body 90.
body 93, 96, 114, 115, 144.
body flap 107.
body guard molding 93.
body pad 127.
body suit 82.
body, front view 31.
body, rear view 32.
boiler 103.
bolster 62, 65.
bolt 76.
bolt 109.
boom 150, 151.
boom cylinder 150, 151.
boot 128, 133, 135.
bottle opener 66, 139.
bottom 132.
bottom bracket axle 99.
bottom line 134.
bottom rail 57.
bow 114.
bow 102, 109, 136.
bow deck 102.

bow thruster 102.
bow window 56.
bowl 65.
bowler 124.
bowling crease 124.
bowstring 109, 137.
box spring 62.
boxcar 101.
brace 77.
brake cable 98.
brake lever 98.
brake pedal 91.
branch 18, 39.
branches 18.
Brazil nut 46.
bread 37.
bread and butter plate 64.
bread guide 68.
breast 22, 31.
breast pocket 83.
breast welt pocket 80.
breastbone 33.
breastplate 108.
bridge 84, 103, 113, 114, 144.
bridge assembly 116.
bridges 97.
brim 79.
bristles 77.
broad beans 39.
broad welt side pocket 79.
broad-leaved endive 38.
broccoli 41.
brood chamber 25.
brush 77.
brush 73.
Brussels sprouts 38.
bucket 150.
bucket cylinder 150, 151.
bucket hinge pin 150.
bucket lever 150.
bucket tooth 150.
buckle 83.
bud 17.
bulb 39, 63, 143.
bulb vegetables 41.
bulkhead flat car 101.
bull's-eye 137.
bulldozer 149.
bumper 90.
bundle 39.
bunk 103.
bunker silo 49.
buoyancy compensator 135.
bush 51.
butt 110, 131.
butt end 127.
butter compartment 70.
butter dish 64.
butterfly 24.
buttock 32.
buttoned placket 83.
buttonhole 81.

C

c 112.
c clef 112.
C degrees 143.
C-clamp 76.
cab 149, 150, 151.
cabbage lettuce 38.
cabin 105.
cabinet 88.
cable 76, 86, 137.
cable guard 137.
cable sleeve 76.
caboose 101.
cabriole 61.
cake 48.
calf 32, 50.
caliper 95.
Callisto 9.
calls indicator 85.
calyx 17.
cambium 18.
camel 30.
Camembert 47.
camera 87.
camera body 87.

The terms in **bold type** indicate the title of an illustration.

163

camping equipment 138, 139.
can opener 66, 139.
canine 34.
cannon 20, 111.
canopy 84, 138, 151.
cantaloupe 42.
cantilever bridge 97.
cantilever span 97.
canvas divider 138.
cap 79.
cap 19, 72.
capillary bore 143.
captain's quarters 102.
car coat 82.
car wash 96.
carafe 68.
carapace 26, 28.
caravan 93.
caraway seeded rye bread 37.
card games 140.
card slot 84.
cardigan 81.
cardoon 39.
Caribbean Sea 12.
carpal bone 33.
carpentry 75.
carrier 98.
carrot 40.
cars, types of 101.
cartridge 72, 110.
case 113, 141, 143.
cash readout 96.
cashew 46.
cassette 86.
cassette deck 89.
cassette holder 89.
cassette loading slot 88.
cassette player 86.
cassette player controls 86.
castanets 117.
castle 55.
castle 55.
cat 21.
cat's forepaw 21.
cat's head 21.
catch glove 127.
catcher 123.
catcher 122.
catcher's glove 123.
catenary 100.
caterpillar 24.
cauliflower 41.
cave 14.
cave 13.
CD player 89.
ceiling fixture 63.
celeriac 40.
celery 39.
cell 25.
cello 117.
Celsius scale 143.
center 120, 126, 129.
center back 118.
center circle 118, 129.
center console 91.
center face-off circle 126.
center field 122.
center fielder 122.
center flag 118.
center forward 118, 125.
center half 125.
center line 125, 126, 129.
center mark 130.
center service line 130.
center span 97.
center spot 118.
center strap 130.
Central America 12.
central processing unit 74.
cephalothorax 26.
chain 99.
chain guide 99.
chain mail 108.
chain stay 98.
chain wheels 99.
chandelier 63.
channel scan buttons 88.

channel selector control 88.
chapel 55.
charlotte 48.
cheek 21, 31, 75.
cheeses 47.
cherimoya 45.
cherry 43.
chest 20, 31.
chest protector 121, 123.
chestnut 20, 46.
Chèvre 47.
chick 50.
chick-peas 39.
chicory 38.
children's clothing 83.
chimney 56.
chimney pot 56.
chimney stack 56.
chin 22, 31.
chin strap 121.
China Sea 12.
Chinese cabbage 38.
chive 41.
chrysalis 24.
chuck 76.
circle 71.
citrus fruits 44.
citrus juicer 66.
clam-cleat 136.
clarinet 117.
classical guitar 114.
claw 21, 22, 24, 26, 28, 75.
claw hammer 75.
clear key 74.
clear-entry key 74.
cleated shoe 121.
clefs 112.
clew 136.
cliff 13, 14.
climbing plant 51.
clinical thermometer 143.
clip 73.
clip 72, 143.
clock 91.
clock operator 129.
clock timer 69.
cloud 15.
cloud of volcanic ash 13.
club 140.
club chair 61.
clump of flowers 51.
clutch lever 95.
clutch pedal 91.
coach car 100.
coach's box 122.
coarse adjustment knob 144.
coastal features 13.
coats 82.
cob 39.
cobbler 48.
coccyx 33.
cockleshell 61.
coconut 46.
coffee mug 64.
coin pocket 84.
coin purse 84.
coin return bucket 85.
coin return knob 85.
coin slot 85.
coinbox telephone 85.
colander 66.
collar 16, 78.
collarbone 33.
column 14.
coma 11.
comet 11.
comforter 62.
command control dial 87.
command module 106.
commander's seat 111.
commando knife 109.
commissure of lips 34.
compass 135.
compass bridge 102.
competitive course 134.
compound bow 137.

compound eye 24, 25.
compressed-air cylinder 135.
condenser 144.
condenser adjustment knob 144.
condenser centering screw 144.
conductor's podium 117.
cone 13, 71.
conning tower 103.
constellations 11.
constriction 143.
container 68.
container car 101.
continents 12.
continuous truss bridge 97.
contrabassoon 117.
control cable 99.
control deck 103.
control knob 69.
control panel 87, 147.
control stick 105.
control wheel 147.
convection zone 10.
convertible 97.
cooking utensils 67.
cooktop 69.
cooktop edge 69.
cordless telephone 85.
core 10.
corkscrew 66, 139.
corn 39.
corn salad 38.
corner arc 118.
corner flag 118, 125.
corner tower 55.
cornet 117.
cornice 56, 57.
corolla 17.
corona 10.
cos lettuce 38.
Cottage cheese 47.
counter 78.
counterjib 148.
counterjib ballast 148.
counterweight 145, 148.
coupler head 100.
court 130.
couter 108.
cover 123, 143.
covered parapet walk 55.
cow 50.
cowshed 49.
cradle 145.
crak rye bread 37.
cranberry 44.
crane runway 148.
crank 99, 109.
crater 13.
crawler tractor 149.
cream puff 48.
creamer 64.
crease 80.
crème caramel 48.
crenel 55.
crêpe Suzette 48.
crest 14.
crew neck sweater 81.
cricket 124.
cricket, ball 124.
crisper 70.
crocodile 29.
croissant 37.
crook 115.
cross rail 60.
cross-country ski 133.
cross-country skiing 133.
cross-tip screwdriver 139.
crossbar 98.
crossbow 109.
crosspiece 60.
croup 20.
crown 18, 22, 79.
crustacean 26.
cube 71.
cucumber 42.
cuff 80, 127.
cuisse 108.
culotte 82.

cup 64.
curled endive 38.
curled kale 38.
currant 44.
curtain wall 55.
curved jaw 76.
cushion 128.
cutting blade 68.
cutting edge 65, 149.
cutting weapons 109.
cylinder 71, 110, 146.
cymbals 117.

D
d 112.
daggerboard 136.
dairy 49.
dairy compartment 70.
damper pedal 113.
dandelion 38.
danger 152.
Danish Blue 47.
Danish rye bread 37.
dart 137.
dart 83.
dartboard 137.
darts, game 137.
dashboard 91.
dashboard 95.
data display 89.
date 43.
dead ball line 119.
deadly poisonous mushroom 19.
decimal key 74.
deck 97.
deep fryer 67.
defensive 120.
Deimos 9.
deluge gun 147.
demitasse 64.
depressed-center flat car 101.
depth gauge 135.
desired temperature 143.
desserts 48.
destroying angel 19.
dew 15.
dew cap 145.
dewclaw 21.
dial 141, 142.
diamond 140.
diaphragm 89.
diaphragm control 144.
dice cup 140.
die 140.
diesel engine 149, 150, 151.
diesel-electric locomotive 100.
digital watch 141.
dining room 102.
dinner plate 64.
dinnerware 64.
dipper bucket 151.
disk brake 95.
disk drive 74.
dispenser 72.
display 74, 142.
display panel 88.
distance, measure of 143.
divide key 74.
diving 134.
dog 21.
domestic appliances 68.
dominoes 140.
door 70, 90, 93, 104, 138.
door handle 90.
door lock 90.
door mirror 94.
door open warning light 91.
door shelf 70.
doorknob 57.
dormant volcano 13.
dorsum 36.
double bass 117.
double boiler 67.
double ring 137.
double-blank 140.
double-breasted buttoning 79.
doubles pole 130.
doubles sideline 130.

The terms in **bold type** indicate the title of an illustration.

doublet 140.
doubling die 140.
doughnut 48.
downhaul 136.
downspout 56.
draining spoon 66.
drawbridge 55.
drawer 60, 69.
drawstring 84.
drive chain 98.
drive shaft 105.
driver's cab 100.
driver's seat 111.
drop leaf 60.
drums 116.
dry gallery 14.
dual seat 95.
duck 50.
dump body 151.
dump truck 151.
dune 13.
dust tail 11.
Dutch oven 67.

E
e 112.
ear 35, 60.
ear canal 35.
ear loaf 37.
eardrum 27, 28.
earphone 86.
Earth 9.
edge 128, 132.
edging 51.
edible mushroom 19.
egg tray 70.
eggplant 42.
eighth note 112.
eighth rest 112.
eject 88.
elastic strainer 138.
elastic waistband 80.
elbow 20, 21, 32.
elbow pad 121, 127.
electric drill 76.
electric guitar 116.
electric range 69.
electrical hazard 152.
electrified fence 49.
electronic flash 87.
electronic scales 142.
electronic viewfinder 89.
electronic viewfinder controls 89.
elephant 29.
elevating cylinder 146, 148.
elevator 104.
elevon 107.
Emmenthal 47.
end button 114.
end line 129.
end wall 134.
end zone 120.
engine 111, 151.
engine room 102, 103.
engines 107.
English horn 117.
English loaf 37.
entrance 25.
entrance slide 25.
epaulet 79.
equal key 74.
equipment 52, 53.
eraser 72.
eraser 72.
eraser holder 72.
Europa 9.
Europe 12.
excretory opening 26.
exhaust pipe 95, 105, 149.
exhaust stack 94.
exit cone 25.
expansion chamber 143.
explosive 152.
exposure mode 87.
extension ladder 77.
exterior door 57.
eye 22, 26, 28, 35, 75.
eyeball 27.

eyebrow 35.
eyecup 89.
eyelash 35.
eyelet 78, 84, 128.
eyelet tab 78.
eyelid 28.
eyepiece 144, 145.

F
f 112.
f clef 112.
F degrees 143.
F-1 engine 106.
face 31, 75.
face mask 121, 127.
face-off circle 126.
face-off spot 126.
faculae 10.
Fahrenheit scale 143.
fairing 95.
fallow 49.
family tent 138.
fan trellis 51.
farm's animals 50.
farmhouse 49.
farmhouse bread 37.
farmstead 49.
farmyard 49.
fast forward 88.
fast-forward button 86.
fauces 34.
faucet 59.
fauld 108.
feather 22.
feathering 137.
feet, major types of 23.
felt hat 79.
fender 90, 95, 98.
fennel 39.
ferrule 65, 77.
fetlock 20.
fibula 33.
fifth wheel 94.
figure skate 128.
filament 10, 17, 63.
filler cap 94.
film advance mode 87.
film rewind 87.
film speed 87.
filter 67.
fin 105, 135.
finder 145.
fine adjustment knob 144.
finger 21, 27, 123.
fingerboard 114.
fingernail 36.
fire engines 146, 147.
fire extinguisher 146.
fireman's hatchet 146.
fireman's helmet 146.
first base 122.
first baseman 122.
first dorsal fin 27.
first floor 56.
first quarter 10.
first space 129.
first stage 106.
first violin 117.
first-class cabin 104.
fish 27.
fish platter 64.
fish scaler 139.
fitted sheet 62.
fitting 147.
fixed jaw 76.
flagstone 51.
flammable 152.
flank 20, 22.
flank forward 119.
flanking tower 55.
flap 84.
flap pocket 80.
flare 10.
flashtube 87.
flat 112.
flat car 101.
flat mirror 145.
flat sheet 62.

flews 21.
flight 137.
flight deck 104, 105, 107.
floor lamp 63.
floppydisk 74.
flower 16.
flower bed 51.
flower bud 16.
flower, parts of a 17.
flush handle 59.
flute 117.
fly 80, 83.
fly agaric 19.
fob pocket 83.
focusing knob 145.
focusing mechanism 144.
focusing ring 87, 144.
fodder corn 49.
fog 15.
fog light 92.
folding door 59.
foliage 18.
foot 22, 26, 32, 136.
foot fault judge 130.
foot pocket 135.
foot-jaws 26.
football 121.
football, equipment 121.
football, game 120, 121.
football, uniform 121.
footboard 62.
footbridge 55.
footrest 95.
forearm 21, 32.
forecourt 130.
forehead 22, 31.
foreleg 24, 25.
forest 14.
forewing 24, 25.
fork 65.
fork 98, 145.
forklift truck 148.
forks 148.
forward slide change 87.
foul line 122.
fountain pen 72.
four-door sedan 92.
fourchette 79.
frame 25, 76, 95, 131, 138, 151.
frame push 149.
free-throw lane 129.
free-throw line 129.
freewheel 99.
freezer compartment 70.
freight hold 104.
French bread 37.
French horn 117.
fret 114, 116.
frog 27, 114.
front brake 98.
front compression strap 139.
front derailleur 98, 99.
front headlights 92.
front leg 60.
front pocket 84.
front sight 110.
front top pocket 80, 83.
front-end loader 150.
fruit 16.
fruit salad 48.
fruit vegetables 42.
frying pan 67.
fuel indicator 91.
fuel tank 94, 95, 100, 105, 111.
fulcrum 134.
full back 119.
full moon 10.
fullback 120.
fumarole 13.
fume extractor 111.
function keys 142.
funnel 66, 102.
fuselage 104.

G
g 112.
g clef 112.
gable 56.

gable vent 56.
galaxy 11.
galley 104.
Ganymede 9.
garage 56.
garage driveway 56.
garden fork 52.
garden hose 53.
garden sorrel 38.
garlic 41.
gas pedal 91.
gas tail 11.
gas tank door 90.
gaskin 20.
gasoline pump 96.
gasoline pump 96.
gasoline pump hose 96.
gastropod 26.
gate leg 60.
gate-leg table 60.
gauntlet 108.
gearshift lever 91, 95.
generator 98.
genital opening 26.
German rye bread 37.
geyser 13.
gibbous moon 10.
gill 19.
gill cover 27.
giraffe 29.
glass cover 70.
glass slide 144.
glass tube 141.
glottis 28.
glove 123.
glove 127, 132, 133, 135.
glove compartment 91.
glove finger 79.
gloves 79.
glue stick 73.
gnomon 141.
goal 118, 119, 120, 125, 126.
goal area 118.
goal crease 126.
goal judge 126.
goal line 118, 119, 120, 125, 126.
goalkeeper 127.
goalkeeper 118, 125, 126.
goalkeeper's pad 127.
goat 50.
gondola car 101.
gong 117.
goose 50.
gooseberry 44.
gorge 14.
Gorgonzola 47.
grab handle 94, 147.
granulation 10.
grape 44.
grapefruit 44.
graphic equalizer 89.
grass bag 53.
grater 66.
gravy boat 64.
greave 108.
Greek bread 37.
green 71.
green bean 42.
green cabbage 38.
green peas 39.
greenhouse 49.
grille 90.
grip 137.
groin 31.
groove 109, 132.
Gruyère 47.
guard 58.
guard rail 70.
guardhouse 55.
guava 45.
gun flap 79.
gunner's sight 111.
gusset 84.
gutter 56.
guy line 138.

The terms in **bold type** indicate the title of an illustration.

165

H hail 15.
hailstone 15.
hair 32, 114.
half note 112.
half rest 112.
halfway line 118, 119.
hammer 75.
hammer 110, 113.
hammer rail 113.
hand 32, 36, 141.
hand cultivator 52.
hand fork 52.
hand trowel 52.
hand warmer pocket 80.
hand weeder 52.
handbag 84.
handgrip 95.
handicapped 152.
handkerchief 83.
handle 53, 65, 68, 69, 70, 75, 76, 77, 84, 86, 114, 123, 124, 125, 131.
handlebars 98.
handrail 58.
handsaw 75.
handset 85.
handset cord 85.
hanger loop 81.
hanging basket 51.
hanging pendant 63.
hard cheese 47.
hard palate 34.
harness 135.
harp 117.
hatband 79.
hatch 107, 111.
hatchback 92.
hazelnut 46.
head 11, 24, 25, 26, 32, 39, 75, 76, 114, 116, 131.
head linesman 120.
head of sail 136.
headband 86, 131, 133.
headboard 62.
headland 13.
headlight 90, 95, 100, 111.
headlight/turn signal 91.
headlights 92.
headphone 86.
headphone jack 86.
heads 75.
hearing, organ of 35.
heart 140.
heartwood 18.
heat shield 107.
heater controls 91.
hedge 51.
hedge trimmer 52.
heel 32, 78, 114, 123, 127.
heel piece 132.
height-adjustment lever 53.
helicopter 105.
helium sphere 106.
helix 35.
helmet 108, 121, 127.
hen 50.
hen house 49.
high beam 92.
high-speed train 100.
highlighter pen 72.
hill 14.
hind leg 24, 25, 27.
hind toe 22, 23.
hind wing 24, 25.
hinge 57, 144.
hip 32.
hip pad 121.
hip pad girdle 127.
hipbone 33.
hitting area 123.
hive 25.
hive body 25.
hock 20, 21.
hockey 125.
hockey skate 128.
hockey, field 125.
hoisting block 148.

hoisting rope 77, 148.
home plate 122.
honeybee 25.
honeycomb 25.
hood 90, 135.
hoof 20.
hook 57, 128, 143, 148.
hooker 119.
hopper car 101.
horizontal stabilizer 105.
horn 91, 94, 147.
horns 26.
horny beak 28.
hors d'oeuvre dish 64.
horse 20.
horseradish 40.
hose 146.
hose nozzle 53.
hose trolley 53.
hospital 152.
hot pepper 42.
hourglass 141.
house 55.
house, exterior of a 56.
housing 76.
hub 98.
hubcap 90.
huckleberry 44.
human denture 34.
humerus 33.
husk 39.
hut 54.
hydrant intake 147.
hydraulic jack 93.
hydraulic shovel 151.

I ice cream spoon 66.
ice cube tray 70.
ice dispenser 96.
ice hockey 126, 127.
ice hockey player 127.
igloo 54.
ignition switch 91.
image sensor 89.
in goal 119.
incandescent lamp 63.
incisors 34.
incoming message cassette 85.
index finger 36.
Indian chapati bread 37.
Indian fig 45.
Indian naan bread 37.
Indian Ocean 12.
indicators 88.
indigo 71.
indoor games 140.
infield 122.
inflorescent vegetables 41.
informations 152.
inhaul 136.
inner bark 18.
inner table 140.
inner tent 138.
insect-eating bird 23.
inside 65.
inside left 118.
inside linebacker 120.
inside right 118.
inside-leg snap-fastening 83.
instrument board 91.
instrument board 91.
instrument unit 106.
internal frame 139.
internode 16.
Io 9.
iris 35.
Irish soda bread 37.
isba 54.

J J-2 engine 106.
Jack 140.
jacket 82.
jalousie 57.
jamb 57.
Japanese persimmon 45.
Japanese plum 43.
jaw 76.

jeans 83.
jersey 121.
Jerusalem artichoke 40.
Jewish hallah bread 37.
jib 148.
jib tie 148.
jockey roller 99.
Joker 140.
Jupiter 9.

K **kangaroo 30.**
kernel 39.
kerosene tank 106.
key 113, 115.
key bed 113.
key signature 112.
keyboard 74, 113.
keyboard cable 74.
King 140.
kiosk 96.
kitchen timer 141.
kitchen utensils 66.
kiwi 45.
knee 20, 31.
knee pad 121, 123, 127.
knee sock 133.
kneecap 33.
knife 65.
knife 135.
knit shirt 81.
knob 123.
knurled bolt 77.
kohlrabi 40.
kumquat 44.

L labial palp 24.
lace 123.
ladder 93, 151.
ladder pipe nozzle 146.
ladle 66.
lagoon 13.
lake 14.
lamb 50.
lamp 144.
landing 58.
landing light 105.
lane 134.
lane number 134.
lane rope 134.
lantern 51.
lanyard 141.
lapel 80.
large blade 139.
last quarter 10.
launch escape system 106.
lava flow 13.
lava layer 13.
lawn 51.
lawn edger 52.
lawn mower 53.
lawn rake 52.
lead 72.
leaf 16, 39, 60.
leaf vegetables 38.
leaf, parts of a 17.
leafstalk 17.
leather skin 124.
ledger lines 112.
leech 136.
leek 41.
left back 118, 125.
left center 119.
left cornerback 120.
left defense 126.
left defensive end 120.
left defensive tackle 120.
left field 122.
left fielder 122.
left forward 129.
left guard 120, 129.
left half 118, 125.
left halfback 120.
left inner 125.
left safety 120.
left service court 130.
left tackle 120.
left wing 119, 125, 126.

leg 22, 28, 32, 53, 60, 62, 116.
legs 24.
lemon 44.
length, measure of 143.
lens 87.
lens hood 89.
lentils 39.
leveling-adjustment foot 87.
lever 68, 96, 146.
license plate light 92.
lid 67, 68.
lifeboat 102.
lift arm 150.
lift-arm cylinder 150.
ligature 115.
light 135, 145.
light bar 147.
lighting cable 93.
lightning 15.
lightning rod 56.
lights 63.
limb 18, 137.
limousine 92.
line 112.
line judge 120.
line of scrimmage 120.
linen 62.
linesman 118, 126, 130.
lining 78, 83.
lion 29.
lip 20, 21.
liquid hydrogen tank 106.
liquid oxygen tank 106.
liquid-crystal display 141.
listen button 85.
litchi 45.
Little Bear 11.
little finger 36.
little finger hook 115.
livestock car 101.
living room 138.
load backrest 148.
loading gate 110.
lobate toe 23.
lobe 23, 35.
lobster 26.
lock 99.
lock 57.
lock forward 119.
lock rail 57.
lock ring 87.
locking device 77.
loins 20, 32.
long-range jet 104.
lookout tower 55.
loophole 55.
loose-leaf filler 73.
loudspeaker 89.
loudspeaker 147.
lounge 102.
love seat 61.
low beam 92.
lower cannon 108.
lower chord 97.
lower eyelid 27, 35.
lower lip 34.
lower rudder 103.
luff 136.
lug 116.
luggage rack 93.
lunar module 106.
lunule 36.

M machete 109.
machine gun 111.
machinery store 49.
magazine 110.
magazine base 110.
magazine catch 110.
magma 13.
magma chamber 13.
magnetic gasket 70.
magnifier 139.
main engines 107.
main landing gear 104.
main mirror 145.
main stand 95.

The terms in **bold type** indicate the title of an illustration.

main tube 145.
main vent 13.
maintenance 96.
mallet 75.
mallet 116.
mandarin 44.
mandible 24, 25, 27.
mane 20.
maneuvering engine 107.
mango 43.
manual focusing knob 87.
margin 17.
marker light 94.
marker pen 72.
Mars 9.
mars light 146.
mask 123, 135.
mast 136.
mast foot 136.
mast sleeve 136.
masthead 136.
material handling 148.
mattress 62.
mattress cover 62.
maxilla 27.
meadow 49.
measure of distance 143.
measure of length 143.
measure of temperature 143.
measure of time 141.
measure of weight 142.
measuring cap 68.
measuring spoons 66.
meat keeper 70.
mechanical pencil 72.
mechanical stage 144.
mechanical stage control 144.
mechanics 96.
Mediterranean Sea 12.
memo book 73.
memo pad 73.
memory cancel 74.
memory recall 74.
men 140.
men's clothing 79, 80.
Mercury 9.
mercury bulb 143.
mercury column 143.
merlon 55.
message time selector 85.
metacarpal bone 33.
metal frame 113.
metatarsal bone 33.
microcomputer 74.
microphone 89.
microprocessor 74.
middle finger 36.
middle leg 24, 25.
middle linebacker 120.
middle sole 78.
midrange 89.
midrange pickup 116.
midrib 17.
milk bread 37.
Milky Way 11.
minivan 92.
minute hand 141.
mirror 59, 95.
missile 103.
missile tube 103.
mist 15.
mixing bowl 68.
moat 55.
mode selectors 86.
molars 34.
Moon 9.
Moon, phases of the 10.
morel 19.
motor 53, 95.
motor unit 68.
motorcycle 95.
motor home 93.
mound 122.
mountain 14.
mountain slope 14.
mountain torrent 14.
mounting bracket 137.

mounting foot 87.
mouse 74.
mouth 26, 27, 34.
mouthpiece 115, 135.
movable jaw 76.
movie theater 102.
mud flap 94.
Muenster 47.
muffler felt 113.
muffler pedal 113.
multiply key 74.
multipurpose vehicle 92.
muntin 57.
mushroom, parts of a 19.
musical notation 112.
muskmelon 42.
mustache 22.
muzzle 20, 21, 110.

N   **nail 75.**
nail file 139.
nail nick 139.
name plate 76.
nape 22, 32.
natural 112.
natural arch 13.
natural rind 47.
navel 31.
navigation light 104.
nebula 11.
neck 20, 28, 31, 65, 114, 141.
neckroll 62.
necktie 80.
nectarine 43.
Neptune 9.
net 130.
net 129.
net band 130.
net judge 130.
neutral zone 120.
new crescent 10.
new moon 10.
newel post 58.
nipple 31.
no entry 152.
no parking 152.
no smoking 152.
no. 8 forward 119.
nock 137.
nocking point 137.
node 16.
nonstriker 124.
North America 12.
North Star 11.
nose 20, 36, 104.
nose landing gear 104.
nose leather 21.
nose of the quarter 78.
nosepad 84.
nostril 20, 22, 27, 28, 36.
notch 80.
note book 73.
note symbols 112.
nozzle 146.
nozzle 106, 146, 147.
nucleus 11.
number key 74.
numeric keyboard 142.
nut 76, 109, 114.
nuts 46.

O   objective 144.
objective lens 144, 145.
oboe 117.
observation window 107.
Oceania 12.
octave mechanism 115.
odometer 91.
offensive 120.
office 96.
officials' bench 126.
oil warning light 91.
okra 42.
old crescent 10.
olive 43.
on-deck circle 122.
on/off 86.

on/off light 85.
on/off switch 74, 85.
on/off/volume 86.
one-way traffic 152.
open-air terrace 102.
operator's cab 148.
orange 44, 71.
orchard 49.
orchestra 117.
ostrich 30.
outdoor light 56.
outer bark 16.
outer table 140.
outfield 122.
outhaul 136.
outlet 93.
output jack 116.
outrigger 146, 148, 151.
outside left 118.
outside linebacker 120.
outside mirror 90.
outside right 118.
outsole 78.
ovary 17.
oven 69.
oven control knob 69.
overalls 83.
overcoat 82.
overflow 59.
overpass 97.
ovule 17.
ox 50.

P   Pacific Ocean 12.
packsack 139.
pad 21.
paint roller 77.
painting upkeep 77.
paling fence 51.
palm 36, 123.
palmette 61.
pan 142.
pane 57.
panel 57.
pantograph 100.
pants 80.
pants 121, 123, 127.
papaya 45.
paper clips 72.
parallelepiped 71.
parallelogram 71.
parapet 97.
parapet walk 55.
parking brake lever 91.
Parmesan 47.
parsnip 40.
pass 14.
passenger cabin 104.
passenger liner 102.
pastern 20.
patch pocket 83.
patera 61.
path 51.
patio 51.
pauldron 108.
pause/still 88.
payload 106.
payload bay door 107.
peach 43.
peak 14, 79.
peanut 46.
pear 43.
pecan nut 46.
pectoral fin 27.
pedal 98, 99, 116.
pedal rod 113.
pedestal 96.
pedestrian crossing 152.
pedicel 17.
pedometer 143.
peg 114, 138.
peg box 114.
peg loop 138.
pen blade 139.
penalty arc 118.
penalty area 118.
penalty bench 126.

penalty spot 118.
pencil 72.
pencil sharpener 73.
penis 31.
pepper shaker 64.
percent key 74.
perching bird 23.
pergola 51.
periscope 103.
periscopic sight 111.
permanent pasture 49.
perpetual snows 14.
perron 56.
personal articles 84.
petals 17.
Petit Suisse 47.
phases of the Moon 10.
philtrum 36.
Phobos 9.
photoelectric cell 87.
piano 117.
piccolo 117.
pick guard 116.
pickling onion 41.
pickup selector 116.
pickup truck 92.
pie 48.
pier 97.
pig 50.
piggyback car 101.
pigsty 49.
pile dwelling 54.
pillow 62.
pillow case 62.
pillow protector 62.
pillow sham 62.
pilot 100.
pin 146.
pin block 113.
pine nut 46.
pineapple 45.
pip 140.
pistachio nut 46.
pistil 17.
pistol 110.
pistol grip handle 76.
pit 28.
pita bread 37.
pitch 124.
pitcher 122.
pitcher's plate 122.
pith 18.
pivot 128.
pivot cab 151.
plane surfaces 71.
planets of the solar system 9.
plant, parts of a 16.
plastron 28.
plateau 14.
platform 77, 142.
platform ladder 77.
platter 64.
play 88.
play button 86.
player's number 121.
player's stick 127.
players' bench 122, 126, 129.
playroom 102.
pleasure garden 51.
pleated skirt 82.
plug 76.
plum 43.
Pluto 9.
pocket 83.
pocket calculator 74.
pocket handkerchief 80.
point 65, 114, 128, 137, 140.
pointer 142, 143.
poison 152.
poisonous mushroom 19.
polar bear 30.
polar lights 11.
pole grip 132, 133.
pole shaft 133.
pole tip 133.
poleyn 108.
pollen basket 25.

The terms in **bold type** indicate the title of an illustration.

pome fruits 43.
pomegranate 45.
poniard 109.
pool 51.
popping crease 124.
port 102.
port sail plane 103.
portable cellular telephone 85.
portable shower head 59.
porthole 102.
position marker 114, 116.
potato 40.
potato masher 66.
pothole 14.
poulaine 108.
power car 100.
power cord 53.
power switch 87, 88.
power train 99.
power-off slide-select bar 87.
premolars 34.
preset buttons 88.
pressure bar 113.
pressure cooker 67.
pressure gauge 146.
pressure regulator 67.
price per litre/gallon 96.
primary root 16.
printed document 74.
printer 74.
prism 71.
proboscis 24.
process Emmenthal 47.
process Gruyère 47.
processed cheese 47.
product codes 142.
profiterole 48.
prolegs 24.
promenade deck 102.
prominence 10.
prong 65.
prop forward 119.
prop stand 95.
propane cylinder 93.
propeller 102, 103.
protective cup 121, 127.
protective helmet 99.
pubis 31.
public signs 152.
puck 127.
pulley 77, 109.
pulley block 109.
pulmonary opening 26.
pulse button 68.
pump island 96.
pump nozzle 96.
pumper 147.
pumpernickel bread 37.
pumpkin 42.
punch hole 78.
pupil 35.
purfling 114.
purge valve 135.
push buttons 85.
push-button 72.
push-button telephone 85.
pyramid 71.

quarter 78.
quarter note 112.
quarter rest 112.
quarterback 120.
Queen 140.
queen excluder 25.
quince 43.

rack 67, 69.
radar 104.
radar antenna 102, 103.
radiation zone 10.
radiator fan 100.
radiator grille 94.
radicle 16.
radio antenna 103.
radish 40.
radius 33.
raglan sleeve 79.

rail 100.
rain 15.
rainbow 15.
raindrop 15.
rainfly 138.
rake 52.
ramekin 64.
rampart 55.
rapier 109.
reactor 103.
reactor deck 103.
rear brake 98.
rear derailleur 98, 99.
rear headlights 92.
rear leg 60.
rear light 98.
rear sight 110.
rearview mirror 91.
receiver 130.
receptacle 17.
record 88.
record button 89.
recorder power switch 88.
rectangle 71.
red 71.
red rind 47.
Red Sea 12.
reed 115.
referee 118, 120, 126, 129.
reflecting telescope 145.
refracting telescope 145.
refrigerator 70.
refrigerator car 101.
refrigerator compartment 70.
release button 87.
remote control 88.
remote control 87.
remote control detector 88.
remote control terminal 87.
remote-control arm 107.
removable blade 77.
reservoir 68.
reset button 141.
rest symbols 112.
restaurant 152.
restricted area 129.
restricting circle 129.
retractable entry step 93.
return crease 124.
reverse slide change 87.
revolution counter 91.
revolver 110.
revolving nosepiece 144.
rewind 88.
rewind button 86.
rhinoceros 29.
rhombus 71.
rhubarb 39.
rib 33, 39, 84, 114, 151.
rib pad 121.
ribbing 81, 83.
Ricotta 47.
ridge 14.
right back 118, 125.
right center 119.
right cornerback 120.
right defense 126.
right defensive end 120.
right defensive tackle 120.
right field 122.
right fielder 122.
right forward 129.
right guard 120, 129.
right half 118, 125.
right halfback 120.
right inner 125.
right safety 120.
right service court 130.
right tackle 120.
right turn 152.
right wing 119, 125, 126.
rim 84, 95, 98, 129.
rim soup bowl 64.
rinceau 61.
ring 19, 84, 115, 139.
ring binder 73.
ringer selector 85.

rink 126.
rink corner 126.
ripper 149.
ripper cylinder 149.
ripper tip 149.
ripper tooth 149.
riser 58.
river estuary 13.
rivet 128.
road signs, major 152.
roasting pans 67.
Roberval's balance 142.
rock 13.
rock garden 51.
rocket 106.
roller cover 77.
roller frame 77.
roller skate 128.
roof 25, 56.
roof air conditioner 93.
roof vent 56, 93.
room 138.
room thermostat 143.
rooster 50.
root 16.
root 16, 65.
root cap 16.
root hairs 16.
root of nose 36.
root vegetables 40.
root-hair zone 18.
roots 18.
rose 53.
rosette 114.
rotating sprinkler 53.
rotor blade 105.
rotor head 105.
rotor hub 105.
rudder 102, 104, 107.
rugby 119.
rugby, ball 119.
rugby, field 119.
ruler 72.
ruler 139.
run 124.
rung 77.
runner 140.
running shoe 78.
Russian pumpernickel bread 37.
rutabaga 40.

saber 109.
saddle 98.
safety chain 93.
safety rail 77, 100.
safety valve 67.
sail 136.
sailboard 136.
salad bowl 64.
salad plate 64.
salad spinner 66.
salsify 40.
salt marsh 13.
salt island 13.
salt shaker 64.
sand 141.
sand island 13.
sapwood 18.
sash-frame 57.
Saturn 9.
saucepan 67.
saucer 64.
saxophone 115.
scale 112.
scale 23, 27, 28, 143.
scallion 41.
Scandinavian crak bread 37.
school 152.
school supplies 72, 73.
scissors 139.
sconce 63.
scorer 129.
scraper 77.
screen 88.
screen print 83.
screen window 138.
screw 75.
screw 114.

screw base 63.
screwdriver 75.
screwdriver 139.
scroll 114.
scroll foot 61.
scrum half 119.
seal 30.
seam 79, 124.
seat 60, 61.
seat cover 59.
seat post 98.
seat-belt warning light 91.
second base 122.
second baseman 122.
second dorsal fin 27.
second floor 56.
second hand 141.
second space 122.
second stage 106.
second violin 117.
secondary root 16.
seed leaf 16.
seed vegetables 39.
seed-eating bird 23.
segment score number 137.
semicircle 129.
semitrailer 94.
sepals 17.
server 130.
service line 130.
service module 106.
service station 96.
service station 152.
serving bowl 64.
sesame seeded pita bread 37.
set of coloring pencils 73.
set of utensils 66.
set-in sleeve 81, 83.
sewn-in floor 138.
shade 63.
shadow 141.
shaft 127, 131, 137.
shallot 41.
shank 75, 84.
shank protector 149.
sharp 112.
sheath 17, 21.
shed 51.
sheep 50.
sheep shelter 49.
shelf 70, 77.
shelf channel 70.
shell 26, 28.
sherbet 48.
shield 28, 90.
shifter 98, 99.
shin guard 121, 123.
shin pad 127.
shinbone 33.
shirt 83.
shirt 80.
shirt cuff 80.
shirttail 80.
shock absorber 95.
shoelace 78.
shoot 16, 18.
shooting star 11.
shortstop 122.
shoulder 20, 21, 31, 131.
shoulder blade 32, 33.
shoulder pad 121, 127.
shoulder strap 84, 139.
shovel 52, 132, 133.
shower head 59.
shower stall 59.
shutter 57.
sickle 52.
side 65.
side chair 60.
side compression strap 139.
side rail 77.
side span 97.
side vent 13, 93.
side wall 134.
side-marker light 92.
sideline 125, 129.
sight 137.

The terms in **bold type** indicate the title of an illustration.

sight, organ of 35.
signal lamp 67, 68, 69.
silk 39.
silverware 65.
simple eye 24, 25.
single-breasted coat 80.
single-breasted coat 80.
singles pole 130.
singles sideline 130.
sink 59.
sinkhole 14.
siphon 14.
sixteenth note 112.
sixteenth rest 112.
sixty-fourth note 112.
sixty-fourth rest 112.
skate 127.
skating 128.
skeg 136.
skeleton 33.
ski boot 132.
ski goggles 132.
ski hat 132, 133.
ski pole 132, 133.
ski stop 132.
ski suit 132, 133.
ski tip 133.
skid 105.
skimmer 66.
skin 27.
skin diving 135.
skirt 131.
skirts 82.
skull 33.
skylight 56.
sleeper 83.
sleeper-cab 94.
sleeping bag 139.
sleeve strap 79.
sleeve strap loop 79.
slide 87, 110.
slide projector 87.
slide tray 87.
sliding roof 90.
slip joint 76.
slip joint pliers 76.
slit 79.
slot 65, 68, 75.
slow-motion 88.
smell, organ of 36.
smoke-grenade launcher 111.
snail 26.
snap fastener 80.
snap-fastening front 83.
snare 116.
snare drum 116.
snare drum 117.
snare head 116.
snare strainer 116.
snorkel 135.
snorkel exhaust 103.
snorkel intake 103.
snout 27.
snow 15.
snow crystals 15.
soap dish 59.
soccer 118.
soccer ball 118.
soccer, field 118.
sock 121, 131.
sofa 61.
soft cheese 47.
soft palate 34.
soft pedal 113.
soft ray 27.
soft-drink dispenser 96.
solar cell 74.
solar spectrum 71.
solar system, planets of the 9.
sole 128.
sole plate 128.
solid body 116.
solids 71.
solleret 108.
soufflé 48.
sound hole 114.
sound reproducing system 89.

soundboard 113, 114.
soup bowl 64.
soup tureen 64.
South America 12.
Southern Cross 11.
sow 50.
soybeans 39.
space 112.
space shuttle 107.
spacelab 107.
spade 52, 140.
Spanish onion 41.
spatula 66.
speaker 85, 86.
speaker volume control 85.
speed control 68.
speed limit 152.
speed skate 128.
speedometer 91.
sphere 71.
spicules 10.
spiked shoe 123.
spinach 38.
spindle 60.
spiny ray 27.
spiracle 24.
spit 13.
splat 61.
split end 120.
spoiler 95.
spoke 98.
spoon 65.
spores 10.
sports car 92.
spotlight 146, 147.
spreader 84.
sprocket wheel 111, 149.
spur 14, 116.
square 71.
square cushion 62.
square root key 74.
stabilizer 137.
stabilizer fin 102.
stabilizing fin 106.
stack 13.
staff 112.
stage 144.
stage clip 144.
stairs 58.
stake 51.
stalactite 14.
stalagmite 14.
stalk 39.
stalk vegetables 39.
stamen 17.
stanchion 128.
stand 63, 68, 116.
standoff half 119.
stapler 73.
staples 73.
starboard 102.
starboard diving plane 103.
stars 11.
start button 141.
starting block 134.
starting step 58.
stateroom 102.
station wagon 92.
steering column 91.
steering wheel 91.
stem 16.
stem 16, 19, 98, 143.
step 58, 77, 94, 100.
step setting 143.
stepladder 77.
stereo control 86.
stern 102, 136.
stern deck 102.
stick 125.
stick 114, 116, 127.
stick eraser 72.
stick glove 127.
stiffening girder 97.
stigma 17.
stile 57, 60.
Stilton 47.
sting 25.

stipule 17.
stirrup 109.
stirrup sock 123.
stitch 78.
stitches 123.
stitching 79.
stock pot 67.
stone fruits 43.
stool 57.
stop 21, 88, 152.
stop button 141.
stoplight 92.
stopwatch 141.
storage compartment 87, 93, 94, 146, 147.
storage door 70.
straight skirt 82.
strainer 138.
strap 83, 123.
strap loop 139.
stretcher 60.
striker 124.
striking circle 125.
string 114.
stringer 58.
stringing 131.
strings 113.
stud 78.
stump 18.
stump 124.
style 17.
submarine 103.
submersible watch 135.
subterranean stream 14.
subtract from memory 74.
subtract key 74.
suction hose 147.
sugar bowl 64.
sugar peas 39.
summer squash 42.
summit 14.
Sun 10.
Sun 9.
sun visor 91, 93.
sun's atmosphere 10.
sun's surface 10.
sundeck 102.
sundial 141.
sunglasses 84.
sunspot 10.
super 25.
support 60, 63, 145.
support leg 93.
surface element 69.
surface of the water 134.
suspended span 97.
suspender 97.
suspension bridge 97.
suspension cable 97.
swallow hole 14.
sweaters 81.
sweet pepper 42.
sweet potato 40.
swimming 134.
swimming legs 26.
swimming pool 134.
swimming pool 102.
swing circle 151.
Swiss chard 39.
Swiss knife 139.
Swiss roll 48.
switch 68, 76.
switch lock 76.
swivel head 76.

T-shirt 83.
tab 84.
table lamp 63.
table mixer 68.
tack 136.
tag 78.
tail 20, 21, 22, 27, 28, 104, 132, 133.
tail boom 105.
tail fan 26.
taillight 92, 95.
tailpiece 114.
talon 23.
tang 65.

tank 111.
tank car 101.
tank lid 59.
tanks 107.
tap connector 53.
tape 123, 125, 143.
tape lock 143.
tape measure 143.
taproot 18.
tarsal bone 33.
tart 48.
tasset 108.
taste, organ of 34.
team shirt 123.
teapot 64.
teeth 75.
telephone 152.
telephone set 85.
telephone/answering system 85.
telescopic boom 148.
telescopic front fork 95.
television set 88.
temperature control 68.
temperature indicator 91.
temperature set point knob 143.
temperature, measure of 143.
temple 84.
tendon guard 128.
tennis 130, 131.
tennis ball 131.
tennis player 131.
tennis racket 131.
tennis shoe 131.
tenor drum 116.
tension rod 116.
tension roller 99.
tension screw 116.
tent 138.
tepee 54.
terminal bud 16.
thermometer 143.
thermostat 67.
thermostat control 70.
thigh 20, 21, 32.
thigh pad 121.
thighbone 33.
third base 122.
third baseman 122.
third finger 36.
third stage 106.
thirty-second note 112.
thirty-second rest 112.
thorax 24, 31.
thread 75.
threaded rod 76.
three-quarter backs 119.
threshold 57.
throat 22, 76, 131.
throat protector 123, 127.
thrust 97.
thrusting weapons 109.
thumb 36, 79, 123.
thumb hook 115.
thumb rest 115.
thumb tacks 73.
thumbscrew 76.
ticket 142.
tie 100.
tie closure 84.
tie plate 100.
tight end 120.
tightening buckle 139.
tiller 109.
tilt-back head 68.
time signature 112.
time, measure of 141.
timed outlet 69.
timekeeper 129.
timer 67.
timpani 117.
tinted lens 84.
tip 17, 26, 39, 65, 75, 84, 132.
tip of nose 36.
tire 98.
tire inflator 96.
tire pump 98.
tire valve 98.

The terms in **bold type** indicate the title of an illustration.

tissue holder 59.
Titan 9.
toaster 68.
toe 21, 22, 23, 31, 75.
toe box 128.
toe clip 98.
toe picks 128.
toe piece 132.
toe stop 128.
toilet 59.
toilet bowl 59.
toilet tank 59.
toilets 152.
tomato 42.
tomme au raisin 47.
tone control 116.
tone controls 86.
tongs 66.
tongue 28, 34, 78, 128.
tongue sheath 28.
tonsil 34.
tool tray 77.
tools 52, 53, 76.
tooth 28, 34, 151.
top 18.
top collar 80.
top flap 139.
top ladder 146.
top rail 57.
top stitching 83.
torpedo 103.
torpedo room 103.
total 142.
touch line 118, 119.
touch, organ of 36.
tow bar 93.
towel bar 59.
tower 97.
tower crane 148.
tower ladder 146.
tower mast 148.
tower silo 49.
towing hitch 93.
track 149.
track light 63.
track link 111.
track shoe 111.
tractor 94, 150.
traditional houses 54.
traffic lights 152.
trailer 93.
trailer 100.
trapezoid 71.
tray 53, 77, 145.
tree, parts of a 18.
trench coat 79.
triangle 72.
triangle 71, 117.
trigger 89, 109, 110.
trigger guard 110.
trip odometer 91.
triple ring 137.
tripod 145.
tripod stand 116.
Triton 9.
trolley 148.
trombone 117.
tropical fruits 45.
truck 100, 128.

truck crane 148.
truck frame 100.
truck tractor 94.
truck trailer 94.
trumpet 115.
trumpet 117.
trunk 18, 32, 90.
trunk, cross section of a 18.
tub 51.
tub platform 59.
tuba 117.
tuber vegetables 40.
tubular bells 117.
tuning machine 116.
tuning pin 113.
tuning slide 115.
tuning switch 86.
tunnel 107.
turbine 103.
turbojet engine 104.
turkey 50.
turn signal 92, 95.
turner 66.
turning wall 134.
turnip 40.
turnover 48.
turntable 68, 89.
turntable mounting 146.
turret 111.
turtle 28.
turtleneck 81.
turtleneck 133.
TV power switch 88.
TV/video button 88.
tweeter 89.
twig 16, 18.
two-door sedan 92.
two-handed sword 109.
two-way collar 79.
type of fuel 96.

ulna 33.
umbrella 84.
umpire 120, 130.
umpire-in-chief 122.
underpass 97.
undershirt 123.
unit price 142.
unleavened bread 37.
unripened cheese 47.
uphaul 136.
upper cannon 108.
upper chord 97.
upper deck 104.
upper eyelid 27, 35.
upper lip 34.
upper rudder 103.
upright piano 113.
Uranus 9.
uvula 34.

V-neck 81.
V-neck cardigan 81.
valance 62.
valley 14.
valves 115.
vamp 78.
vanity cabinet 59.
vanity mirror 91.
vegetable bowl 64.

vegetable garden 49.
vegetable steamer 67.
vein 17.
Velcro® closure 84.
venom canal 28.
venom fang 28.
venom gland 28.
venomous snake 28.
vent 91.
ventral fin 27.
vertebra 33.
vertical pupil 28.
vest 81.
vest 80.
vibrato arm 116.
video camera 89.
videocassette recorder 88.
Vienna bread 37.
vine leaf 38.
vinyl grip sole 83.
viola 117.
violet 71.
violin 114.
vision slit 108.
volcanic bombs 13.
volcano 13.
volume control 86, 88, 116.
volume readout 96.
volva 19.
vulva 31.

wading bird 23.
waffle 48.
waist 32.
waist belt 139.
waistband 80, 83.
waistband extension 80.
walking legs 26.
wall 138.
wallet 84.
walnut 46.
warming plate 68.
warning lights 91.
warning plate 76.
watch pocket 80.
water bottle 98.
water bottle clip 98.
water key 115.
water level 68.
water pitcher 64.
water pressure gauge 147.
water table 14.
watercolor paints 73.
watercress 38.
waterfall 14.
watering can 53.
watermelon 42.
weather 15.
weatherboard 57.
web 23, 27, 123.
webbed toe 23, 27.
weighing platform 142.
weight 142.
weight belt 135.
weight, measure of 142.
welt pocket 81.
wet suit 135.
wheel 53, 90, 111, 128, 137.
wheel loader 150.

wheelbarrow 53.
whiskers 21.
white 35, 140.
white cabbage 38.
white light 71.
white rind 47.
white-tailed deer 30.
whole meal bread 37.
whole note 112.
whole rest 112.
whole wheat bread 37.
whorl 26.
wicket 124.
wicketkeeper 124.
wigwam 54.
wild animals 29, 30.
willow 124.
wind deflector 94.
windbreaker 80.
window 57.
window 69, 90, 104, 136.
window canopy 138.
windshield 90, 95.
windshield wiper 90.
wing 22, 24, 104, 107.
wing vein 24.
wiper switch 91.
wire cutter 76.
wisdom tooth 34.
wishbone boom 136.
withers 20, 21.
women's clothing 82.
wood ray 18.
woofer 89.
wrap-over top 82.
wrist 21, 32, 36.
wrist strap 132, 133.
wristband 131.

xylophone 117.

yellow 71.
yield 152.
yule log 48.
yurt 54.

zebra 29.
zipper 138.
zoom adjustment 144.
zoom lens 89.
zoom lever 89.
zucchini 42.

THÈMES ET SUJETS
THEMES AND SUBJECTS

THÈMES ET SUJETS

APPAREILS DE MESURE

La mesure du temps.........................141
La mesure de la masse....................142
La mesure de la température...........143
La mesure de la longueur...............143
La mesure de la distance................143

APPAREILS DE VISION

Les jumelles....................................144
Le microscope binoculaire.............144
La lunette astronomique.................145
Le télescope....................................145

ARCHITECTURE

Les maisons traditionnelles...............54
Le château fort.................................55

ARMES

L'armure...108
L'arbalète.......................................109
Les armes blanches........................109
Le pistolet......................................110
Le revolver.....................................110
Le char d'assaut.............................111

BRICOLAGE

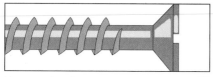

La menuiserie....................................75
L'outillage...76
La peinture..77

CIEL

Les planètes du système solaire..........9
Les phases de la Lune.......................10
Le Soleil..10
La comète..11
Les étoiles...11

COMMUNICATIONS

Le téléphone......................................85
Le baladeur..86
La radiocassette.................................86
L'appareil photographique..................87
Le projecteur de diapositives.............87
Le magnétoscope...............................88
Le téléviseur......................................88
La caméra vidéo.................................89
La chaîne stéréo.................................89

CORPS HUMAIN

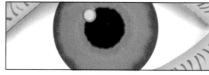

Le corps...31
Le squelette.......................................33
La bouche et les dents.......................34
L'œil..35
L'oreille...35
La main..36
Le nez..36

ÉCOLE

Les surfaces, volumes et couleurs.....71
Les fournitures scolaires....................72
La calculette......................................74
Le micro-ordinateur...........................74

ENGINS ET MACHINES

Les véhicules d'incendie...................146
La manutention................................148
Le bouteur.......................................149
La chargeuse-pelleteuse..................150
Le camion-benne.............................151
La pelle hydraulique.........................151

FERME

La ferme..49
Les animaux de la ferme....................50

JARDINAGE

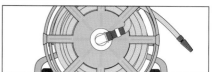

Le jardin d'agrément..........................51
L'outillage..52

MAISON

L'extérieur d'une maison.....................56
La porte et la fenêtre..........................57
L'escalier..58
La salle de bains.................................59
La chaise et la table............................60
Les fauteuils.......................................61
Le lit et la literie.................................62
Les luminaires....................................63
La vaisselle...64
Le couvert...65
Les ustensiles de cuisine.....................66
La batterie de cuisine..........................67
Les appareils électroménagers...........68
La cuisinière électrique.......................69
Le réfrigérateur...................................70

THÈMES ET SUJETS

MUSIQUE

La notation musicale........................112
Le piano droit................................113
La guitare classique.......................114
Le violon.......................................114
Le saxophone................................115
La trompette..................................115
La batterie....................................116
La guitare électrique......................116
L'orchestre...................................117

NOURRITURE

Le pain...37
Les légumes....................................38
Les fruits..43
Les noix...46
Les fromages..................................47
Les desserts...................................48

RÈGNE ANIMAL

Le cheval..20
Le chat...21
Le chien...21
L'oiseau...22
Le papillon......................................24
L'abeille et la ruche.........................25
L'escargot......................................26
Le homard......................................26
La grenouille...................................27
Le poisson......................................27
Le serpent......................................28
La tortue..28
Les animaux sauvages......................29

RÈGNE VÉGÉTAL

La plante...16
La feuille...17
La fleur...17
L'arbre..18
Les champignons..............................19

SPORTS

Le football.....................................118
Le rugby.......................................119
Le football américain......................120
Le base-ball...................................122
Le cricket......................................124
Le hockey sur gazon.......................125
Le hockey sur glace........................126
Le patinage....................................128
Le basket-ball................................129
Le tennis.......................................130
Le ski alpin....................................132
Le ski de fond................................133
La natation....................................134
Le plongeon...................................134
La plongée sous-marine....................135
La planche à voile...........................136
L'arc...137
La fléchette et la cible.....................137
Le camping....................................138
Les jeux..140

SYMBOLES

Les symboles d'usage courant........152
Les symboles routiers.....................152

TERRE

Les continents..................................12
Le littoral..13
Le volcan..13
La grotte...14
La montagne....................................14
Le temps...15

TRANSPORTS

Transport routier
L'automobile....................................90
La caravane.....................................93
Le train routier.................................94
La moto..95
La station-service.............................96
Les ponts..97
La bicyclette....................................98
Transport ferroviaire
La locomotive.................................100
Le T.G.V..100
Les types de wagons.......................101
Transport maritime
Le paquebot...................................102
Le sous-marin.................................103
Transport aérien
L'avion long-courrier.......................104
L'hélicoptère..................................105
Transport spatial
La fusée..106
La navette spatiale..........................107

VÊTEMENTS

La chaussure de sport.......................78
Les vêtements d'homme.....................79
Les tricots et pulls...........................81
Les vêtements de femme...................82
Les vêtements d'enfant......................83
Les objets personnels.......................84

THEMES AND SUBJECTS

ANIMAL KINGDOM

Horse 20
Dog 21
Cat 21
Bird 22
Butterfly 24
Honeybee and hive 25
Lobster 26
Snail 26
Fish 27
Frog 27
Turtle 28
Venomous snake 28
Wild animals 29

ARCHITECTURE

Traditional houses 54
Castle 55

CLOTHING

Running shoe 78
Men's clothing 79
Sweaters 81
Women's clothing 82
Children's clothing 83
Personal articles 84

COMMUNICATIONS

Telephone set 85
Cassette recorder 86
Cassette player 86
Camera 87
Slide projector 87
Television set 88
Video tape recorder 88
Sound reproducing system 89
Video camera 89

DO-IT-YOURSELF

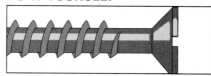

Carpentry 75
Tools 76
Painting upkeep 77

EARTH

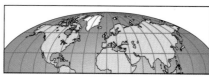

Continents 12
Coastal features 13
Volcano 13
Cave 14
Mountain 14
Weather 15

FARM

Farmstead 49
Farm's animals 50

FOOD

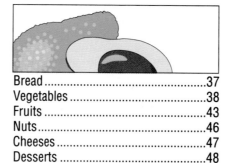

Bread 37
Vegetables 38
Fruits 43
Nuts 46
Cheeses 47
Desserts 48

GARDENING

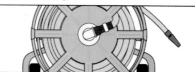

Pleasure garden 51
Tools and equipment 52

HEAVY MACHINERY

Fire engines 146
Cranes 148
Bulldozer 149
Wheel loader 150
Dump truck 151
Hydraulic shovel 151

HOUSE

Exterior of a house 56
Door and window 57
Stairs 58
Bathroom 59
Chair and table 60
Armchairs 61
Bed and linen 62
Lights 63
Dinnerware 64
Silverware 65
Kitchen utensils 66
Cooking utensils 67
Domestic appliances 68
Electric range 69
Refrigerator 70

HUMAN BODY

Body 31
Skeleton 33
Mouth and teeth 34
Ear 35
Eye 35
Hand 36
Nose 36